◎ 湖南省社会科学成果评审委员会课题（XSP20YBC389）成果
◎ 湖南省哲学社会科学课题（17YBA127）成果

体验型产品双渠道供应链协同决策

◎鲁 芳 著

中国矿业大学出版社
China University of Mining and Technology Press
·徐州·

图书在版编目（CIP）数据

体验型产品双渠道供应链协同决策/鲁芳著.—徐州：中国矿业大学出版社，2024.2

ISBN 978-7-5646-5891-5

Ⅰ.①体… Ⅱ.①鲁… Ⅲ.①购销渠道-供应链管理-研究 Ⅳ.① F713.1 ② F252

中国国家版本馆 CIP 数据核字 (2023) 第 131412 号

书　　名	体验型产品双渠道供应链协同决策
	Tiyanxing Chanpin Shuangqudao Gongyinglian Xietong Juece
著　　者	鲁　芳
责任编辑	夏　然
出版发行	中国矿业大学出版社有限责任公司
	（江苏省徐州市解放南路 邮编 221008）
营销热线	（0516）83885370　83884103
出版服务	（0516）83995789　83884920
网　　址	http://www.cumtp.com　E-mail：cumtpvip@cumtp.com
印　　刷	湖南省众鑫印务有限公司
开　　本	710 mm×1000 mm　1/16　印张 14　字数 260 千字
版次印次	2024 年 2 月第 1 版　2024 年 2 月第 1 次印刷
定　　价	88.00 元

（图书出现印装质量问题，本社负责调换）

鲁 芳 女，汉族，湖南浏阳人，博士，湘潭大学教授，研究领域为电子商务、物流与供应链管理。法国雷恩第一大学管理学院和美国阿尔弗雷德大学商学院访问学者，湖南省青年骨干教师，株洲市青年社科专家，中国运筹与管理学会随机服务与运作分会理事。

主持国家自然科学基金项目和部级课题各一项，主持湖南省自然科学基金项目、湖南省社科基金项目、湖南省教育厅重点项目和优秀青年项目、湖南省研究生教改课题重点项目等各类省级课题十余项，作为主要参与人参与国家课题四项，以及株洲市"十三五"物流发展规划重大课题、湖南省"十四五"现代物流发展规划等；作为第一作者和通讯作者在国内外期刊发表论文40余篇，出版专著1部。

前　言

关于体验型产品的研究始于20世纪70年代初对产品的分类研究。1970年 Nelson（1970）基于信息经济学的视角将产品划分为搜索型产品和体验型产品两种，认为图书、音像等搜索型产品，消费者在使用前便知道其特征和属性，可直接通过网络渠道购买；而对于高端服装、化妆品等体验型产品，消费者则往往需要经过慎重地考察与体验之后才能做出购买决定，在不考虑价格、服务等因素的前提下，实体渠道为消费者的首选购买渠道。本书就是基于 Nelson（1970）提出的体验型产品的产品体验性属性而展开的应用研究，研究产品体验性对双渠道供应链中参与实体的长期战略（供应链的合作战略和竞争战略）、中期决策（制造商与零售商的退货决策和库存决策）以及短期行为（零售商的服务行为和制造商的送货行为）的影响，以解决网络技术迅速发展下体验型产品制造商所面临的新的管理问题，为其有效制定产品的研发战略和发展战略提供参考，缓解体验型产品网络渠道与实体渠道日益激化的矛盾，促进双渠道供应链实体之间的和谐健康发展，提升网络渠道和实体渠道的服务共创价值。

第一章分析产品类型划分的传统观点及其各自属性，指出了传统观点下的产品类型划分在电子商务视角下的不适宜性，提出在渠道供应链中探讨产品体验性的特殊性和必要性，总结出电子商务视角下的产品分类以及各自属性和特征。

电子商务的兴起使体验型产品制造商在已有实体渠道的背景下，面临着新开辟的网络渠道与原有实体渠道是竞争还是合作的长期规划战略问题。因此，第二章从产品体验性的视角去研究体验型产品制造商在双渠道供应链背景下开展长期竞争战略与合作战略的行为分析。首先，研究只由实体渠道提供消费者体验服务的情况下，通过分析产品体验性对消费者网络渠道价值评估的影响，构建制造商的网络渠道和实体渠道 Stackelberg 博弈竞争模型，探讨竞争战略下产品体验性对双渠道供应链的产品价格、体验服务等的影响；然后，以双渠道供应链总收益为目标，研究网络渠道和实体渠道合作战略下产品体验性对双渠道供应链总收益的影响以及促使双渠道供应链合作战略达成的利益分配条件。①

第三章引入最近几年兴起的 VR 技术，分析 VR 技术引起消费者对网络渠道产品体验度的变化，进而探讨 VR 技术交互性水平对体验型产品双渠道供应链战略选择的影响。②

消费者对体验型产品存在网络渠道和实体渠道的体验差异，零售商面临着体验型产品退货严重的现象，该现象导致了体验型产品制造商库存成本居高不下的难题。因此，第四章和第五章针对体验型产品退货率高、退货难的问题，从产品体验性的视角去研究制造商中期规划下的退货决策问题，以及不同退货策略对体验型产品制造商库存成本的影响。第四章根据消费者的完全线下体验偏好和不完全线下体验偏好类型，构建考虑体验型产品属性的不接受退货、接受退货不再销售以及接受退货再销售的三种退货决策下的零售商预期利润模型，分析比较了产品体验性和消费者的体验偏好程度对零售商的定价、平均订货量和最优利润的决策影响。第五章从产品体验性出发，考虑了人机交互对消费者选择行为的影响，设计了零售商不同退货策略下线下体验店与体验型产品制造商的不确定性梯次存储模型，通过对模型求解并分析产品体验性以及消费者体验偏好程度对零售商的线下体验店和供应商的最优存储水平和总库存费用的影响。③

双渠道供应链中参与实体的短期服务行为包括网络渠道和实体渠道相关服务人员的行为以及物流服务时间的决策。网络渠道和实体渠道体验服务的联动可全方位满足消费者的体验需求，但体验服务产出界限模糊，服务人员的产出具有很强的交叉性，网络渠道和实体渠道均存在搭对方便车的行为，如何协调制造商的产品体验服务是双渠道供应链下制造商亟须解决的一个问题。第六章建立网络渠道与实体渠

---

① 本部分重点参考：鲁芳，吴健，罗定提. 考虑产品体验性和营销努力的分销渠道合作策略研究 [J]. 中国管理科学，2020（10）：144-155.

② 本部分重点参考：WU J, LU F, ZHANG J W, et al. Choice on distribution channels of experience products under virtual reality[J]. IEEE Access, 2019(7): 85319-85326.

③ 本部分重点参考：鲁芳，陈正雄，王晶. 基于产品体验性和退货策略的供应链最优存储决策研究 [J]. 运筹与管理，2023（8）：9-15；鲁芳，陈正雄，何波. 考虑产品体验性的零售商最优退货策略决策 [J]. 管理工程学报，2023（4）：135-143.

道的产品服务决策模型,以此分析产品体验性和消费者搭便车行为对网络销售渠道以及实体销售渠道的产品体验服务水平的影响,进而分析双渠道供应链在集中决策模式与分散决策模式下体验服务决策的制定;随着体验型产品在网络渠道和实体渠道的日益磨合,O2O已成为主流,O2O管理重点在于构建高效物流功能,而对于体验性高的产品,重点是降低消费者因为体验性高而产生的购买门槛,那么产品体验性的不同对产品交货时间又有怎样的影响?第七章分别分析供应商主导、零售商主导、供应商和零售商共同主导三种渠道权力结构下零售商的网络渠道产品交货时间决策,以及产品体验性考虑交货时间的零售商决策模式选择和交货后供应链利润的影响。[1]

第八章总结了全书的主要内容,并给出本书的价值所在以及研究的不足。本书较为系统地研究了体验型产品在双渠道供应链中的长期战略决策、中期退货决策以及短期的行为决策等方面的特殊性。但是还存在很大的不足之处,如只研究了体验型产品属性对双渠道供应链系统内的影响,下一步应当从外部影响因素来分析体验型产品属性对双渠道供应链的影响。

感谢阳立高教授对本书全程富有热情和智慧的指导和修改,感谢张帆顺副教授、侯泽敏博士对部分内容的撰写。同时,感谢我的研究生吴健、陈正雄、李书山、邢根上对资料的收集和整理。本书的出版获得了国家社科基金重点项目(超大规模市场优势提升产业链供应链韧性的机理及政策研究,23AJL012)、湖南省哲学社会科学项目(AR/VR下体验型产品制造商分销渠道选择与协调研究,17YBA127)和中南林业科技大学出版基金的资助,在此表示感谢。

作者

2023年5月

---

[1] 本章重点参考:邢根上,鲁芳,李书山,等.基于产品体验性的供应链交货模型与仿真研究[J].系统仿真学报,2022,34(5):1064-1075;"侯泽敏,綦勇,李文龙.考虑消费者配送时间敏感度的外卖平台盈利模式选择[J].管理评论,2023(5):172-182.

目 录

第一章 产品分类的发展 ·· 1
　第一节 传统视角下的产品分类 ·· 2
　　一、产品属性 ·· 2
　　二、产品类别 ·· 8
　第二节 电子商务视角下的产品分类 ··································· 12
　　一、产品属性 ··· 12
　　二、产品类别 ··· 16
　第三节 本书的研究问题及意义 ······································· 19
　　一、研究问题 ··· 19
　　二、研究意义 ··· 20

第二章 体验型产品的双渠道供应链战略决策 ····························· 23
　第一节 双渠道供应链战略 ··· 23
　　一、双渠道供应链战略分类 ······································· 23
　　二、双渠道供链战略研究现状 ····································· 26
　　三、双渠道供应链战略选择的影响因素 ····························· 29
　第二节 基于产品体验性的双渠道供应链竞争战略 ······················· 31
　　一、问题提出 ··· 31
　　二、问题描述与基本假设 ··· 32
　　三、渠道需求分析 ··· 33
　　四、竞争战略下双渠道的定价与服务水平研究 ······················· 36
　第三节 基于产品体验性的双渠道供应链合作战略 ······················· 39
　　一、问题提出 ··· 39

二、问题描述与基本假设 …………………………………………… 39
三、基于消费者效用的渠道需求分析 …………………………… 40
四、实体渠道与网络渠道合作战略研究 ………………………… 43
五、数值仿真 ……………………………………………………… 48
六、不同合作战略下的收益对比分析 …………………………… 52

第四节　本章小结 ……………………………………………………… 54
一、总结 …………………………………………………………… 54
二、建议 …………………………………………………………… 55

第三章　VR下双渠道供应链战略选择研究 …………………………… 57

第一节　VR技术 ……………………………………………………… 57
一、VR技术的形式 ……………………………………………… 57
二、VR技术体验服务的衡量标准 ……………………………… 58
三、VR技术的国内外研究现状 ………………………………… 59

第二节　VR技术下双渠道供应链战略选择问题的提出 …………… 61

第三节　基于消费者效用的渠道需求分析 …………………………… 62

第四节　VR技术下双渠道战略选择分析 …………………………… 64
一、单渠道分销模式 ……………………………………………… 65
二、双渠道分销模式 ……………………………………………… 66
三、数值仿真 ……………………………………………………… 68
四、建议 …………………………………………………………… 71

第五节　本章小结 ……………………………………………………… 72
一、总结 …………………………………………………………… 72
二、建议 …………………………………………………………… 73
三、研究展望 ……………………………………………………… 73

第四章　体验型产品的双渠道供应链退货决策 ………………………… 75

第一节　双渠道供应链退货管理 ……………………………………… 76
一、退货管理 ……………………………………………………… 76

目 录

　　二、研究现状 ·· 78

第二节　考虑产品体验性的双渠道供应链退货问题 ··············· 81

　　一、问题提出 ·· 81

　　二、问题描述与基本假设 ··· 82

第三节　完全线下体验偏好的双渠道供应链退货决策 ··········· 86

　　一、零售商不接受退货策略 ··· 86

　　二、零售商接受退货且不再销售策略 ························· 88

　　三、零售商接受退货且再销售策略 ····························· 89

　　四、数值分析 ·· 91

第四节　不完全线下体验偏好的双渠道供应链退货决策 ······· 93

　　一、零售商不接受退货策略 ··· 94

　　二、零售商接受退货且不再销售策略 ························· 96

　　三、零售商接受退货且再销售策略 ····························· 97

　　四、数值分析 ·· 100

第五节　比较分析 ·· 104

第六节　本章小结 ·· 106

第五章　体验型产品的双渠道供应链库存决策 109

第一节　双渠道库存管理 ·· 110

　　一、库存成本管理概念 ·· 110

　　二、库存成本管理的影响因素 ·································· 111

　　三、研究现状 ·· 113

第二节　体验型产品的双渠道供应链库存问题 ·················· 115

　　一、问题提出 ·· 115

　　二、问题描述与基本假设 ·· 116

第三节　完全线下体验偏好的双渠道供应链库存决策 ······· 118

　　一、零售商不接受退货策略 ······································ 119

　　二、零售商接受退货并不再销售策略 ······················ 121

　　三、零售商接受退货并再销售策略 ·························· 124

四、数值分析 ………………………………………………… 126
　第四节　不完全线下体验偏好的双渠道供应链库存决策 ……… 134
　　一、零售商不接受退货策略 …………………………………… 135
　　二、零售商接受退货并不再销售策略 ………………………… 137
　　三、零售商接受退货并再销售策略 …………………………… 140
　　四、数值分析 …………………………………………………… 143
　第五节　本章小结 ………………………………………………… 149

第六章　体验型产品的双渠道供应链服务决策 ……………………… 151
　第一节　体验服务 ………………………………………………… 152
　　一、体验服务的形式 …………………………………………… 152
　　二、体验服务的研究现状 ……………………………………… 152
　第二节　体验型产品的双渠道供应链服务问题 ………………… 154
　　一、问题提出 …………………………………………………… 154
　　二、问题描述及基本假设 ……………………………………… 154
　第三节　基于消费者效用的渠道需求分析 ……………………… 156
　第四节　双渠道供应链产品体验服务最优协调模式分析 ……… 158
　　一、集中决策模式下产品体验服务协调分析 ………………… 158
　　二、分散决策模式下产品体验服务协调分析 ………………… 158
　　三、数值分析 …………………………………………………… 161
　第五节　本章小结 ………………………………………………… 166

第七章　体验型产品的双渠道供应链服务时间决策 ………………… 169
　第一节　时间竞争 ………………………………………………… 170
　　一、时间竞争概念 ……………………………………………… 170
　　二、研究现状 …………………………………………………… 170
　第二节　体验型产品的双渠道供应链服务时间问题 …………… 172
　　一、问题的提出 ………………………………………………… 172
　　二、问题描述与基本假设 ……………………………………… 174

目 录

  第三节　基于消费者效用的渠道需求分析 …………………………… 175
　　一、集中决策模式下的交货时间和效益分析 …………………… 176
　　二、分散决策模式下的交货时间和效益分析 …………………… 177
　　三、两种决策模式下的交货时间和效益对比分析 ……………… 178
  第四节　不同权力结构下供应链服务时间决策 …………………… 179
　　一、供应商主导下零售商线上渠道产品交货时间决策分析 …… 179
　　二、零售商主导下零售商线上渠道产品交货时间决策分析 …… 180
　　三、权力均衡下零售商线上渠道产品交货时间决策分析 ……… 181
　　四、不同权力结构下的均衡结果比较分析 ……………………… 182
　　五、数值分析 ……………………………………………………… 183
  第五节　本章小结 …………………………………………………… 185

第八章　总结与展望 …………………………………………………… 187
　　一、全书总结 ……………………………………………………… 187
　　二、展望 …………………………………………………………… 188

参考文献 ………………………………………………………………… 189

第一章　产品分类的发展

产品分类是根据产品的具体特征对产品进行划分，使其形成一个结构化的类别。为了满足不同目的，许多研究和组织都提出了产品分类的方法和理论。除了标准化的产品分类体系，如联合国统计司制定的《产品总分类》(Central Product Classification，CPC)，还有许多由各个行业设计的非标准化的产品分类方法。产品分类的实质就是从某一或某几个属性出发，从属性里找出产品间的联系并分类。特定的分类方式只能体现产品之间特定的联系，而无法体现产品所有潜在的联系，即使企业不对产品进行分类，产品之间也必然存在某种联系和共性。

从商业角度来看，产品分类的目的包括五个方面：一是方便消费者选择商品和购买商品。二是帮助零售商采购符合目标顾客需求的商品、科学陈列商品，以便更好服务消费者；零售商也可根据自身定位决定品类结构，是否突出或者发展某个子品类，是否引进某个新品以及制定商品价格等。三是提高商业企业商品管理的效率和业务决策水平。商业企业按照"产品定义及分类标准"生成各种品类和子品类业务报表，进行品类分析（包括销量、销额、占用率、库存、利润等）和品类管理。四是促进商业企业与制造企业在品类管理、供应链管理上的合作，帮助零售商与制造商进行产销情况分析、制订联合商业计划，提高品类管理工作的效率，方便进行数据共享。五是为行业的交流与合作创造条件，零售商、制造商在行业内进行品类层次的交流合作、关键品类业务指标的相互比较，提高行业管理水平。

产品分类多以产品特征和消费者特征作为主要视角。前者考虑了不同产品类别在属性特征上本身存在的差异，如产品类别在信息特征、产品标准化程度等方面存在差异。而后者则考虑了不同产品类别对消费者心理、情感、认知和行为产生的不同影响，如消费者购买不同类别的产品所付出的努力、表现的理性程度等方面的差异。

在电子商务出现之前，消费者只能从线下渠道购买产品，产品分类主要是根据商家出售的类型或者消费者购买的类型进行划分。如按经营重要程度划分，可分为主营商品类、一般商品类和辅助商品类；按商品销售的顺畅程度划分，可分为畅销商品类、平销商品类、滞销商品类和冷背商品类。从消费者角度出发，产品分类应满足消费者需求，如按消费者的衣、食、住、用、行划分，可分为食品类、服装类、鞋帽类、日用品类、家具类、家用电器类、纺织品类、五金电料类、厨具类等；按照消费者的需要层次划分，可分为基本生活品类、享受品类和发展品类等；按照消费者购买行为划分，可分为日用品类、选购品类和特殊品类；按照消费者的年龄和性别划分，可分为老年用品类、中年用品类、青年用品类、儿童及婴儿用品类或女士用品类、男士用品类等。

随着电子商务的发展，产品分类在电子商务采用中至关重要。制造商和零售商可以使用视频、图片等方式全方位展示产品，通过分析消费者行为进一步差异化制造和销售产品。而消费者大多选择在线下体验产品之后在线上进行购买，并且通过反馈渠道参与产品的开发设计。在电商背景下，不仅要区分消费者类别，更重要的是要消费者能够像在实体店那样去了解商品、使用商品，满足消费者对于预期商品的价值判断，这样才能促进销售，获得竞争力。因此，在电商背景下，按照产品和消费者之间的交互程度划分尤为重要。

本章在传统购物环境与网络购物环境下对产品分类进行描述，主要介绍两种视角下消费者因素是否参与对产品属性变化与产品分类变化的影响。

第一节　传统视角下的产品分类

一、产品属性

人们的生活被差异化设计的人工制品和服务产品所包围，这些产品是由其他人为了吸引并维持目标客户而创造的。我们需要与产品互动以发挥其作用。尽管人们与产品互动的方式取决于产品的属性，但人们需要使用感官来感知它，使用运动系统和知识来操作它以及与之交流，并且在互动过程中处理感知到的信息，也可能会从产品中体验到一种或多种情绪，并且形成对产品的情感评价。因此，尽管互动方式可能是特定于产品属性的，但在交互期间感官、运动系统、知识和情感评价的激活过程是相似的。

产品属性是指产品本身所固有的性质，是产品在不同领域差异性（不同于其他产品的性质）的集合。也就是说，产品属性是产品性质的集合，是产品差异性的集合。决定产品属性的因素，在不同属性上分别限定产品的性质，在产品运作的过程中所起的作用不同、地位不同、权重不同，进而在消费者眼前呈现出品类复杂、琳琅满目的产品，当前普遍采用菲利普·科特勒对产品属性的定义，即认为产品属性是"能使消费者通过购买而满足某种需要的特性"（吴长亮，2011），产品属性按照不同标准会有不同分类。考虑到消费者行为会影响同一产品对不同消费者产生的效用，下面从产品特征和消费者特征两个角度出发对产品属性进行划分。

（一）产品特征角度的产品属性

产品特征是产品自身构造所形成的唯一标识，一般指产品的外形、质量、功能、商标和包装等，它反映的是产品对顾客的吸引力。此时产品类别主要是通过产品的社会属性或物理属性来划分的。社会属性是指产品融入社会范畴后形成的各类特征（杨慧，2005），根据社会生产要素的密集程度将产品划分为资源密集型产品、资本密集型产品和劳动密集型产品。而产品的物理属性是指质量、体积、密度、颜色、硬度及其类似的属性，是某一物质与其他物质的明显不同之处。

对同一产品的不同产品属性重要度排序，能够帮助门店对顾客群体的偏好进行准确定位，指导其制定订货供货的最佳策略，从而节约时间与成本并提高收益（黄趋庭等，2020）。特别是对于小品牌而言，提升产品属性能够快速提高消费者对品牌的感知价值。

现阶段关于产品属性重要度的计算方法研究，大部分是借助模糊集来处理质量屋（Quality Function Deployment，QFD）评价信息，再结合质量屋来确定产品属性重要度。王增强等（2013）从系统学的角度分析顾客需求与产品属性的关联度，提出了一种充分考虑企业内/外部环境的关联度确定方法，通过整合顾客需求与工程特性的关联关系，得出综合关联度。张超等（2010）分析了自相关矩阵对工程产品属性权重的影响，通过建立客户需求权重与工程产品属性关系矩阵、工程产品属性自相关矩阵三者之间的数学映射模型来确定产品属性重要度。何桢等（2008）提出基于 α-截集的模糊加权平均方法求解产品属性的重要度，同时考虑了产品属性的自相关性。严正峰等（2017）提出了一种基于改进风险顺序数的质量功能展开方法，通过改进的逼近理想排序法获得产品属性基本相对重要度。Geng 等（2010）通过网络分析法（Analytic Network Process，ANP）与质量屋相结合的方法，求得服务工程特性与功能工程特性的基本重要度，并根据制造商的要求进行重要度修正。孔造杰等（2020）通过质量屋建立顾客需求与产品属性的生产关联矩阵、资源关联矩阵，并结合产品属性的自相关矩阵求得产品属性的初始重要度。

根据产品特征得到的属性只代表了产品的外在属性，情境效应可能会影响消费者基于外在产品属性（即在商店中的购买体验等）的购买概率，以及消费者基于内在产品属性的正向情绪感知。例如，当在市场上销售食品时，希望消费者感知产品外属性（即关于价格、营养价值和加工条件的信息）和内在属性（即在随后的食用体验中的感官质量）之间的一致性（Hersleth et al.，2015）。因此，在消费者实际体验中会产生内在和外在属性的相互作用，市场的成功需要对消费者感知的理解和对产品完整概念的关注。

（二）消费者特征角度的产品属性

人通过使用产品为其赋予意义：根据感官感知（例如柔软度、新鲜度、响度）使用产品的方式及其功能。感知得到的产品属性只有在满足需求时才会引起消费者的兴趣；只有与消费者产生联系时，才能确定产品如何正确使用，以及它的主要或次要功能可能是什么。从消费者特征的角度出发将赋予产品属性以不同的分类，包含了感知、认知和情感三方面。

消费者特征主要是指心理特征，比如创新性、忠诚、从众的动机、享乐性、时间压力、价格敏感等，以及人口统计特征变量包括性别、年龄等，不同特征的消费者可以自由地选择渠道。但是单次购物情景中，有些场景下，消费者可能明确购物目标，即消费者明确知道产品和种类信息；而有些场景下，消费者可能漫无目的地闲逛或者仅知道需求却不清楚产品种类或者名称。Lancaster（1966）认为产品是由一系列的属性或特征构成的，消费者的效用是通过具体的产品属性获得的，而不是产品本身。在个人可支配收入的约束下，消费者对产品的选择就是对产品多个属性特征的综合考虑，在满足一些特定需求的前提下牺牲部分其他需求，来选择一种产品属性组合使其效用最大化（聂文静，2016）。客户关系管理依赖于顾客对价格和产品属性性能的主观判断，来确定差异化价值和独特的产品属性，进一步开发新的产品（Nagle，2018）。

人体工程学或人为因素的学科传统上侧重于产品的可用性，长期以来，该学科将自身局限于产品理解中涉及的感知和认知过程，以及满足产品使用的身体或运动技能和过程。20世纪末，人体工程学开始越来越关注产品使用过程中产生的其他主观体验，包括满意度、愉悦感以及舒适性和便利性。机械和材料工程已经从专注于人工制品的技术或物理特性及其对产品的耐用性、可靠性、生产和技术性能的影响，发展到研究、量化和建模这些特性之间的关系以及在意义和美学方面的感官和其他主观反应。

产品的情感属性包括四个基本组件认知、评价、动机和感觉。消费者根据自己的情感标签来分类产品，并识别合适的候选产品（Huang et al.，2012）。消费者对产品的体验与互动相互作用，这一交互系统包括三个方面：运动系统——观察与触碰产品；感觉系统——感受产品与环境变化；认知系统——对产品形成系统性认识。人与产品的交互方式决定了产品体验的结果，这一交互方式还受到当时环境的影响，只有了解产品才能使用产品以满足需求。

（1）观察与触碰产品。视觉系统可以获取一些基本的产品属性，包括产品的形状、大小、光泽度和亮度。感知的结果可能并不是"眼见为实"，因为人类大脑会对观察到的内容进行重构，消费者得到的产品属性或许并不是产品的客观特征。消费者感受到的产品是什么样子的，将决定人们是否需要小心地接近一个物体，以及如何触碰到它，等等。不同的材质可能看起来是一样的，就像不同的布需要通过触碰来区分。人们很难用语言去解释触觉所带来的感受，这种感受还取决于与物体交互的目的和背景。在赋予产品属性时要思考——使物体触感愉快或不愉快的影响因素是什么？

（2）感受产品与环境变化。声音是人们在与环境和物体交互时使用的重要信息载体。人们"无意识地"使用听觉线索，不仅可以从声音中获取功能信息，还可以获取有关物体物理特性的信息。例如，人们使用声音来估计物体的大小和形状并确定产品属性，一辆卡车和一辆轿车行驶的声音是完全不同的。但产品的声音属性并不是越小越好，可以根据产品用途进行适当的声音设计来增强产品的体验。另一个重要的产品属性是气味属性。气味属性是由味觉和嗅觉所感受到的产品属性。当我们选择产品时，无论是超市货架上或餐厅里的食品、百货公司里的香水、4S 店里的汽车，还是服装店里的服装，我们都在有目的地进行信息收集，最终做出与产品的购买、消费或使用相关的决策。对于产品设计师来说，重要的是要知道人们会对产品采取什么样的操作，他们在这些交互过程中将如何感知它，以及消费者的感官如何协同工作以提供丰富多样的多感官体验。然后可以将这些知识应用于新产品的设计并赋予对应的产品属性，以更有效地刺激消费者的感官，从而产生更愉快和难忘的多感官产品交互。

（3）对产品形成系统性认识。产品具有整体属性，认知设计方法侧重于功能与结构的关系，而整体视角考察的是结构中介的功能与表达之间的关系。用户面对新产品以及新的产品属性时，想知道它们如何提供新的可能性以及如何将它们集成到当前的活动中。产品具有愉悦属性，一个成功的产品有着丰富的内涵，以表达它的情感效果，可以唤起观察者或用户的愉悦感。审美不是某物的一个方面、属性或元素，任何属性都可以引起审美反应，只要该属性刺激其中一种感官，就可以被认为是愉快的。

（4）产品通过象征性属性与相同的产品进行区分。例如，有机番茄通过"有机"这一象征着健康的属性与普通番茄相区别。这种属性需要消费者通过思考才能得到，这种象征属性还与交互时所处的环境与体验相关。产品在使用中产生接口属性，链接人与环境，这种属性能够使产品超越本身固有的形式。我们在使用产品时感知的不是其本身，而是我们通过使用它做的事情，我们可以用它做什么或它如何影响我们。

为了解释和预测消费者偏好，通常使用两种基本方法确定每个产品属性的相对重要性：第一种称为态度方法，直接从受访者那里获得重要性测量；第二种称为推理方法，从产品偏好和属性数据中推断重要性。由于一般认为受访者不愿意和／或不能提供有意义的重要性测量，因此推理方法运用得最广泛（James，1973）。

使用自我形象一致性模型检验产品属性与消费者自我形象之间的认知匹配过程。自我形象一致性模型假设产品属性与消费者自我形象之间存在认知匹配过程。研究倾向于支持产品使用和自我形象之间的一致性的观点。最早研究这一过程的研究之一发现，车主对自己的评价往往与他们对汽车的看法相匹配。在描述消费者和产品之间的匹配时，一些特定的属性包括粗犷／精致、易兴奋／冷静、理性／情感和正式/非正式（Spielberger，2004）。

（三）产品属性的决定因素

产品属性的决定因素包括以下几个方面：

（1）需求因素。不同产品满足消费者不同层次的需求。需求的层次决定了产品的物质与精神是如何在功能与文化层面实现统一的。随着消费者需求层次的增加，产品在满足基本功能的同时还需要具有情感属性、象征属性等。

（2）消费者群体特性。"目标消费群"的特点决定了这一"群"人的个体意识与集体意识导致的消费心理的差异，而消费心理的差异又导致了个体消费行为的差异，这些差异性的消费者个体最后形成了产品消费群体的群体行为。这种群体行为的宏观层面规律性可以被观察到、被测量到，从而对产品及品牌的传播给出指导。

（3）市场竞争。行业进入的壁垒、资本密集还是技术密集等因素决定了产品所面临的行业竞争的激烈程度。一个行业可以形成几大寡头垄断，然而在寡头形成的过程中，这种竞争是惨烈的，在某种程度上也是无序的。无序的竞争将导致消费者权益的损失。企业需要甄别市场的竞争结构，由此制定出自己的竞争战略，从而赋予产品不同的属性。

（4）价格档次。价格的形成最终是由供求关系及竞争态势决定的。价格的高低在宏观层面决定了产品是奢侈品还是必需品，这同样是消费者不同层次需求的体现。消费者对价格的微观敏感性和弹性、宏观的价格弹性决定了产品的价格属性。

（5）渠道特性。渠道的集中度与渠道特性是由产品需求与消费者特性决定的，反过来，渠道特性也形成了产品的渠道属性。不同渠道内销售的产品，其定价策略及传播推广策略都有很大的不同。

（6）社会属性。有些产品的消费从来都不仅仅是个体消费的体现。有些关乎国计民生的产品，具备一定的社会属性。这类行业的波动牵动着社会方方面面，消费的信心、对企业的信任、对政府的信任最终决定了经济重振的信心。

（7）安全属性。消费者对安全的需求决定这些产品的安全属性。例如，口罩根据作业场景所需安全防护程度不同分为工业防尘口罩、厨房口罩、外科口罩等。

（8）法律政策。企业要面临变化中的政策及法律环境，适时调整自己的产品及竞争策略，以应对政策及法律风险。例如不同的国家对于药品成分添加有相应的规定，企业在出口药品时要去掉相应的成分。

产品属性的形成是由各决定因素综合作用的结果，产品可以拥有多个属性，只需要某一属性满足消费者的目标，则该产品的属性就具有市场价值。

二、产品类别

产品类别是研究消费者行为和企业营销行为的一个非常重要的维度。一方面，不同种类的产品具有不同的属性，消费者对它们具有不同的认知和重视程度，这就决定了消费者的购买行为会随产品属性的变化而发生变化，如消费者在购买不同种类的产品时会选择不同的零售业态（超市、大卖场、百货商店等）和不同的购买渠道（实体商店、网上购物、电视购物、邮购等），会付出不同的购买努力并表现出不同的风险接受意愿等；另一方面，由于消费者的购买行为随着产品属性的变化而发生变化，企业的市场策略和营销行为也会由此而发生变化，如对不同种类的产品采用不同的零售终端和不同的信息沟通方式。企业传统的产品分类方式多种多样，一般从产品的某一属性或几种属性出发进行分类，例如从产品的类别、功能、用途、性能、包装及外形特征等角度对产品进行分类（张元鸣，2003）。值得注意的是，产品的最终去处是送到消费者的手中，所以消费者与产品之间是否存在交互关系是产品类别划分的重要分水岭。下面按照由产品特征决定的产品类别与消费者主观参与下的产品类别进行叙述。

（一）产品特征角度的产品类别

按照产品的物理特征划分，最直观的特征就是是否具有实体存在，因此可分为有形产品和无形产品。进一步可以根据产品构造复杂度与特征变化度，按图1-1所示将产品分为四种类型：日用品、耐用品、时髦品及贵重品（Harrison，2001）。

图1-1　产品类型

（1）日用品。产品结构简单，产量大而且市场上随处可见，如牙膏、毛巾、桌椅等。价格是该类产品供应商取得竞争优势的重要因素。

（2）耐用品。很可能结构复杂，样式和特征变化多端，如音响设备、电视和汽车等。差异化是该类产品"总价值包"的最大贡献者。例如，汽车供应商往往为客户提供如颜色、座椅、内饰等方面的多种选择。为了获得产品多样化和成本优势，企业需具备能够依据市场上最新需求，采用模块化方式的柔性生产系统，因而产品设计和生产柔性是耐用品生产厂商的关键战略因素。

（3）时髦品。市场上寿命比较短的产品，如一次性、样式新颖别致的产品。该类产品供应商的竞争力取决于产品概念和上市及时度，因此企业应该以最短的时间完成从产品设计到产品上市的过程，以赢得最多的市场机会。

（4）贵重品。产品性能是其能否赢得市场青睐的关键因素，像飞机之类的产品必须准确地满足客户的要求。贵重品的生产商同其供应商和客户之间密切的伙伴关系是至关重要的，而且这种伙伴关系中应该包括产品开发及尖端技术方面的合作。

按照产品的价格特征划分，Rauch（1999）将所有产品分为三类：在有组织的商品交易所交易的产品、价格定期在某个专业贸易出版物上发布的产品和不可归类的差异化产品。他认为，首先可根据产品是否有参考价格或基准价格将其分为同质产品和差异产品。所谓参考价格是指与产品品牌或者生产者信息无关的价格。例如，大米以及类似产品有参考价格，可归为同质化产品，铁路车辆及相关设备没有参考价格，可归为差异化产品；同质产品则可进一步区分为在有组织的商品交易所交易的产品（大宗交易产品）和价格定期在某个专业贸易出版物或行业研究报告发布的产品。在有组织的商品交易所交易的产品可理解为完全同质的产品，价格定期在某个专业贸易出版物发布的产品则可理解为介于完全同质产品和差异产品之间的产品。

（二）消费者特征角度的产品类别

消费者对新产品的定义是在外观、性能等具体参数的基础上对产品属性和关系的整体反映，该定义受到目标消费者的知识、经验和理解能力的制约。因为人具有主观能动性，所以可以从整体上直观地把握和观察产品，重新组织产品的结构。这种主体性具有相当的模糊性和原始性，这与人的需求密切相关。各种产品类型可以影响消费者的信息需求和决策风格。

基于消费者的购买动机或使用体验，消费者将产品分为两大类：功利型和享乐型。很少有产品只体现纯粹的功利主义或纯粹的享乐主义，产品通常包含不同程度的功利主义和享乐主义，但是一个方面会优先于另一个方面（Dhar，2000）。功利型产品被认为是认知驱动的、工具性的、目标导向的，并能完成一项功能或实践任务。实用产品的例子包括微波炉、小型货车和个人电脑（Batra，1991；Hirschman，1982）。另一方面，享乐型产品主要是通过情感和感官体验来驱动的，通常是为了审美和愉悦。享乐型产品的例子包括名牌服装、跑车和豪华手表（Bogert，2010；Strahilevitz，1998）。产品也可以根据其感知价值进行评估目的。感知功利价值的例子包括成本节约、便利和产品质量，而感知功利价值包括娱乐、探索和自我表达能力（Ailawadi，2001）。功利主义和享乐主义可能导致不同的心理过程，影响消费者评估产品的方式（Hirschman，1982）。功利型产品的评估过程倾向于主要关注客观的和认知驱动的产品属性。相比之下，享乐型产品的评估过程往往是主观的和情感驱动的，不太强调认知思维过程。

Copeland（1923）根据消费者的购物习惯及搜索产品时所付出的努力程度（购买力程度），把消费品分成便利品、选购品和特殊品。便利品指那些消费者经常、即时购买的产品。该类产品中消费者付出的努力最低，通常购买的频次高而且快速，消费者知觉到的风险较低，如雨伞、纸巾等。选购品是消费者需要付出更多的时间及精力积极搜索产品的价格、质量及款式等信息的产品。购买此类产品时，消费者通常愿意花费更多时间和努力收集信息进行对比，比较之后再做出购买决定，如服装、背包、航班服务、旅游服务等。特殊品是指具有独特的个性或具有独特品牌认知的消费品和服务，是对消费者而言有特殊吸引力的商品，如高档化妆品、家居设计服务、法律咨询服务、工程咨询服务等。在Copeland（1923）的划分基础上，Bucklin（1963）根据品牌的相似性、消费者购买决策的不确定性，将选购品又分为低度选购品和高度选购品。Mason等（1971）结合店址的便利性、产品的适宜性、购买价值、销售努力及服务、商店等级和购后满意度等属性，将消费者购买的产品分为便利商店便利品、便利商店选购品、便利商店特殊品、选购商店选购品、特殊商店特殊品。在考虑消费者购买行为模式的基础上，Zhang等（2000）建议在Copeland便利品、选购品和特殊品的分类基础上增加第四类消费品——未被考虑品，这类产品是指消费者不知道或者虽然知道但在需求产生之前一般不会考虑购买的产品，如百科全书。

产品涉入度是指消费者对产品的重视程度或者是产品对个人的重要性。Holbrook等（1977）利用产品特性（对产品特征的了解程度和购买量）和消费者特性（自信和自我涉入）以及消费者反应（心力、体力的耗费）来进行分类，在Copeland（1923）区分的三种产品基础上又增加了偏好品。所谓偏好品，是指消费者选购努力和自我涉入度低，但品牌偏好高的产品。根据消费者的平均涉入水平，将产品划分为高涉入产品和低涉入产品：产品涉入的概念与消费者心理期望息息相关，当产品与一个人内心深处秉持的价值体系或者自我概念相联系时，就会发生产品涉入。产品涉入程度越高，说明产品使用结果越符合消费者对其形成的期望（李德辉，2013）。Vaughn（1980）认为，以往提出的消费者行为理论，大多根植于理性决策之上，忽视了超理性因素，因此基于理性决策的消费者行为理论是不完整的。所以，他利用理性感性与涉入度两个连续维度将产品分为四种不同的类型：高涉入理性（如家用轿车），高涉入感性（如高档手表），低涉入理性（如剃须刀），低涉入感性（如软饮料）。

产品通过象征属性来满足消费者的尊重需求，这种产品与普通产品相比能够显示所有者的身份地位。聂春艳等（2016）在环境期望对消费者产品评价和购买意向的影响研究中，对象征性产品和功能性产品进行了对比，分析了气味对两种不同类别产品的消费者评价和购买意向的影响程度：象征性产品是能显著表达使用者身份，而功能性产品则不能。服装、鞋品、背包、太阳镜等为象征性产品，移动硬盘、车灯、洗涤剂等为功能性产品。张晓燕等（2016）在对产品来源国信息和产品类别对消费者购买意愿的影响研究中，以产品风险和面子风险的维度将产品划分为典型外显产品、非典型外显产品、典型内隐产品和非典型内隐产品。典型产品是指拥有同类产品的共性且具备更有价值、更显著的特性，能够迅速而准确地被区分，作为种族和国家间的标杆产品，如法国的香水、日本的相机等。外显产品是指公开、为他人所见，需要且能显示个人身份地位的一种社会性产品，例如汽车等。购买此类产品需要考虑别人的看法，能展现自己的身份地位。内隐产品是指在私人场合自用的产品，无须考虑"面子"，如牙刷、杯子等。

消费者使用感官系统与产品交互以了解产品，包括从视觉、触觉到感官的扩展。Klatzky等（1991）和Li等（2001）在基于视觉模仿、触觉模仿和行为模仿的基础上，提出了几何产品、物质产品和机械产品的产品分类。Klatzky 等（1991）认为，对于几何产品（即视觉属性显著的产品），消费者只要通过观察就能做出很好的选择；对于物质产品（即触觉属性显著的产品），除了观察以外，消费者往往还要通过触摸和感觉产品来获得更多评判产品的信息。Li 等（2001）则识别出第三种需要与产品互动才能做出决策的产品类别，即机械产品。例如，消费者购买手机时需要检测通话等性能，对这类产品的检测可以看作是触觉检测的扩展，因此这类产品被称为"机械产品"。

产品分类规模的不断扩大，影响着消费者的选择体验和决策行为。研究已经显示，分类激发了消费者潜在的自我决策感。分类越多，消费者越有可能找到符合自己偏好的商品，然而，分类过多也会造成消费者负担，使选择变得困难，甚至出现无从选择的局面。同样，个体动机差异也影响消费者选择决策，当消费者受到不同的外部刺激时，会表现出不同的调节定向思维模式，进而影响到其决策过程和满意度评价。产品分类多，会让消费者产生感知的选择自由；产品分类多，会提高选择预期，而对选择预期的体会可能增加愉悦效用。产品分类多样情形下，消费者对自己的未来偏好尚不清晰，他们会尽量避免同质的选择集，这会降低购后冲突。

第二节　电子商务视角下的产品分类

一、产品属性

产品分类是现代物流的基础之一，目前正在蓬勃发展的电子商务以及新兴的物联网都离不开产品分类。产品信息的复杂性在于产品种类繁多，涉及各种行业，不同行业需要不同的产品属性。即使是同行业中的产品，由于类型不同，其属性描述也可能不同，而现在连最基本的产品分类也不统一：如胶鞋在生产领域属橡胶制品，与胶管、胶带分在一起，而在流通领域属鞋类，这两种分类相差甚远。大多数电子商务网站都根据顾客的喜好，通过适当的推荐来帮助顾客选择合适的产品。在电子商务网站上数以百万计的产品中进行搜索是一项耗时的任务，而将产品分类到相关的组中能够简化这一搜索过程。

在电子商务出现后，能够通过视频等方式向观众展示产品属性，在展示的过程中可以对产品进行全面介绍（蒋玉，2021）。越来越多的在线推荐系统认识到，消费者对产品属性的偏好可以更好地支持他们的购物决策（Ghasemaghaei，2019）。在网络购物环境下消费者能够获得更多更精细的产品属性，同时还可以通过与已购买的消费者进行信息交流获得产品的情绪价值属性等与消费者特征相关的产品属性（Markopoulos，2010）。

在网络购物环境下根据产品特征划分的产品属性是在传统购物环境下的扩展，这种扩展与消费者特征相关。Anupindi（2011）将产品属性定义为那些客户认为重要的属性，以此定义客户的期望。产品可以定义为四个属性——成本、时间、多样性和质量。

（1）产品成本是指客户为了拥有和体验产品而产生的总成本。它包括购买价格加上在产品的生命生命周期内发生的任何费用，如服务、维护、保险，甚至最终处置的费用。成本很重要，因为客户通常在预算限制范围内做出购买决策。在电子商务中，这种成本属性还包括了在线客服、网站建设等。

（2）产品交付与响应时间是指客户在收到其向供应商表示需要的产品之前必须等待的总时间。响应时间与产品的可用性和可访问性密切相关。在网络购物环境中，对于同一商品的不同配送方式会产生不同的交付属性，如果消费者选择快递配送则存在响应时间的影响，而选择线下自提则受到门店库存的影响。

对于服务产品，响应时间取决于服务客户所需资源的可用性。如果资源不能立即可用，则客户必须等待。在许多情况下，响应时间的可靠性至少与产品使用时间一样重要。网络购物时在线客服需要同时为多个客户进行服务，这时产品会附带服务属性，而文字的叙述相较面对面服务更容易出现偏差，消费者在购买时更愿意考虑服务属性高的产品。

（3）产品多样性是指供应商为满足客户需求而提供的一系列选择。多样性可以在不同的水平上进行解释和测量，在最低级别上，我们可以根据为产品提供的定制级别来衡量多样性，这包括为特定的车型或特定类型牛仔裤的颜色和尺寸提供的选择；在更高的层次上，多样性可以根据公司提供的产品线或系列的数量来衡量。例如，通用汽车这样的汽车制造商提供全方位的汽车，如小型跑车、豪华轿车和运动型多功能车，比法拉利这样只提供跑车的制造商提供更多的多样性。同样，提供从休闲到商务再到正式服装的零售商店比只提供晚礼服的商店提供更多的种类。而标准的商品产品种类很少，大部分产品是专为客户的独特需求或愿望定制的独一无二的产品。

（4）产品质量是决定产品性能好坏的关键所在。产品质量是有效设计的体现，生产过程必须符合设计，它可以是有形的，也可以是无形的，甚至是超越先验的产品体验特征。产品质量往往是最难定义和测量的产品属性，因为主观判断和感知在客户的质量评估中发挥着重要作用。在电子商务中，产品的质量属性能够通过在线评论进行识别，消费者根据自己的要求可以选择是否可以接受该质量属性。

从客户的角度来看，质量取决于产品的特性（它能做什么）、性能（它的功能有多好）、可靠性（它在一段时间内的功能有多一致）、可服务性（它能多快恢复）、美学以及与预期的一致性。虽然产品的特性和性能受设计质量的影响，但可靠性更大程度上受生产过程与设计的一致性的影响。如一辆汽车的样式、尺寸、选项和发动机等级就是它的特征，加速、应急处理、乘坐舒适性、安全性和燃油效率是性能的方面，而耐久性和随着时间的推移无性能故障代表了它的可靠性。

更重要的是，客户对属性本身并不感兴趣，他们感兴趣的是属性能为他们做什么。消费者关注的产品属性越多，差评率就越高；消费者关注某一产品的不同维度越多，就越可能由于对其中某个或某些属性的不满而导致对整个产品不满。如对于某一款手机，某消费者关注运行速度、外观、内存、音质等特征，在其对该手机的外观、内存、音质满意的情况下，对运行速度不满意也会导致其对该产品整体产生不满。同时，不同消费者对产品的不同属性的关注程度不同，对不同属性的要求也不同，产品的设计却往往是固定的一种或几种，商家能够为改善产品属性付出的成本也是有限的，因此，消费者对产品不同属性的关注越多样，商家就越难全面地关注到产品的所有属性并满足消费者的个性化需求，导致消费者对产品的好评率越低。

在传统购物环境下消费者的产品体验难以交换，而网络购物可以通过发表在线评论并使用照片、视频等方式展示消费者对于产品的体验和产品属性感知。消费者在线评论会包含丰富的产品情感属性的表达，这类属性是无法由制造商或零售商进行描述的。Xu等（2015）使用主题模型识别隐式属性，从而计算产品属性情感倾向。Yu等（2009）借助已有的产品属性层次树和产品评论数据构建了产品属性概念层次树，特征分类的准确度有了一定的提高。随着本体技术的发展，学者们开始尝试将本体应用于情感研究中，主流思想为根据本体进行特征抽取，计算特征的情感倾向。Yin 等（2013）以产品为导向构建领域本体，结合情感词典，实现了汉语评论中特征观点对的抽取与情感计算。唐晓波等（2016）以手机评论集为对象，构建本体对产品特征进行抽取与分类，并以情感词典为基础，提出一种基于特征本体的产品评论情感分析方法。杜嘉忠等（2014）构建了特征-情感词本体，通过其映射与匹配出特征观点对，实现情感倾向的分析。李金海等（2016）基于领域本体与情感词典，实现了从在线评论的文本、句子到产品属性级的情感强度分析。何有世（2018）提出一种基于领域本体的产品网络口碑信息多层次细粒度情感挖掘方法，构建领域本体以揭示产品各属性之间的层次关系以及属性与属性特征之间的从属关系，在此基础上对各属性与属性特征进行情感分析，进一步提升所挖掘信息的精度，一方面有助于产品经营者进行后续产品细节改进与顾客偏好推荐，另一方面为消费者提供产品购买决策参考。

对于产品体验性的概念，Hekkert 等（2008）认为产品体验性是指人们用他们的感官和认知系统来探索环境。Schifferstein 等（2008）认为产品体验性如同触觉、听觉、视觉和情感是认知系统的组成部分，为记忆提供必要的信息。Desmet 等（2007）认为产品体验性是人与产品交互过程中的情绪变化。为了便于量化，本书使用产品体验性指数 β 代表产品体验性对消费者对产品评估价值的影响。参考微观经济学理论及已有文献中的定义，以相对于整个市场产品的体验性来测度一种产品的体验性水平，即用 β 表示产品相对整个市场产品的产品体验性水平。因此，一种体验型产品的 β 值可以由一种产品的体验性变动相对于整个市场产品的体验性变动的灵敏度的统计方法来估计，即

$$\beta = \frac{某种产品的体验性}{整个市场产品的体验性} \tag{1-1}$$

如果一种产品的 $\beta=1$，那么这种产品的体验性就和整个市场产品的体验性相同；如果整个市场产品的体验性增大10%，这种产品的体验性会平均增大10%。如果一种产品的 $\beta<1$，那么在整个市场产品的体验性增大10%时，这种产品的体验性增大的幅度会小于10%。参考经典资本资产定价模型以及市场体验型产品服务努力投入情况，β 越大时零售商需要付出的体验服务努力投入也就越多。

本书用产品体验性指数来刻画产品体验性大小，用 $\beta(0<\beta<1)$ 来表示，产品

体验性指数越大，产品体验性越低。当 $\beta \to 1$，产品体验性降低，网络渠道优势加强。当 $\beta \to 0$，产品体验性提高，实体渠道优势越来越明显。下面对参数变化做出具体解释。

当 $\beta \to 1$ 时，产品体验性越来越低，比如电话卡、功能性服装等。此时网络渠道在产品体验上的劣势越来越小，消费者通过网络渠道对产品的价值评价与产品真实价值的差异也随之减少，网络渠道几乎能够完全反映产品的价值，消费者在网络渠道即可完成产品交易。

当 $\beta \to 0$ 时，产品体验性越来越高。随着科学技术的不断发展，网络渠道展示产品的方式也不仅仅局限于文字与图片，视频与动画也被广泛运用到网络渠道销售中。但对于这一类体验性较高的产品来说，网络渠道的虚拟性可能会导致消费者对产品价值判断有所偏差。比如高端化妆品、高端服装等，消费者在购买前需要对产品进行试用感知，此时消费者通过网络渠道对产品的价值评价与产品真实价值会存在较大的差异，β 越小，差异越大。

随着消费者环保意识的增强，网络购物的产品还需要考虑产品运输的碳足迹等绿色属性以及产品的可持续属性，产品的外包装、运输方式等需要符合消费者的环保要求（Bangsa，2020），这种环境相关属性属于产品的信任属性。

二、产品类别

信息经济学家 Nelson 在 Stigler 信息搜索理论的基础上提出了搜索类产品和经验类产品分类法。Nelson 认为，除了 Stigler 界定的搜索产品外，消费者还可以通过购买并使用产品即获得经验来确定产品的质量，因此他把产品分为搜索类产品和经验类产品两大类。他认为，搜索类产品是指有关其主要特征的充分信息在购买和使用前就能获得的产品，通过搜索产品信息就能确定产品的质量，如地毯、鞋子、家具等就属于这类产品；而所谓经验类产品是指购买者在购买和使用之前无法确认其质量特征的产品。这样，有关产品的质量或者性能的信息只能通过购买和使用它们才能获得，这类产品包括书、香水、家电和钟表等（倪娜，2006）。

产品体验性是需要消费者通过视觉、触觉、味觉、听觉等一系列体验方式来确定产品价值的属性，产品体验性越高，消费者购买前的消费体验对能否正确评估产品的价值就越具有更重要的意义。信息经济学中根据产品体验性的大小，将产品划分为体验型产品（比如家装、奢侈品）和搜索型产品（比如图书、唱片等）。体验型产品的特性决定了消费者在购买前需要对产品进行深入的考察与体验，而对于搜索型产品，消费者在购买前可以通过产品的图片展示、文字描述等方式做出是否购买的决定。体验型产品与搜索型产品的区别如表1-1所示。

表1-1 体验型产品与搜索型产品的区别

	体验型产品	搜索型产品
产品体验性	高	低
代表性产品	家装、奢侈品	图书、唱片
价值	高	低
确定产品价值的方法	实地考察与体验	图片、文字

根据上文对体验型产品与搜索型产品的描述，可以发现不同产品对渠道体验性的要求也不相同。例如图书、唱片等搜索型产品，不需要销售渠道提供太多的体验性功能，此时网络渠道为首选。而家装、奢侈品等体验型产品需要渠道展示来使消费者确定产品价值，此时实体渠道为首选。由此可见，当实体渠道和网络渠道销售同一种产品时，尽管网络渠道的定价、便捷性给实体渠道带来了冲击，但实体渠道在产品体验上的优势却是网络渠道无法比拟的，因此产品体验性会影响分销渠道的策略。

段乐平（2016）在前人研究的基础上，重新定义了按照产品的信息特征分类的三种类型产品，即搜索型产品、体验型产品与信任型产品。

（1）搜索型产品。产品或服务的主要特征信息在购买和使用前就能充分获得，顾客通过搜索型产品信息就能确定产品的质量；或者此类产品的主要特征信息单一且较少变化，顾客结合自己在非网络环境下购买此类产品的经验就很容易准确地判断其价值。

（2）体验型产品。产品或服务的主要特征信息不易把握，顾客仅仅凭借网上商家提供的产品展示、说明、演示等信息，在购买之前不能很好确认产品质量及判断其价值。有关产品的质量或者性能的信息只有在购买和使用后才能获得。

（3）信任型产品。即使网络商家提供较为细致的产品或服务说明、展示、演示等，但是由于顾客缺乏专业的知识，或者由于该项产品/服务的价值判断很难有一个标准，使得顾客即便使用了一定时间后也难以准确判断其质量。

Chiang K P 等（2003）指出，搜索型产品比体验型产品更适合在网上进行销售。网络渠道与传统渠道在物理展示、交互性、信息量、便利性等方面存在显著差异。网络渠道给消费者提供的信息量大，便利性也优于传统渠道，消费者足不出户就可以浏览搜索相关产品信息和消费者评语，且不受时间和空间限制，在搜索型产品的搜索信息阶段，网络渠道比传统渠道更便捷；而传统渠道可以实现即时反馈，与顾客进行深度沟通，灵活处理意外情况，物理展示与交互性较好。在体验型产品的搜索信息阶段，传统渠道更具优势。

因为消费者对于不同产品类型的信息需求是不相似的，所以在线评论的视频呈现形式的优越效果在体验型商品上比在搜索型商品上更明显。消费者发现更难评估体验型商品的质量，因为属性的完整感知需要实际体验才能得到。因此，当消费者访问网站时，相对于搜索型产品，他们会对体验型商品进行更深入的搜索。消费者在评估体验型商品的质量时面临更大程度的不确定性，这可能会产生不安。评估经验属性需要更多的认知努力，并且存在更大的主观性，以及更大的感知/风险。基于文本的评论需要潜在消费者解释和想象客户的反应，从而花费更大的认知努力，而基于视频的呈现格式将通过清晰明确地显示其他消费者的体验来减少一些不确定性，并减少体验型商品所需的认知努力。具体而生动的信息为消费者提供了时间和感官信息，以替代性地感受体验属性（Xu，2015）。

还有一种分类是基于网络间买卖双方的信息不对称。De Figueiredo（2000）将产品分为四类。它们是：商品，其质量可以通过其描述容易地确定（例如，油）；准商品（例如，书）；观感（例如，香水）；质量可变的观感（例如，二手车）。在 Nelson 的模型中，商品产品与搜索型产品很好地对应，而具有质量可变的观感和感觉产品具有与体验型产品相似的特征。

Peterson 等（1997）在研究互联网对不同产品和服务的潜在影响时探讨了搜索类产品和经验类产品的分类方法，并在以往研究的基础上提出了另一种产品分类方法，即按照购买成本和频率、价值主张与差异化程度三大维度来区分产品，而其研究结果也证实了这种分类方法的有效性：一是购买成本和频率，从低购买成本、高购买频率的产品（如牛奶）到高购买成本、低购买频率的产品（如家庭音响设备）；二是价值主张，是指产品是有形的还是无形的；三是差异化程度，是指一种产品或服务与另一种产品或服务之间的差异性，它反映销售人员通过产品或服务的差异来创造持续竞争优势的程度。Phau（2002）基于 Peterson 的观点，从产品特性与消费者购买意愿出发，将产品分成低费用经常购买、高费用不常购买、有形或实物、无形或信息、差异化程度高、差异化程度低六大类。

产品分类规模的不断扩大，影响着消费者的选择体验和决策行为。研究已经显示，分类激发了消费者潜在的自我决策感，分类越多则消费者越有可能找到符合自己偏好的商品。然而，分类过多也会造成消费者负担，使选择变得困难，甚至出现无从选择的局面。同样，个体动机差异也影响消费者选择决策，当消费者受到不同的外部刺激时，会表现出不同的调节定向思维模式，进而影响到其决策过程和满意度评价。

第三节 本书的研究问题及意义

一、研究问题

产品生产的最终目的就是要为消费者提供价值，所以如果在对产品分类时将消费者排除在外，这种分类方法就忽略了产品的真正意义。而当考虑到产品与消费者之间的关系时，传统的产品分类方法也未能体现出电子商务时代消费者的购买习惯，消费者可根据产品体验性的不同选择线上或线下渠道购买产品，产品体验性、销售渠道与消费者行为紧密相连，因此传统的分类方法在电子商务已经发展成熟的现今也不再适宜。产品体验性的不同决定着消费者购买渠道的选择，进而决定供应链中产品流、信息流、资金流等关键问题，影响着整个供应链中节点企业的决策行为，所以在供应链中考虑产品体验性具有特殊性和必要性。

基于此，本书以产品体验性为切入点，将供应链的合作战略和竞争战略作为长期战略，将制造商与零售商的退货决策和库存决策作为中期决策，将零售商的服务行为和制造商的送货行为作为短期决策，研究产品体验性对双渠道供应链中参与实体不同策略的影响，以解决网络技术迅速发展下体验型产品制造商所面临的新的管理问题。

二、研究意义

（一）实践意义

将体验型产品从产品分销渠道的研究中单列出来进行研究以解决网上购物的瓶颈，是现代消费者和电商都想深入探讨的问题。从 VR 技术给消费者带来的体验感变化入手，研究体验型产品制造商分销渠道的选择以达到效益最大化，可缓解线上与线下渠道之间日益激化的矛盾，促进分销渠道之间的和谐健康发展。同时，将理论分析的框架应用到实际案例中，提出在产品体验性背景下，体验型产品分销渠道的竞争策略、合作策略以及选择策略的方案，有助于体验型产品制造商、线下零售商、电商平台提高企业竞争力，实现自身收益最大化。

本书的研究能够为政府的宏观政策制定提供理论参考依据，促进新零售下体验服务经济的稳定与快速发展。具体而言，不同产品体验性水平及消费者体验偏好对零售商和供应商的库存成本优化问题系统且科学的研究，可以促进相关政府部门充分了解消费者、零售商和供应商在新零售中所扮演的角色，合理制定和维护公平公正的新零售市场管理秩序。

（二）理论意义

目前国内外大多数文献都是通过渠道之间的产品替代程度、价格、渠道服务水平等因素来研究产品分销渠道，很少从产品本身特性去研究分销渠道策略问题。本书从产品本身特性出发，基于产品体验性视角，运用消费者效用理论与供应链管理理论研究产品分销渠道策略问题，丰富了传统分销渠道策略的理论研究。此外，目前对 VR 技术的研究集中在简单的定性介绍中，而对 VR 技术引起的对分销渠道的技术革命还未进行深入探讨，本书对 VR 技术带来的消费者效用的变化进行刻画，扩展了 VR 技术引起的对分销渠道的技术革命的理论研究。

本书的研究有助于丰富消费者偏好、退货理论以及供应链管理领域的相关理论研究。通过系统研究产品体验性和消费者体验偏好对零售商退货策略选择的影响，以及产品体验性和退货策略对供应链库存成本优化的影响，不仅完善了现有文献中关于全渠道供应链管理的理论体系，还为未来进一步研究随机情境下全渠道供应链管理对零售商和供应商的运营决策提供理论支持。

本书的研究将对零售行业在新零售及全渠道时代下的退货管理和库存成本管理实践具有更为积极的指导意义。通过研究供应链协作条件下产品体验性和体验偏好对零售商的退货策略决策影响，能够指导零售商根据消费者体验偏好程度，在合理的产品体验性水平下增加全渠道体验服务收益。通过研究供应链协作环境下消费者对产品的体验性和体验偏好程度对零售商库存成本优化的影响，促使零售商和供应商在协作过程中选择合理的存储策略，进而为经营体验型产品的零售行业的库存成本管理提供更有效的指导。

针对电商发展过程中消费者遇到较多的物流问题（物流慢、丢件、破损等）、发货慢问题、关税问题、退换货问题、疑似售假问题等，很少从产品自身特性的角度和消费者效用角度将以上问题细化，并通过数学模型的方式量化出来。本书从产品体验性的角度分析产品体验性对消费者效用的影响，进而分析产品体验性对电商产品交货时间决策以及产品体验服务水平制定的影响。同时运用 Stackelberg 博弈理论、消费者效用理论以及供应链管理相关理论研究双渠道的产品交货时间决策和服务策略问题，为跨境电商双渠道产品交货时间决策以及产品体验服务策略的理论研究提供一定的参考。

第二章 体验型产品的双渠道供应链战略决策

2015年，我国提出"互联网+"行动计划，旨在大力支持和鼓励电子商务的创新发展。网络的便捷性及互联网信誉体系的完善赢得了消费者的信任，越来越多的消费者选择借助互联网在线购买体验型产品。随着消费者在网络渠道购物的体验性及购买意愿的增强，制造商/零售商的运营和营销方式也发生了结构性的改变，即在开通传统实体渠道的同时也考虑开通直接面向消费者的网络渠道，形成实体渠道与网络渠道并存的双渠道供应链模式。双渠道供应链力求更有效率地缩短与消费者的距离，直接获取消费者的真实需求，服务更多的消费者。由于网络渠道顺应了价格敏感型消费需求，其终端产品的低价策略旨在利用渠道优势提高市场份额，因此，在与实体渠道重叠的经营区域内，双渠道之间目标的不兼容性在给实体渠道造成冲击的同时，也加剧了渠道之间的非理性竞争。为了更好地发展，制造商/零售商必须制定和选择合适的战略以应对外部环境的变化，有效处理双渠道供应链面临的挑战和问题。

第一节 双渠道供应链战略

一、双渠道供应链战略分类

"战略"一词原为军事用语，指作战谋略。《中国大百科全书·军事卷》将战略定义为指导战争全局的方略，即战争指导者为达成战争的政治目的，依据战争规律所制定和采取的准备和实施战争的方针、政策和方法。20世纪60年代，战略思想开始运用于商业领域，并被赋予新的含义。如钱德勒（2002）在其《战略与结构》一书中认为，战略是企业为了实现战略目标进行竞争而做出的重要决策、采取的途径和行动以及为实现目标对企业主要资源进行分配的一种模式。

20世纪90年代以来，随着互联网技术与物流技术的不断发展，电子商务作为一种新的销售方式开始得到企业的关注与重视。企业的战略为了适应外部环境的变化必须要做出相应的调整。双渠道供应链指网络渠道和实体渠道并存的供应链（Cai,2009），是电子商务发展到一定阶段的必然产物。双渠道供应链一方面依托传统的实体渠道，保证供应链的稳定性，另一方面又基于互联网与全球范围内的企业进行业务交流，淡化了供应链的边界。在双渠道供应链中，两渠道属于不同的主体，因此渠道间的竞争会引发激烈的渠道冲突。企业意识到要想获取更多的利润，除了竞争外还需要与其他成员达成合作。因此，双渠道供应链上的企业主要存在两大战略，即竞争战略与合作战略。本节主要分析双渠道供应链中竞争战略与合作战略的含义及基本内容。

（一）双渠道供应链竞争战略

"竞争战略之父"波特（Porter）于1980年提出企业竞争战略，并将其定义为：通过进攻或防守的行为，在行业中建立有利的地位，从而为自身赢得超常的收益。Mia等（2013）认为竞争战略是企业为了获取竞争优势，通过分析自身的优劣势及内外部环境而采取的各种技巧的组合，其实质和根本目的就是获取竞争优势使企业获得利润。Mia等指出竞争战略的选择通常应该考虑两方面内容：其一，根据自身的产品类型及产业性质分析利润机会；其二，要致力于培养和保持企业的竞争优势，确立企业在行业中的优势地位以获取更多利润。竞争优势是一切战略的核心，是企业在向顾客提供有价值的商品或劳务时的独特并持久的属性，这种属性可来自产品和劳务本身，也可来自生产方法等。要长期维持高于平均水平的经济效益，其根本基础就要有持久的竞争战略。波特的竞争战略理论认为企业要通过产业结构的分析来选择有吸引力的产业，然后通过寻找价值链上的有利环节，利用成本领先或性能差异来取得竞争优势。戴夫·弗朗西斯（2003）在《竞争战略进阶》中指出制胜的竞争战略是一个优势组合，即企业能够以持续盈利的成本，吸引足够的顾客选择自身的产品或服务，所有企业都在努力争取这个"优势组合"——技术上叫"价值"，而价值通常是由顾客（或称之为"市场细分"的顾客群体）确定的。

双渠道供应链的竞争主要存在于对市场的争夺方面，由于电子市场与实体渠道面对共同的消费者群体，选择网络渠道的消费者就不能同时选择实体渠道。在网络渠道中，信息透明度较高，消费者可以进行广泛的比较，但对产品无法亲身体验，而通过实体渠道则可以直观感受到产品的各项指标，也正是由于两种渠道的特点，容易滋生信息搭便车行为和渠道间的价格竞争等问题。刘凯（2022）指出双渠道供应链主要就其产品的价格、质量、研发水平、绿色度等因素进行竞争，以获得更多的市场份额。此外，双渠道供应链之间的竞争既存在同层渠道之间的水平竞争关系，又存在上下游成员渠道之间的垂直竞争关系。在双渠道供应链背景下，企业之间的层级关系、产品的性质等，都是企业为通过顾客制定竞争战略、形成优势组合必须考虑的因素。

（二）双渠道供应链合作战略

德国物理学家哈肯（H. Haken）创立"协同学"（Syn-ergetics），提出系统合作的概念，认为合作是在一个由众多成员组成的系统中，成员之间有着各自的目标，通过一定的方法或达成某一认同凝聚在一起，为了共同的目标，相互帮扶，共同前进（Haken，2005）。合作有助于弥补个体资源劣势、提高组织效能（谢文澜，2013），因而人与人之间、组织与组织之间、顾客与员工之间要广泛、有效地开展合作。Peterson 等（1996）指出，合作战略是合作机构为其合作成员提供合法经济收益的一系列选择。Flynn（2005）认为，合作战略是指合作双方为了实现各自的需求，通过合作来实现资源、能力等的优势互补，进而达到各自目的。Goldstein 等（2011）指出，合作战略是合作双方为了实现共同的目标，通过合作来一起寻求问题解决的一整套办法。Schumann 等（2014）认为，合作战略是企业为了鼓励顾客提供其客户资料，为顾客提供一定收益，供顾客进行选择的一套方案。因此，合作战略是合作双方通过整合各自的资源，为解决或实现某特定目标而设定的一套合作方案，目的是实现双方的互利共赢。

Horvath（2001）指出了供应链合作在供应链管理中的重要地位，认为供应链合作是供应链管理的本质要求和关键所在。合作是供应链正常运行的基础，是供应链管理的核心，也是供应链企业间发展长期战略伙伴关系的前提（马士华 等，2010）。Manthou 等（2004）认为供应链合作是为了提高供应链的整体竞争力，供应链上的节点企业之间进行配合与努力。孙道银（2016）指出要实现供应链企业的合作，供应链各节点企业必须树立"共赢"的思想，为实现共同的目标而努力；必须在信任、承诺和弹性协议的基础上进行广泛深入的合作；必须建立公平公正的利益共享和风险分担的机制。双渠道供应链合作战略指在供应链内部，两个或两个以上独立的成员之间，为保证实现某个特定的目标或利益，形成的一种协调关系（吕红，2013），强调在竞争中合作、在合作中竞争，联合供应链企业的力量增强供应链整体竞争力（张震芳，2021）。双渠道供应链合作战略实施的基本前提是合作各方互相需要、各自都能为合作提供自己独有的贡献，将其拥有的资源进行有效整合，充分发挥各成员的资源优势，通过资源共享和优势互补形成新的竞争优势（齐源，2012）。合作战略的采取、供应链成员之间合作关系的建立可以降低由资产专用性带来的风险，合作成员之间的信任能减少机会主义行为，降低双方信息不对称，通过降低交易的不确定性从而有效降低交易成本（Peter，2003）。此外，也有利于合作成员弥补自身资源的不足，充分借用或获取供应链其他成员企业的优势资源（王桂花，2015）。网络渠道可以将产品信息随时传递给消费者，实体渠道可以提供消费者实地感受的真实感，两者的相互弥补为双渠道企业的合作提供了良好基础。

二、双渠道供链战略研究现状

目前国外学者对渠道战略的研究已经取得了丰富的成果，大致分为渠道竞争战略、渠道合作战略以及渠道战略选择三方面。

网络渠道的引入，必然会产生与传统实体渠道的竞争问题，而价格则是渠道竞争的焦点（Cattani，2006），因此渠道之间价格竞争行为非常值得研究（Grewal，2010）。滕文波等（2011）探讨了网络渠道信息收集能力对渠道价格决策的影响；徐广业等（2012）探讨了电子商务环境下价格折扣的双渠道定价模型；Wang 等（2015）认为网络渠道会损害中间商的收益，但会增加消费者福利；Tsay 等（2010）认为在考虑了消费者同时对价格和销售渠道敏感的情况下，制造商增加网络渠道不一定对零售商有损害。同样，Aray 等（2007）认为，零售商会因制造商采用网络渠道而受益，因为制造商会降低批发价格以防止零售商的订货需求明显下降。Chiang W K 等（2003）和 Cai 等（2009）采用博弈理论分析了制造商经营的网络渠道和传统零售商之间的价格竞争，他们均认为，制造商直接在线渠道限制了零售商的定价行为，但由于批发价格也会下降，网络渠道引入不一定会给零售商带来负面影响。但是，这些研究均忽略了零售服务在战略决策中的价值。Kumar 等（2006）

在讨论双渠道战略决策时，将消费者区分为品牌忠诚消费者和零售商忠诚消费者，Liu 等（2014）研究了考虑公平和搭便车行为下的双渠道定价策略，Kumar(2006) 和 Liu(2014) 的研究都考虑了在制造商处于价格领导权的渠道结构中，渠道企业的终端零售服务对于渠道竞争的影响。

  产品双渠道合作战略研究始于 Cressman 等（1995）对多级库存—销售系统的研究。随后，很多学者对其不同阶段的协调进行了深入探讨，产生了大量的研究成果。Yu 等（2009）将渠道合作定义为渠道成员之间销售产品达到目标过程中的协调模式。Ghosh（2015）在 Yu 等（2009）定义的基础上提出一个协调的多维模型。关于产品分销渠道协调的研究中，重点围绕价格展开。Tyagi（2000）从制造商的角度研究了产品分销渠道冲突的解决方案，他认为网络定价最好不要低于传统渠道的价格，这在一定程度上可避免渠道冲突。Ingene 等（2007）在考虑了消费者绿色需求的基础上，利用博弈论设计了线下零售商与制造商的成本分担契约，研究了该契约对渠道利润、产品绿色水平以及价格的影响，结果表明成本分担契约有效协调了双渠道供应链。陈远高等（2011）研究发现在产品存在差异的前提下，网络直销渠道与实体渠道供应链系统的协调作用是不同的。肖剑等（2009）针对双渠道中的渠道冲突，基于收益共享，得到了制造商与零售商在双渠道合作的解析条件。郭亚军等（2015）运用消费者效用理论建立双渠道环境下的需求函数，并通过博弈论讨论定价策略，提出的合作机制是转移支付。王虹等（2009）在前人研究的基础上，考虑制造商和零售商都为风险规避者，利用 Stackelberg 博弈模型比较零售商完全信息和私有信息情况下双渠道供应链的价格，并提出了分销渠道的协调方案。刘丛等（2017）考虑了当营销努力水平和产品创新程度共同影响需求时，制造商激励供应商创新的决策行为，基于激励方式的不同，构建了三种激励决策模型，探讨不同情形下创新效应和营销努力效应对供应链成员决策的影响。杨浩雄等（2017）从线下零售商与制造商进行服务合作的角度出发，提出了服务成本分担机制，并将消费者服务敏感度作为线下零售商与制造商分担服务成本的指标。Yan（2015）提出了制造商支持线下零售商实施营销努力可以有效协调双渠道之间的冲突，这是因为那些原本就倾向于通过网络渠道购买产品的消费者凭借着线下零售商实施的营销努力，从实体渠道获得了更加丰富的产品信息（比如产品的特点等），最终选择在网络渠道购买产品。

随着互联网蓬勃发展，网络渠道已经成为一种重要的销售渠道。相较于实体渠道而言，网络渠道中间环节少、地域范围广、交易成本低的特点，使得增加网络渠道成为制造商分销渠道运营的重要决策；同样，对于仅通过网络渠道进行产品分销的制造商来说，拓展实体渠道也成为其销售产品的重要途径。分销渠道选择问题是伴随着各种新型分销渠道的出现和实践产生的，特别是电子商务在生产领域和消费领域的广泛运用，大多数企业会基于自身利益最大化或者成本最小化目标在多种分销渠道中进行选择。产品分销渠道选择方面，国内外学者大多数是从消费者或制造商的角度进行研究。Park（2003）、Cai（2009）、Yao（2007）、刘家国（2014）研究发现制造商选择何种渠道主要是考虑渠道的销售成本和服务水平等方面的差异。张辉（2014）、晋盛武（2013）、姚建宇（2015）研究了消费者选择何种渠道主要取决于渠道的价格和服务这两个因素。Park 等（2003）建立了单直销渠道、纯零售渠道、混合双渠道下的定价模型，研究供应链的整体利润分配以及混合渠道结构如何影响供应商和零售商的选择策略，研究表明双渠道模式将有助于制造商利润以及供应链整体绩效的提高，但会损害零售商的利润。Cai（2009）也得到类似的结论，直销渠道的开辟有助于制造商利润的提高。Yao 等（2007）在 Park 等的模型上进行一定的拓展研究，将零售商的服务水平引进了模型，使得需求不仅与零售价格和直销价格相关，同时还与服务水平相结合，探讨了供应商的渠道选择策略。但是在模型分析中，他们仅仅把服务水平当作一个参考因素，而非一个决策变量。刘家国等（2014）进一步扩展了 Yao 等（2007）的研究，将服务水平作为决策变量考虑到模型中。张辉（2014）认为产品定价是吸引消费者选择网络渠道购买产品的主要因素。晋盛武（2013）和姚建宇（2015）进一步指出，尽管网络渠道在定价上具有优势，但实体渠道可以通过提高渠道服务水平来吸引消费者。

结合上述的相关研究综述可以发现，针对不同研究背景和主体研究的分销渠道策略较多，这为研究基于产品体验性视角下的分销渠道策略提供了良好的文献基础和方法借鉴。然而，现有研究还主要存在以下几个方面的问题：

（1）综观国内外有关产品分销渠道战略研究的文献，多数学者基于产品价格、服务差异、销售成本渠道竞争等方面开展研究，而从产品本身特性与消费者体验感出发的研究还比较少。不同性质的产品对分销渠道的要求是不同的，因此从产品本身的特性出发研究分销渠道的竞争战略、合作战略、战略选择是非常有必要的。

（2）现有成果为进一步研究渠道之间的合作战略提供了借鉴和思路，但可以看出较少研究同时考虑了产品体验性和营销努力程度对需求的影响，更少有研究探讨此背景下实体渠道与网络渠道之间的合作战略。

综上所述，本章将在借鉴传统分销渠道竞争战略、合作战略、战略选择相关研究的基础上，结合体验型产品的本质特性以及实践需求，构建不同战略下产品制造商与线下零售商的 Stackelberg 博弈模型，深入剖析各研究主体的决策行为，以期得到合理化的体验型产品分销渠道战略。

三、双渠道供应链战略选择的影响因素

国内外学者针对影响双渠道供应链战略选择的因素展开了较为丰富的研究，较为系统地分析了双渠道供应商的渠道价格竞争（李书娟 等，2010）、渠道结构设计（Yoo et al.，2011）、渠道成本（Huang et al.，2013）、消费者效用（Chiang et al.，2003b）、虚拟现实技术（Lee，2008）等因素对其战略选择的影响，本书主要探讨消费者效用及虚拟现实技术对体验型产品的双渠道供应链战略选择的影响。

（一）消费者效用

消费者效用理论（Theory of Consumer Behavior）是研究消费者如何在商品或劳务之间分配他们的收入，以达到消费者满意度最大化；也可以看作消费者从购买某商品中所获得的满意程度，是研究消费者策略行为的重要理论与方法（李永立 等，2018）。现实中消费者购买产品所获得的效用受到多个因素的影响，并且不同类别的消费者对于各个因素的偏好也不相同。消费者可以划分为高服务质量偏好消费者和低服务质量偏好即低廉价格偏好的消费者，渠道的服务水平对高服务质量偏好消费者购买产品的效用影响明显，对低服务质量偏好消费者购买产品的效用影响不明显，这也导致制造商销售产品时面临更加复杂的环境。通过消费者效用研究供应链的最优决策，主要有以下两种类型：一是帮助线下零售商和产品制造商制定决策，比如产品的定价、产品质量以及渠道服务水平等。该类型用来分析渠道成员所采取的决策对消费者效用的影响，从而帮助渠道成员制定更加切实可行的策略。比如王磊等（2017）在研究生鲜农产品供应链中消费者的效用时，考虑了消费者对生鲜农产品新鲜度要求较高这一特性。二是帮助消费者进行选择，该类型分析当企业推出不同质量水平的产品或通过不同渠道销售产品时消费者的效用变化情况。这就

涉及消费者选择购买何种产品以及选择何种渠道购买产品。比如牟博佼等（2010）以单个线下零售商与两个产品制造商组成的供应链为研究对象，从顾客在两种替代性产品之间的选择行为出发构建不同的效用函数。孙心玥等（2018）针对消费者对电子产品在不同渠道的购买行为，构建不同渠道下的消费者效用函数，分析消费者在不同渠道下的消费行为。

消费者效用对双渠道供应链战略选择的影响主要体现在以下四个方面：一是影响市场需求或市场份额。如 Etzion 等（2016）通过分析消费者对于不同渠道购买产品的效用决定其选择行为，进而分析不同渠道的市场份额，从而决定是否开辟新渠道。二是影响产品设计和产品种类。由于不同消费者具有不同的偏好，由此导致企业需从不同消费者偏好出发，提供更多种类的产品满足不同消费者需求。三是影响产品或服务的各种属性。消费者的偏好不同意味着消费者对产品或服务的各种属性（质量、服务水平、价格、差异化等）有不同的敏感性，因此也有学者从这个角度出发，研究企业对于产品或服务的各种属性决策。四是影响快速响应策略。目前不少学者针对消费者不同偏好研究企业快速响应策略，最典型的便是动态定价问题，对于考虑消费者效用的动态定价又包括存在可替代产品的动态定价问题，如航班机票定价问题属于典型的动态定价问题，以及市场上存在战略消费者的动态定价问题。

（二）虚拟现实技术

电子商务时期，网络渠道虽帮助消费者接触到多样化的产品，短时间内获知更多的产品信息，但其虚拟性造成消费者对产品价值的评估有所偏差，而实体渠道可以使消费者通过现实的产品体验来确定真实的产品价值。因此，对于那些在购买前消费者需要仔细考察和体验才能够做出购买决定的体验型产品，网络渠道在产品体验上的劣势被放大。为了增加体验型产品的线上体验感，国内外电商巨头纷纷开展了虚拟现实技术在购物上的应用。虚拟现实技术（Virtual Reality，VR），通过计算机建立三维虚拟环境，使用户以自然的方式与虚拟环境中的物体进行交互作用、相互影响（Chao，2017）。以家装产品为例，在家装类电商圈中，VR 技术应用的主流形式是 VR 全景图形式。线上平台利用 VR 技术生成可交互的三维全景图体验环境，并且通过云端上传家装产品模型，消费者可以通过 VR 设备在这三维体验环境中与产品进行交互，选择合适的家装产品并向厂商直接订货，大大减少了购买成本。

VR 全景图技术由于研发的成熟性、内容产出的丰富性以及轻量级的设备流量需求，已经快速规模化和电商化。据酷家乐统计，VR 全景图上线后，受到了越来越多消费者的追捧，日均流量已达百万量级，且呈现快速增长的趋势。由于 VR 技术的交互性水平导致了体验型产品的在线兼容性的变化，体验型产品制造商借助 VR 技术不仅吸引了潜在的消费者，而且吸引了部分线下消费者转变成线上消费者，消费者购买决策发生了改变。

虚拟现实技术对双渠道供应链战略决策的影响主要体现在对消费者购物体验的改善上。使用 VR 技术进行虚拟场所设计、虚拟购物过程设计及虚拟场所中用户交互设计，可以在很大程度上弥补网络渠道的缺陷，令消费者全面了解商品的基本特征，给消费者带来身临其境的感觉。目前关于 VR 技术对消费者购物体验影响的文献（Lee，2008；Poushneh，2017；Mark，2017）多是通过实证分析或定性分析方法将传统网购与 VR 购物做对比，并认为利用 VR 技术可以建立具有一定交互特点的购物网站，此时网页能够结合用户的需求进行选择和反馈，其效果要优于传统的文字图片展示，而消费者购物体验感也得到显著增强。

第二节　基于产品体验性的双渠道供应链竞争战略

一、问题提出

实体渠道与网络渠道组成的双渠道模式已经成为大多数产品制造商进行产品分销的主要方式。体验型产品制造商一方面通过网络渠道直接向消费者出售产品，另一方面以一定的价格将产品批发给线下零售商，线下零售商再通过实体渠道向消费者出售产品（如图2-1所示），产品制造商与线下零售商在产品价格与渠道服务水平上相互竞争。在渠道竞争战略研究方面，国内外学者主要从电子商务实施程度、消费者对渠道的敏感度、消费者购买成本、风险规避、产品异质性、渠道的信息不对称等因素去研究渠道的定价以及服务水平策略，并没有考虑产品体验性对分销渠道竞争战略的影响。而从业界的实践来看，巴宝莉、香奈儿等奢侈品公司以产品的体验作为渠道营销策略的重点，考虑到网络渠道在产品体验上的劣势，实行与实体渠道差别定价的战略，并不断完善网络渠道的销售模式，提升消费者对网购的满意度。

鉴于此，本章以消费者效用理论与供应链管理理论为基础，从产品体验性角度出发，设计了实体渠道和网络渠道在产品定价与服务水平这两方面的竞争战略模型，对模型求解并分析产品体验性对实体渠道和网络渠道中的产品定价与服务水平的影响。

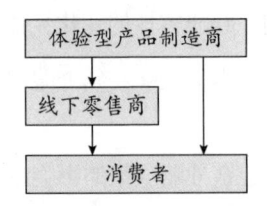

图2-1 体验型产品分销渠道结构

二、问题描述与基本假设

考虑市场中只存在一个体验型产品制造商与一个线下零售商。参照周建亨等（2017a）对产品体验性的假设，产品体验性由产品体验性指数 β（$0<\beta<1$）来表示，β 越大，产品的体验性越低（这种假设与直觉相反，本章为了后续计算方便而如此设计）。其中线下零售商经营实体渠道，直接向消费者出售产品，并提供相应的服务；产品制造商经营网络渠道，直接向消费者出售产品，但不提供服务，双方均为独立决策的个体，并且在渠道中相互竞争。产品制造商与线下零售商以各自渠道收益最大化为目标，此时在市场中进行 Stackelberg 博弈。

本章使用的基本模型符号如下：w 表示产品制造商给线下零售商的批发价；p_o 表示实体渠道的产品零售价；p_i 表示网络渠道的产品零售价；s 表示实体渠道的服务质量；η 表示实体渠道的服务成本系数；v 表示消费者选择实体渠道购买产品时对产品的价值评价；u_o 表示消费者在实体渠道购买产品获得的效用；u_i 表示消费者在网络渠道购买产品获得的效用；d_o 表示实体渠道产品需求量；d_i 表示网络渠道产品需求量；Π_o 表示线下零售商收益；Π_i 表示产品制造商收益。

基本假设1：参照 Coughlan（2005）与范小军（2016）对消费者的分类，市场中的消费者分为高服务质量偏好消费者与低服务质量偏好消费者，其中高服务质量偏好消费者所占比例为 k（$k\in[0,1]$），那么低服务质量偏好消费者所占比例为 $1-k$，服务对高服务质量偏好消费者的边际效用为 θ_h，对低服务质量偏好消费者的边际效用为 θ_l，且满足 $0\leq\theta_l<\theta_h\leq1$，边际效用越高表示消费者对服务质量越重视，为了简化后续计算，同时不影响最终的计算结果，设 $\theta_l=0$。

基本假设2：借鉴 Tsay（2010）对服务成本的假设，实体渠道服务成本 $c(s) = (\eta s^2)/2$，η 越大表示渠道要达到某一服务水平花费的成本就越高。

三、渠道需求分析

用 v 来表示消费者在传统渠道对产品的价值评价，由于消费者的异质性，其对产品价值的评估会存在差异，为了分析简便，假定产品的价值评价 v 在 [0, 1] 之间均匀分布。由于实体渠道与网络渠道在产品体验上的不同，消费者对产品价值的评估会存在差异。若通过实体渠道购买产品，消费者可以实地接触产品，可获得该产品的全部价值；若通过网络渠道购买产品，由于网络渠道在产品体验上的缺陷，消费者对该产品的价值评价可能高于或者低于产品的实际价值：过高的评价导致消费者对购买的产品不满意，从而产生由于信誉、退货所发生的一系列成本，过低的评价导致消费者低估产品价值，购买产品获得的效用降低，甚至会导致消费者拒绝购买该产品，最终获得的产品价值都会在实际价值的基础上打上折扣。因此产品体验性越低，消费者网络购物中对产品价值的评价越准确，对产品的价值评价 βv 与实体渠道中对产品价值的评价差异 $(1-\beta)v$ 就越小。

运用消费者效用理论确定渠道的需求。线下零售商通过服务为消费者提高效用，但不同的消费者对服务有不同的偏好。对于那些对产品有比较多的了解，或者网购经验丰富、风险偏好较高的消费者，实体渠道的高水平服务并不能吸引他们；反之则对实体渠道的高水平服务需求越高，因此消费者存在服务偏好的差异。对于高服务质量偏好消费者，在实体渠道中购买产品的效用为 $u_o = v - p_o + \theta_h s$，在网络渠道中购买产品的效用为 $u_i = \beta v - p_i$。若 $u_o = v - p_o + \theta_h s \geq 0$，消费者会选择实体渠道购买产品，当 $v = v_o^* = p_o - \theta_h s$，消费者是否从实体渠道购买产品的决策无差异；若 $u_i = \beta v - p_i \geq 0$，消费者会选择网络渠道购买产品，当 $v = v_i^* = p_i/\beta$，消费者是否从网络渠道购买产品的决策无差异。高服务质量偏好消费者选择从实体渠道还是网络渠道取决于从不同渠道获得效用的比较，即 $\max\{u_o, u_d\}$。若 $v - p_o + \theta_h = \beta v - p_i$，即 $v = v_{oi}^* = (p_o - p_i - \theta_h s)/(1-\beta)$，消费者此时从实体渠道或网络渠道购买产品没有差异。当 $v_i^* < v_o^*$，必有 $v_i^* < v_o^* < v_{oi}^*$，若 $v \in [0, v_i^*]$，消费者不会选择任何渠道购买产品。若 $v \in [v_i^*, v_{oi}^*]$，消费者选择网络渠道购买产品；若 $v \in [v_{oi}^*, 1]$，消费者选择实体渠道购买产品。当 $v_o^* \leq v_i^*$，必有 $v_{oi}^* \leq v_o^* \leq v_i^*$，若 $v \in [0, v_o^*]$，消费者不会选择任何渠

道购买产品；若$v \in [v_o^*, 1]$，消费者选择实体渠道购买产品。那么高服务偏好消费者在实体渠道与网络渠道的需求函数为：

$$d_o = \begin{cases} 1 - \dfrac{p_o - p_i - \theta_h s}{1-\beta}\left(p_o > \dfrac{p_i}{\beta} + \theta_h s\right) \\ 1 - p_o + \theta_h s \left(p_o \leq \dfrac{p_i}{\beta} + \theta_h s\right) \end{cases}; d_i = \begin{cases} \dfrac{p_o - p_i - \theta_h s}{1-\beta} - \dfrac{p_i}{\beta}\left(p_o > \dfrac{p_i}{\beta} + \theta_h s\right) \\ 0\left(p_o \leq \dfrac{p_i}{\beta} + \theta_h s\right) \end{cases} \quad (2-1)$$

由式（2-1）的约束条件可以看出，当且仅当$p_o > p_i/\beta + \theta_h s$时，高服务质量偏好消费者才会在实体渠道和网络渠道组成的双渠道中购买产品。当$\beta \to 0$时，此时产品体验性较高，为了弥补产品体验上的劣势，网络渠道定价与实体渠道定价的差异越来越大；当$\beta \to 1$时，此时产品体验性较低，网络渠道在产品体验上的劣势被逐渐弱化，因此与实体渠道的定价差异也越来越小。

对于低服务质量偏好消费者，在实体渠道购买产品所获得的效用为$u_o = v - p_o$，在网络渠道购买产品的效用为$u_i = \beta v - p_i$。若$u_o = v - p_o \geq 0$，消费者会选择实体渠道购买产品，当$v = v_o^* = p_o$，消费者是否从实体渠道购买产品的决策无差异；若$u_i = \beta v - p_i \geq 0$，消费者会选择网络渠道购买产品，当$v = v_i^* = p_i/\beta$，消费者是否从网络渠道购买产品的决策无差异。低服务质量偏好消费者选择从实体渠道还是网络渠道购买产品取决于从不同渠道获得效用的比较，即$\max\{u_o, u_d\}$，若$v - p_o = \beta v - p_i$，即$v_{oi}^* = (p_o - p_i)/(1-\beta)$，消费者此时从实体渠道或网络渠道购买产品没有差异。当$v_i^* < v_o^*$，必有$v_i^* < v_o^* < v_{oi}^*$，若$v \in [0, v_i^*]$，消费者不会选择任何渠道购买产品。若$v \in [v_i^*, v_{oi}^*]$，消费者选择网络渠道购买产品；若$v \in [v_{oi}^*, 1]$，消费者选择实体渠道购买产品；当$v_o^* < v_i^*$，必有$v_{oi}^* < v_o^* < v_i^*$，若$v \in [0, v_o^*]$，消费者不会选择任何渠道购买产品；若$v \in [v_o^*, 1]$，消费者选择实体渠道购买产品。那么低服务偏好消费者在实体渠道与网络渠道的需求函数为：

$$d_o = \begin{cases} 1 - \dfrac{p_o - p_i}{1-\beta}\left(p_o > \dfrac{p_i}{\beta}\right) \\ 1 - p_o \left(p_o \leq \dfrac{p_i}{\beta}\right) \end{cases}; d_i = \begin{cases} \dfrac{p_o - p_i}{1-\beta} - \dfrac{p_i}{\beta}\left(p_o > \dfrac{p_i}{\beta}\right) \\ 0\left(p_o \leq \dfrac{p_i}{\beta}\right) \end{cases} \quad (2-2)$$

式（2-2）的约束条件的分析原理与式（2-1）相同，当且仅当$p_o > p_i/\beta$，低服务质量偏好消费者才会在实体渠道和网络渠道组成的双渠道中购买产品。结合式（2-1）与式（2-2），当$p_o \leq p_i/\beta$，则无论是高服务质量偏好消费者还是低服务质量偏好消费者，都不会选择网络渠道购买产品，因此这种情况属于单一的实体渠道模式下的决策，不属于本章讨论的范畴。当 $p_i/\beta < p_o \leq p_i/\beta + \theta_h s$，虽然高服务质量偏好消费者不会选择网络渠道购买产品，但低服务质量偏好消费者会选择网络渠道购买。当 $p_o > p_i/\beta + \theta_h s$，高服务质量偏好消费者与低服务质量偏好消费者都有可能会从网络渠道购买产品。那么得到实体渠道与网络渠道的需求总函数为：

$$d_o = \begin{cases} 1 - \dfrac{p_o - p_i - k\theta_h s}{1-\beta} & \left(p_o > \dfrac{p_i}{\beta} + \theta_h s\right) \\ 1 - k(p_o - \theta_h s) - (1-k)\dfrac{p_o - p_i}{1-\beta} & \left(\dfrac{p_i}{\beta} < p_o \leq \dfrac{p_i}{\beta} + \theta_h s\right) \end{cases}$$

$$d_i = \begin{cases} \dfrac{p_o - p_i - k\theta_h s}{1-\beta} - \dfrac{p_i}{\beta} & \left(p_o > \dfrac{p_i}{\beta} + \theta_h s\right) \\ (1-k)\left(\dfrac{p_o - p_i}{1-\beta} - \dfrac{p_i}{\beta}\right) & \left(\dfrac{p_i}{\beta} < p_o \leq \dfrac{p_i}{\beta} + \theta_h s\right) \end{cases}$$

（2-3）

全部消费者在实体渠道的需求量如图2-2中的折线段 ABC 所示；网络渠道的需求量如图2-3中的折线段 DEF 所示。

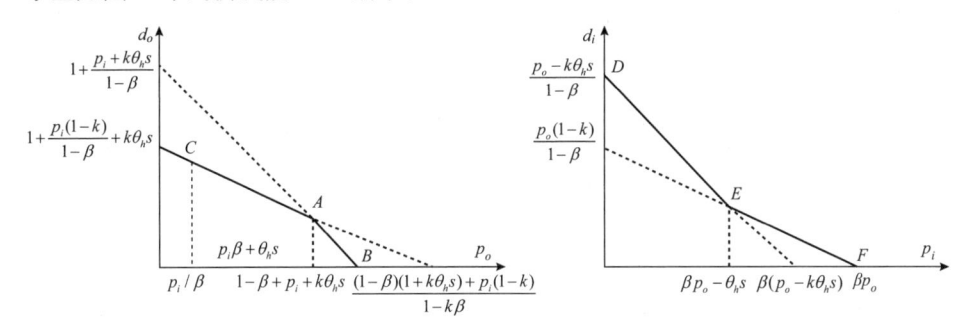

图2-2 实体渠道需求量

图2-3 网络渠道需求量

图2-2、图2-3揭示了一个重要的结论：实体渠道与网络渠道需求量都随着产品价格提高而降低，由于实体渠道能够通过服务提高消费者效用，因此前期价格的提高对渠道需求的影响不大（由直线 CA 的斜率可以看出），当产品价格逐渐接近或大于消费者预期用于购买产品的支出，实体渠道的服务并不能够减少产品价格提高对消费者的影响，此时实体渠道价格对渠道需求量的影响变大（由直线 AB 的斜率可以看出）；对于网络渠道来说，为了弥补渠道在产品体验上的劣势并且吸引更多的消费者，一般网络渠道的定价比实体渠道要低，因此前期价格的提高对渠道需求

的影响很大（由直线 DE 的斜率可以看出），而随着价格的提高，实体渠道的服务并不能够减少产品价格提高对消费者的影响，网络渠道由于定价比实体渠道低，吸引了部分消费者转移到线上购买产品，因此价格对渠道需求的影响变小（由直线 EF 的斜率可以看出）。

四、竞争战略下双渠道的定价与服务水平研究

当线下零售商经营的实体渠道与产品制造商经营的网络渠道相互竞争，此时线下零售商与产品制造商的收益函数分别为：

$$\Pi_o = (p_o - w)d_o - \frac{\eta s^2}{2}; \Pi_i = wd_o + p_i d_i \quad (2\text{-}4)$$

博弈顺序为：制造商作为供应链的主导，先确定自身网络直销渠道的产品价格 p_i 以及给线下零售商的产品批发价 w，使得自身收益最大化；线下零售商根据网络渠道产品零售价 p_i 与批发价 w，确定自身实体渠道的产品价格 p_o 与服务质量 s，使得自身收益最大化。根据逆推归纳法，首先确定博弈的最后阶段，即在制造商收益最大化的条件下求解线下零售商的最佳策略，其中设 p_i 与 w 为已知量，p_o 与 s 为决策变量。那么问题可转化为：

$$\begin{aligned}\max_{p_o, s} \Pi_o &= (p_o - w)d_o - \frac{\eta s^2}{2} \\ \text{s.t.} \max_{p_i, w} \Pi_i &= wd_o + p_i d_i\end{aligned} \quad (2\text{-}5)$$

首先分析网络渠道与实体渠道定价差异较大（$p_o > p_i/\beta + \theta_h s$）的情形，根据一阶偏导条件 $\partial \Pi_o / \partial p_o = 0$ 与 $\partial \Pi_o / \partial s = 0$，可得到

$$s = \frac{k\theta_h + kp_i\theta_h - \theta_h \beta k - kw\theta_h}{2\eta - 2\beta\eta - \theta_h^2 k^2} \quad (2\text{-}6)$$

$$p_o = \frac{\eta(1-\beta)(p_i + w + 1 - \beta) - \theta_h^2 k^2 w}{2\eta - 2\beta\eta - \theta_h^2 k^2} \quad (2\text{-}7)$$

将 p_o 与 s 代入产品制造商的收益函数表达式中，设 p_i 与 w 为决策变量，那么问题可转化为：

$$\max_{p_i, w} \Pi_i = wd_o + p_i d_i \quad (2\text{-}8)$$

根据一阶偏导条件 $\partial \Pi_i / \partial p_i = 0$ 与 $\partial \Pi_i / \partial w = 0$，可得到双渠道竞争下的最优决策结果，如表2-1所示。

表2-1 模型参数最优决策结果

参数	最优决策结果
批发价 w	$\dfrac{2\eta-2\eta\beta^2-\theta_h^2 k^2\beta}{4(2\eta-2\beta\eta-\theta_h^2 k^2)}$
网络渠道零售价 p_i	$\dfrac{\beta}{2}$
实体渠道零售价 p_o	$\dfrac{1}{2}\times\dfrac{\eta(1-\beta)(3-\beta)-\theta_h^2 k^2\beta}{2\eta-2\beta\eta-\theta_h^2 k^2}$
实体渠道服务水平 s	$\dfrac{\theta(1-\beta)}{2}\times\dfrac{1}{2\eta-2\beta\eta-\theta^2}$
实体渠道需求量 d_o	$1-\dfrac{1}{2}\times\dfrac{\eta(1-\beta)-2\theta_h^2 k^2}{2\eta-2\beta\eta-\theta_h^2 k^2}$
网络渠道需求量 d_i	$\dfrac{1}{2}\times\dfrac{\eta(1-\beta)-2\theta_h^2 k^2}{2\eta-2\beta\eta-\theta_h^2 k^2}-\dfrac{1}{2\beta}$
线下零售商收益 Π_o	$\dfrac{1}{2}\times\dfrac{\eta(1-\beta)(3-\beta)-\theta_h^2 k^2\beta}{2\eta-2\beta\eta-\theta_h^2 k^2}\times\left(1-\dfrac{1}{2}\times\dfrac{\eta(1-\beta)-2\theta_h^2 k^2}{2\eta-2\beta\eta-\theta_h^2 k^2}\right)+\dfrac{\eta s^2}{2}$
产品制造商收益 Π_i	$\dfrac{\beta}{2}+\dfrac{1}{4}(1-\beta)\times\dfrac{\eta(1-\beta)-2\theta_d^2 k^2}{2\eta-2\beta\eta-\theta_d^2 k^2}-\dfrac{1}{4\beta}$
渠道整体收益 Π	$\Pi_o+\Pi_i$

分析网络渠道与实体渠道定价差异较小($p_i/\beta<p_o\leq p_i/\beta+\theta_h s$)的情形时,可得到双渠道供应链中实体渠道产品零售价 $p_o=\dfrac{3\eta-\beta\eta-2k\beta\eta}{4\eta-(1-\beta)\theta_h^2 k^2-4k\beta\eta}$,网络渠道产品零售价 $p_i=\dfrac{2\eta\beta(1-k\beta)}{4\eta-(1-\beta)\theta_h^2 k^2-4k\beta\eta}$,为确保 $p_i/\beta<p_o\leq p_i/\beta+\theta_h s$,那么 β 必须满足:$\beta>\dfrac{3\eta-\beta n-2k\eta\beta^2}{2\eta\beta-2k\eta\beta^2}$,而 $\dfrac{3\eta-\beta n-2k\eta\beta^2}{2\eta\beta-2k\eta\beta^2}>1$,因此当 $p_i/\beta<p_o\leq p_i/\beta+\theta_h s$ 时,产品制造商与线下零售商的决策均衡结果不存在。

结论2-1 实体渠道服务质量以及网络渠道产品零售价与产品体验性成反比。

证明:$\dfrac{\partial s}{\partial \beta}=\dfrac{3}{2}\dfrac{k^3\theta_h^3}{(2\eta-2\beta\eta-\theta_h^2 k^2)^2}>0$; $\dfrac{\partial p_i}{\partial \beta}=\dfrac{1}{2}>0$ （2-9）

结论2-1说明:相较于网络渠道,实体渠道原本在价格上就不具有优势,再加上产品体验性较低,网络渠道在产品体验上的劣势被逐渐弱化,因而越来越多的消费者会选择网络渠道购买产品,线下零售商为了保持消费者市场,必须提高渠道的服务水平或者采取其他营销手段来赢得消费者的信任，形成口碑效应。网络渠道零售价与产品体验性成反比，这是因为产品体验性越高，网络渠道在产品体验上的劣势越来越明显，产品制造商只能通过降低产品零售价来吸引越来越多的消费者选择网络渠道购买产品。

结论2-2 实体渠道的需求量与产品体验性成反比；制造商给线下零售商的产品批发价与产品体验性成反比。

证明：$\dfrac{\partial d_o}{\partial \beta} = \dfrac{1}{2} \times \dfrac{3\eta\theta_h^2 k^2}{(2\eta - 2\beta\eta - \theta_h^2 k^2)^2} > 0$ ；$\dfrac{\partial w}{\partial \beta} = \dfrac{6\beta\eta\theta_h^2 k^2 + \theta_h^4 k^4 + 4\beta\eta - 4\eta^2\beta^3}{4(2\eta - 2\beta\eta - \theta_h^2 k^2)^2} > 0$

（2-10）

结论2-2说明：由结论2-1得到产品体验性越低，实体渠道的服务质量越高，实体渠道服务水平的提高使得本渠道的需求量增加，因为消费者愿意到提供更好服务的渠道购买产品，该结论对线下零售商有着重要的启示，即线下零售商可以通过提高渠道的服务质量来提升实体渠道的需求量。而产品制造商为了抑制实体渠道对网络渠道的竞争，提高自身网络渠道的收益，选择提高批发价格以促使线下零售商降低服务质量。

结论2-3 实体渠道的服务质量与高服务质量偏好者所占比例成正比，与服务对高服务质量消费者的边际效用成正比。

证明：$\dfrac{1}{s} = \dfrac{2}{3} \times \dfrac{2\eta - 2\beta\eta - \theta_h^2 k^2}{k\theta_h(1-\beta)}$，化简得到 $\dfrac{1}{s} = \dfrac{2}{3} \times (\dfrac{2\eta}{k\theta_h} - \dfrac{k\theta_h}{1-\beta})$

求得 $\dfrac{\partial \dfrac{1}{s}}{\partial k} = \dfrac{2}{3} \times (-\dfrac{1}{k^2} \times \dfrac{2\eta}{\theta_h} - \dfrac{\theta_h}{1-\beta}) < 0$，$\dfrac{\partial \dfrac{1}{s}}{\partial \theta_h} = \dfrac{2}{3} \times (-\dfrac{1}{\theta_h^2} \times \dfrac{2\eta}{k} - \dfrac{k}{1-\beta}) < 0$

那么得到 $\partial s / \partial k > 0$，$\partial s / \partial \theta_h > 0$。

结论2-3说明：当市场中高服务质量偏好消费者的比例较大，服务对高服务质量消费者的边际效用较高时，此时应当重点关注线下零售商，提升实体渠道的服务质量，进一步占领市场提升自身的收益。

第三节 基于产品体验性的双渠道供应链合作战略

一、问题提出

第二节基于产品体验性视角讨论了实体渠道与网络渠道的竞争战略,发现产品体验性越低,实体渠道与网络渠道在产品定价、渠道服务水平方面的竞争越激烈,线下零售商将产品制造商作为直接竞争对手,减少对产品的支持甚至彻底拒绝产品存货,由此便会引发渠道冲突。Yan(2015)提出了产品制造商支持线下零售商实施营销努力(广告、提升产品形象等)可以有效协调双渠道之间的冲突,原因是一方面减少了线下零售商的营销成本,并且扩大了实体渠道的需求量,另一方面由于产品体验性的溢出效应,那些原本就倾向于通过网络渠道购买产品的消费者凭借着实体渠道的营销努力,从实体渠道获得了更加丰富的产品信息(比如产品的价格、产品的特点等),更加快速、准确选择在网络渠道购买产品。

产品体验性越低,溢出效应越明显,更加刺激了产品制造商对线下零售商实施营销努力的支持力度。基于上述背景,本节在第二节的基础上,当探讨产品体验性与营销努力共同影响渠道需求时,线下零售商与产品制造商之间的合作战略,分析不同合作战略下的渠道决策。

二、问题描述与基本假设

考虑市场中只存在一个体验型产品制造商与一个线下零售商。参照周建亨等(2017a)对产品体验性的假设,产品体验性由产品体验性指数 $\beta(0<\beta<1)$ 来表示,β 越大,产品的体验性越低。其中线下零售商经营实体渠道,直接向消费者出售产品,并提供相应的服务;制造商经营网络渠道,直接向消费者出售产品,但不提供服务。与第二节类似,产品制造商与线下零售商均为独立决策的个体,并且在渠道中相互竞争,双方以各自渠道收益最大化为目标,此时在市场中进行 Stackelberg 博弈。

本节使用的基本模型符号如下:w 表示产品制造商给线下零售商的批发价;p_o 表示实体渠道的产品零售价;p_i 表示网络渠道的产品零售价;s 表示实体渠道的服

务质量；η 表示实体渠道的服务成本系数；v 表示消费者选择实体渠道购买产品时对产品的价值评价；u_o 表示消费者在实体渠道购买产品获得的的效用；u_i 表示消费者在网络渠道购买产品获得的效用；d_o 表示没有采取合作策略下实体渠道需求量；d_i 表示没有采取合作下网络渠道需求量；D_o 表示采取合作策略下实体渠道需求量；D_i 表示采取合作策略下网络渠道需求量；Π_o 表示线下零售商收益水平；Π_i 表示产品制造商收益水平。

基本假设1：参照 Coughlan（2005）与范小军（2016）对消费者的分类，市场中的消费者分为高服务质量偏好消费者与低服务质量偏好消费者，其中高服务质量偏好消费者所占比例为 $k(k\in[0,1])$，那么低服务质量偏好消费者所占比例为 $1-k$，服务对高服务质量偏好消费者的边际效用为 θ_h，对低服务质量偏好消费者的边际效用为 θ_l，且满足 $0 \leq \theta_l < \theta_h \leq 1$，边际效用越高表示消费者对服务质量越重视，为了简化后续计算，同时不影响最终的计算结果，设 $\theta_l = 0$。

基本假设2：在产品市场中，为了扩大产品的知名度，无论是制造商还是线下零售商都会采取广告等手段提升产品形象。参照刘丛等（2017）的研究，假设营销努力 $e(e>0)$ 与渠道需求量线性相关，可模型化为加和关系，营销努力成本记为 $c(e)=\varepsilon e^2/2$，其中 $\varepsilon(\varepsilon>0)$ 表示营销努力成本系数，且 $\partial c(e)/\partial e>0$，$\partial^2 c(e)/\partial e^2>0$，其经济含义是营销努力成本随营销努力水平的增大而增大且速度越来越快。

基本假设3：借鉴 Tsay（2010）对服务成本的假设，实体渠道服务成本 $c(s)=(\eta s^2)/2$，η 越大表示渠道要达到某一服务水平花费的成本就越高；$s(s>0)$ 表示实体渠道的服务质量。

三、基于消费者效用的渠道需求分析

用 v 来表示消费者在线下零售渠道对产品的价值评价，由于消费者的异质性，其对产品价值的评估会存在差异，为了分析简便，假定产品的价值评价 v 在 $[0,1]$ 之间均匀分布。由于实体渠道与网络渠道在产品体验上的不同，消费者对产品价值的评估会存在差异。若消费者通过实体渠道购买产品，消费者可以实地接触产品，可获得该产品的全部价值；若消费者通过网络渠道购买产品，由于网络渠道在产品体验上的缺陷，消费者对该产品的价值评价可能高于或者低于产品的实际价值，过高的评价导致消费者对购买的产品不满意，从而产生由于信誉、退货所发生的一系

列成本，过低的评价导致消费者低估产品价值，购买产品获得的效用降低，甚至会导致消费者拒绝购买该产品，最终获得的产品价值都会在实际价值的基础上打上折扣。因此产品体验性越低，消费者网络购物中对产品价值的评价越准确，对产品的价值评价 βv 与实体渠道中对产品价值的评价差异 $(1-\beta)v$ 就越小。

运用消费者效用理论确定渠道的需求。线下零售商通过服务为消费者提高效用，但不同的消费者对服务有不同的偏好。对于那些对产品有比较大的了解，或者网购经验丰富，风险偏好较高的消费者，实体渠道的高水平服务并不能吸引他们；反之则对实体渠道的高水平服务需求越高，因此消费者存在服务偏好的差异。对于高服务质量偏好消费者，在实体渠道中购买产品的效用为 $u_o = v - p_o + \theta_h s$，在网络渠道中购买产品的效用为 $u_i = \beta v - p_i$。若 $u_o = v - p_o + \theta_h s \geq 0$，消费者会选择实体渠道购买产品，当 $v = v_o^* = p_o - \theta_h s$，消费者是否从实体渠道购买产品决策无差异；若 $u_i = \beta v - p_i \geq 0$，消费者会选择网络渠道购买产品，当 $v = v_i^* = p_i / \beta$，消费者是否从网络渠道购买产品的决策无差异。高服务质量偏好消费者选择从实体渠道还是网络渠道取决于从不同渠道获得效用的比较，即 $\max\{u_o, u_d\}$。若 $v - p_o + \theta_h s = \beta v - p_i$，即 $v = v_{oi}^* = (p_o - p_i - \theta_h s) / (1 - \beta)$，消费者此时从实体渠道或网络渠道购买产品没有差异。当 $v_i^* < v_o^*$，必有 $v_i^* < v_o^* < v_{oi}^*$，若 $v \in [0, v_i^*]$，消费者不会选择任何渠道购买产品。若 $v \in [v_i^*, v_{oi}^*]$，消费者选择网络渠道购买产品；若 $v \in [v_{oi}^*, 1]$，消费者选择实体渠道购买产品。当 $v_o^* < v_i^*$，必有 $v_{oi}^* < v_o^* < v_i^*$，若 $v \in [0, v_o^*]$，消费者不会选择任何渠道购买产品；若 $v \in [v_o^*, 1]$，消费者选择实体渠道购买产品。那么高服务偏好消费者在实体渠道与网络渠道的需求函数为：

$$d_o = \begin{cases} 1 - \dfrac{p_o - p_i - \theta_h s}{1 - \beta} & \left(p_o > \dfrac{p_i}{\beta} + \theta_h s\right) \\ 1 - p_o + \theta_h s & \left(p_o \leq \dfrac{p_i}{\beta} + \theta_h s\right) \end{cases}; d_i = \begin{cases} \dfrac{p_o - p_i - \theta_h s}{1 - \beta} - \dfrac{p_i}{\beta} & \left(p_o > \dfrac{p_i}{\beta} + \theta_h s\right) \\ 0 & \left(p_o \leq \dfrac{p_i}{\beta} + \theta_h s\right) \end{cases} \quad (2-11)$$

由式（2-11）约束条件可以看出，当且仅当 $p_o > p_i / \beta + \theta_h s$，高服务质量偏好消费者才会在实体渠道和网络渠道组成的双渠道中购买产品。当 $\beta \to 0$ 时，此时产品体验性较高，为了弥补产品体验上的劣势，网络渠道定价与实体渠道差异越来越大；当 $\beta \to 1$ 时，此时产品体验性较低，网络渠道在产品体验上的劣势被逐渐弱化，因此与实体渠道的定价差异也越来越小。

对于低服务质量偏好消费者，在实体渠道购买产品所获得的效用为 $u_o = v - p_o$，在网络渠道购买产品的效用为 $u_i = \beta v - p_i$。若 $u_o = v - p_o \geq 0$，消费者会选择实体渠道购买产品，当 $v = v_o^* = p_o$，消费者是否从实体渠道购买产品的决策无差异；若 $u_i = \beta v - p_i \geq 0$，消费者会选择网络渠道购买产品，当 $v = v_i^* = p_i/\beta$，消费者是否从网络渠道购买产品的决策无差异。低服务质量偏好消费者选择实体渠道还是网络渠道取决于从不同渠道获得效用的比较，即 $\max\{u_o, u_d\}$，若 $v - p_o = \beta v - p_i$，即 $v_{oi}^* = (p_o - p_i)/(1-\beta)$，消费者此时从实体渠道或网络渠道购买产品没有差异。当 $v_i^* < v_o^*$，必有 $v_i^* < v_o^* < v_{oi}^*$，若 $v \in [0, v_i^*]$，消费者不会选择任何渠道购买产品。若 $v \in [v_i^*, v_{oi}^*]$，消费者选择网络渠道购买产品；若 $v \in [v_{oi}^*, 1]$，消费者选择实体渠道购买产品；当 $v_o^* < v_i^*$，必有 $v_{oi}^* < v_o^* < v_i^*$，若 $v \in [0, v_o^*]$，消费者不会选择任何渠道购买产品；若 $v \in [v_o^*, 1]$，消费者选择实体渠道购买产品。那么低服务偏好消费者在实体渠道与网络渠道的需求函数为：

$$d_o = \begin{cases} 1 - \dfrac{p_o - p_i}{1-\beta} & \left(p_o > \dfrac{p_i}{\beta}\right) \\ 1 - p_o & \left(p_o \leq \dfrac{p_i}{\beta}\right) \end{cases} ; d_i = \begin{cases} \dfrac{p_o - p_i}{1-\beta} - \dfrac{p_i}{\beta} & \left(p_o > \dfrac{p_i}{\beta}\right) \\ 0 & \left(p_o \leq \dfrac{p_i}{\beta}\right) \end{cases} \quad (2\text{-}12)$$

式（2-12）约束条件分析原理与式（2-11）相同，当且仅当 $p_o > p_i/\beta$，低服务质量偏好消费者才会在实体渠道和网络渠道组成的双渠道中购买产品。结合式（2-11）与式（2-12），当 $p_o \leq p_i/\beta$，则无论是高服务质量偏好消费者还是低服务质量偏好消费者，都不会选择网络渠道购买产品，因此这种情况属于单一的实体渠道模式下的决策，不属于本章讨论的范畴。当 $p_i/\beta < p_o \leq p_i/\beta + \theta_h s$，虽然高服务质量偏好消费者不会选择网络渠道购买产品，但低服务质量偏好消费者会选择网络渠道购买。当 $p_o > p_i/\beta + \theta_h s$，高服务质量偏好消费者与低服务质量偏好消费者都有可能会从网络渠道购买产品。那么得到实体渠道与网络渠道的需求总函数为：

$$d_o = \begin{cases} 1 - \dfrac{p_o - p_i - k\theta_h s}{1-\beta} & \left(p_o > \dfrac{p_i}{\beta} + \theta_h s\right) \\ 1 - k(p_o - \theta_h s) - (1-k)\dfrac{p_o - p_i}{1-\beta} & \left(\dfrac{p_i}{\beta} < p_o \leq \dfrac{p_i}{\beta} + \theta_h s\right) \end{cases}$$

$$d_i = \begin{cases} \dfrac{p_o - p_i - k\theta_h s}{1-\beta} - \dfrac{p_i}{\beta} & \left(p_o > \dfrac{p_i}{\beta} + \theta_h s\right) \\ (1-k)\left(\dfrac{p_o - p_i}{1-\beta} - \dfrac{p_i}{\beta}\right) & \left(\dfrac{p_i}{\beta} < p_o \leq \dfrac{p_i}{\beta} + \theta_h s\right) \end{cases} \qquad (2\text{-}13)$$

前文已经说明了当产品制造商与线下零售商以自身收益最大化制定策略，双方定价差异较小时 $p_i/\beta < p_o \leq p_i/\beta + \theta_h s$，此时不存在最优策略，因此，本节也只讨论定价差异较大 $p_o > p_i/\beta + \theta_h s$ 的情况。

四、实体渠道与网络渠道合作战略研究

（一）单一合作战略

线下零售商实施营销努力 e 能够增加潜在的市场需求（Giannoccaro，2004），以往的文献研究中营销努力 e 的决策主体通常为线下零售商。对于线下零售商来说，由于市场中存在了搭便车现象，市场中存在部分消费者采取线下体验线上购买的方式，此时线下零售商实施营销努力所产生的收益有可能小于成本上升所带来的支出增加。本节借鉴 Yan 等（2015）等人的研究，提出制造商与线下零售商的单一合作策略，即制造商对线下零售商的营销努力提供货币支持（承担线下零售商的营销努力成本），线下零售商实施营销努力 e 的大小取决于制造商的货币支持力度，营销努力 e 的决策主体为制造商。制造商支持线下零售商实施营销努力对线下零售商和制造商都是有益的：对于线下零售商来说，营销努力刺激了消费者在实体渠道购买产品的欲望，实体渠道产品的需求量得到提升；对于制造商来说，那些原本就倾向于通过网络渠道购买产品的消费者凭借着线下零售商实施营销努力，从实体渠道获得了更加丰富的产品信息（比如产品的价格、产品的特点等），最终选择在网络渠道购买产品，这就是线下零售商实施营销努力对网络渠道产生的溢出效应，尤其当产品体验性较低时，网络渠道凭借价格上的优势受到了更多消费者的青睐，越来越多的消费者愿意从网络渠道购买产品，此时溢出效应就更加明显。D_o 与 D_i 分别表示合作战略下实体渠道和网络渠道的需求量，由此得到：

$$D_o = d_o + \mu e \ ; \ D_i = d_i + \beta\mu e \qquad (2\text{-}14)$$

其中，$\mu(0 < \mu < 1)$ 为营销努力效应，用来衡量营销努力对实体渠道需求量的影响程度；$\beta\mu(0 < \beta\mu < 1)$ 用来衡量该营销努力所产生的溢出效应对网络渠道需求

量的影响。

制造商的收益来自两方面，一是网络渠道销售产品所获得的收益，二是批发给线下零售商所获得的收益，由此得到线下零售商与产品制造商的收益函数为：

$$\Pi_o = (p_o - w)D_o - \frac{\eta s^2}{2} \ ; \ \Pi_i = wD_o + p_i D_i - \frac{\varepsilon e^2}{2} \quad (2\text{-}15)$$

博弈顺序为：制造商作为供应链的主导，先确定自身网络渠道的产品零售价 p_i、给线下零售商的产品批发价 w 以及营销努力 e，使得自身收益达到最大；线下零售商根据网络渠道产品的零售价 p_i 与批发价 w，确定自身实体渠道的产品零售价 p_o 与服务质量 s，使得自身收益最大化。

根据逆推归纳法，首先确定博弈的最后阶段，即在制造商收益最大化的条件下求解线下零售商的最佳策略，其中设 p_i、w、e 为已知量，p_o 与 s 为决策变量。那么问题可转化为：

$$\max_{p_o, s} \Pi_o = (p_o - w)D_o - \frac{\eta s^2}{2}$$
$$\text{s.t.} \max_{p_i, w} \Pi_i = wD_o + p_i D_i - \frac{\varepsilon e^2}{2} \quad (2\text{-}16)$$

根据一阶偏导条件 $\partial \Pi_o / \partial p_o = 0$ 与 $\partial \Pi_o / \partial s = 0$，可得到

$$s = \frac{k\theta_h(1+\mu e)(1-\beta) + k\theta_h(p_i - w)}{2\eta - 2\beta\eta - \theta_h^2 k^2}, p_o = \frac{\eta(1-\beta)(p_i + w + 1 - \beta + \mu e - \mu e \beta)}{2\eta - 2\beta\eta - \theta_h^2 k^2} \quad (2\text{-}17)$$

将 s 与 p_o 代入制造商收益函数表达式中，设 p_i、w、e 为决策变量，那么问题可转化为：

$$\max_{p_i, w} \Pi_i = wD_o + p_i D_i - \frac{\varepsilon e^2}{2} \quad (2\text{-}18)$$

根据一阶偏导条件 $\partial \Pi_i / \partial p_i = 0$，$\partial \Pi_i / \partial w = 0$，以及 $\partial \Pi_i / \partial e = 0$，得到产品制造商与线下零售商最优决策结果，如表2-2所示。

表2-2 模型参数最优决策结果

模型参数	最优决策结果
批发价 w	$\dfrac{-\mu\theta_h^2 \beta k^2 (1+\beta) - \mu\eta(2\beta^3 - \beta^2 - 1)}{A}$
营销努力 e	$\dfrac{4\eta(1-\beta) + \theta_h^2 \mu^2 k^2 \beta^2(1-\beta^2) - 2\theta_h^2 k^2 - \eta\mu^2\beta^2(2\beta^3 - 3\beta^2 + 1)}{A}$

表2-2（续）

模型参数	最优决策结果
网络渠道零售价 p_i	$\dfrac{-2\beta k^2\theta_h^2 + \eta\mu^2\beta^2(1-\beta)^2 + 4\eta\beta(1-\beta)}{A}$
实体渠道零售价 p_o	$\dfrac{\eta(1-\beta)(p_i+w+1-\beta+\mu e-\mu e\beta)}{2\eta-2\beta\eta-\theta_h^2 k^2}$
服务水平 s	$\dfrac{k\theta_h(1+\mu e)(1-\beta)+k\theta_h(p_i-w)}{2\eta-2\beta\eta-\theta_h^2 k^2}$
线下零售商收益 Π_o	$(p_o-w)D_o-\dfrac{\eta s^2}{2}$
产品制造商收益 Π_i	$wD_o+p_i D_i-\dfrac{\varepsilon e^2}{2}$
渠道整体收益 Π_t	$\Pi_o+\Pi_i$

令 $A=\theta_h^2\mu^2 k^2\beta(1+\beta)^2+4\eta(1-\beta)-2\theta_h^2 k^2+\eta\mu^2(2\beta^4+2\beta^3-3\beta^2-1)$。

（二）双重合作战略

线下零售商与制造商的合作提升了线下零售商、制造商以及渠道整体的收益水平，那么是否存在更多的合作机制协调实体渠道与网络渠道，进一步提高渠道的收益水平？在单一合作战略的基础上，加入渠道价格协调机制，提出制造商与线下零售商的双重合作战略，即线下零售商以自身收益水平最大化制定决策，制造商以渠道整体收益最大化制定产品批发价，并且制造商支持线下零售商实施营销努力。下面分析双重合作策略下渠道产品的最优定价、营销努力、服务水平等决策。

博弈顺序与单一合作情形相同，根据逆推归纳法，首先确定博弈的最后阶段，即在供应链整体收益最大化的条件下求解线下零售商的最佳策略，其中设 p_i、w、e 为已知量，p_o 与 s 为决策变量。那么问题可转化为：

$$\max_{p_o,s}\Pi_o=(p_o-w)D_o-\dfrac{\eta s^2}{2}$$

$$\text{s.t.}\max_{p_i,w,e}\Pi_t=p_i D_i-\dfrac{\varepsilon e^2}{2}+p_o D_o-\dfrac{\eta s^2}{2} \quad (2\text{-}19)$$

根据一阶偏导条件 $\partial\Pi_0/\partial p_o=0$ 与 $\partial\Pi_0/\partial s=0$，可得到

$$s = \frac{k\theta_h(1+\mu e)(1-\beta) + k\theta_h(p_i - w)}{2\eta - 2\beta\eta - \theta_h^2 k^2}$$
$$p_d = \frac{\eta(1-\beta)(p_i + w + 1 - \beta + \mu e - \mu e\beta)}{2\eta - 2\beta\eta - \theta_h^2 k^2}$$
（2-20）

将 p_d 与 s 代入渠道整体收益函数中，设 p_i、w、e 为决策变量，那么问题可转化为：

$$\max_{p_i,w,e} \Pi_t = p_i D_i - \frac{\varepsilon e^2}{2} + p_o D_o - \frac{\eta s^2}{2}$$
（2-21）

根据一阶偏导条件 $\partial\Pi_t/\partial p_i = 0$，$\partial\Pi_t/\partial e_i = 0$ 以及 $\partial\Pi_t/\partial w = 0$，求得产品制造商与线下零售商最优策略，如表2-3所示。令 $B = \theta_h^2\mu^2\beta k^2(\beta^2+\beta+1)^2 - 2\theta_h^2 k^2 + 2\eta\mu^2(\beta-1) + 4\eta(1-\beta) + 2\eta\mu^2\beta^2(\beta^2+\beta-2)$。

表2-3 模型参数最优决策结果

模型参数	最优决策结果
批发价 w	$\dfrac{2\mu\eta(1-\beta) + 2\mu\eta\beta^2(1-\beta) - \mu\beta k^2\theta_h^2(1+\beta)}{B}$
营销努力 e	$\dfrac{2\mu\beta(1-\beta) + \eta\mu^2\beta^2(1-\beta)^2 - \beta k^2\theta_h^2}{B}$
网络渠道零售价 p_i	$\dfrac{2\mu\beta(1-\beta) + \eta\mu^2\beta^2(1-\beta)^2 - \beta k^2\theta_h^2}{B}$
实体渠道零售价 p_o	$\dfrac{\eta(1-\beta)(p_i + w + 1 - \beta + \mu e - \mu e\beta)}{2\eta - 2\beta\eta - \theta_h^2 k^2}$
服务水平 s	$\dfrac{k\theta_h(1+\mu e)(1-\beta) + k\theta_h(p_i - w)}{2\eta - 2\beta\eta - \theta_h^2 k^2}$
线下零售商收益 Π_o	$(p_o - w)D_o - \dfrac{\eta s^2}{2}$
产品制造商收益 Π_i	$wD_o + p_i D_i - \dfrac{\varepsilon e^2}{2}$
渠道整体收益 Π_t	$\Pi_o + \Pi_i$

（三）基于收益共享契约的多重合作战略

双重合作战略中，为了缓解渠道冲突，制造商降低产品批发价给予一定的利润让步，批发价降低导致实体渠道的产品零售价也随之降低，实体渠道需求量得到提高。对于制造商来说，实体渠道需求量提高所增加的收益并不能完全抵消由于批发价降低所减少的收益,制造商收益存在减少的可能,因此需要加入额外的机制来激励制造商实施双重合作战略。在双重合作战略的基础上,借鉴代建生(2014)的研究,本节加入了制造商与线下零售商之间的收益共享契约,提出制造商与线下零售商的多重合作战略,进一步提高渠道收益水平。收益共享契约具体表现为:制造商以价格为 w 的产品批发给线下零售商,销售收入实现后,线下零售商将占比例 $1-\varphi$ 的销售收入转移给制造商。实际上制造商与线下零售商还存在固定转移支付 T,比如渠道固定管理费、加盟费等。由于固定转移支付只影响最终的收益分配,并不能对线下零售商与制造商的决策造成影响,因此本节不考虑该变量。那么得到线下零售商与制造商的收益函数为:

$$\Pi_o = \varphi(p_o - w)D_O - \frac{\eta s^2}{2}; \quad \Pi_t = (1-\varphi)(p_o - w)D_O + wD_O + p_iD_i - \frac{\varepsilon e^2}{2} \quad (2\text{-}22)$$

博弈顺序与单一合作战略顺序相同,根据逆推归纳法,首先分析博弈的第二阶段,即在制造商整体收益最大的条件下分析线下零售商的最优决策,为了研究的方便,假设 φ 给定,问题可转化为:

$$\max_{p_o,s} \Pi_o = \varphi(p_o - w)D_O - \frac{\eta s^2}{2} \quad (2\text{-}23)$$

根据一阶偏导条件 $\partial\Pi_o/\partial p_o = 0$ 与 $\partial\Pi_o/\partial s_o = 0$,可得到

$$s = \frac{\varphi k\theta_h(1+\mu e)(1-\beta) + \varphi k\theta_h(p_i - w)}{2\eta - 2\beta\eta - \varphi\theta_h^2 k^2} \quad (2\text{-}24)$$

$$p_o = \frac{\eta(1-\beta)(p_i + w) + \eta(1-\beta)^2(e\mu + 1) - \varphi w\theta_h^2 k^2}{2\eta - 2\beta\eta - \varphi\theta_h^2 k^2} \quad (2\text{-}25)$$

将式(2-24)与式(2-25)代入渠道整体收益函数,根据一阶偏导条件 $\partial\Pi_t/\partial p_i = 0$,$\partial\Pi_t/\partial e = 0$,$\partial\Pi_t/\partial w = 0$,求得产品制造商与线下零售商最优决策,如表2-4所示。令 $C = \theta_h^2\mu^2\varphi\beta k^2(\beta^2 + 4\beta - 1) + 4\eta(1-\beta) + \eta\mu^2\beta(2\beta^3 + 2\beta^2 - 4\beta + 2) - 2\eta\mu^2 + 2\theta_h\varphi k^2(\varphi - 2)$。

表2-4 模型参数最优决策结果

模型参数	最优决策结果
批发价 w	$\dfrac{\theta_h^2\varphi\beta k^2(\varphi-2) + \eta\mu^2\beta^2(\beta-1)^2 + 2\eta\beta(1-\beta)}{C}$
营销努力 e	$\dfrac{\theta_h^2\mu^2\varphi\beta^2 k^3(\varphi-1)(\beta^2-1) + \eta\mu^2\beta^2(1-\beta)^2 + 2\eta\beta(1-\beta)}{C}$

表2-4（续）

模型参数	最优决策结果
网络渠道零售价 p_i	$\dfrac{\theta_h^2 \mu\varphi\beta k^2(\varphi\beta+\varphi-2\beta-2)+2\eta\mu(1+\beta^2)(1-\beta)}{C}$
实体渠道零售价 p_o	$\dfrac{\eta(1-\beta)(p_i+w)+\eta(1-\beta)^2(e\mu+1)-\varphi w\theta_h^2 k^2}{2\eta-2\beta\eta-\varphi\theta_h^2 k^2}$
服务水平 s	$\dfrac{\varphi k\theta_h(1+\mu e)(1-\beta)+\varphi k\theta_h(p_i-w)}{2\eta-2\beta\eta-\varphi\theta_h^2 k^2}$
线下零售商收益 Π_o	$(p_o-w)D_O$ ——
产品制造商收益 Π_i	$(1-\varphi)(p_o-w)D_O+wD_O+p_iD_i-\dfrac{\varepsilon e^2}{2}$
渠道整体收益 Π_t	$\Pi_o+\Pi_i$

五、数值仿真

通过算例分析了产品体验性和营销努力效应如何影响营销努力水平和实体渠道服务水平的灵敏度，并进一步分析了相关参数对线下零售商和制造商收益水平的影响，为供应链决策提供依据。相关参数赋值如表2-5所示。

表2-5　模型参数赋值

变量	k	θ_h	μ	η	ε	β	φ
取值	0.6	1	0.4	1	1	0.5	0.3

（一）灵敏度分析

表2-6反映了当 $\beta=0.5$，$(0<\mu<0.7)$ 时，营销努力水平和实体渠道服务水平随着营销努力效应的变化情况。为了区分开来，用 e_1、e_2、e_3 分别表示单一合作战略、双重合作战略、多重合作战略下的营销努力水平，用 s_1、s_2、s_3 分别表示单一合作战略、双重合作战略、多重合作战略下的实体渠道服务水平。从表2-6中可以看出，无论是在何种合作战略下，随着营销努力效应的提高，营销努力水平和实体渠道服务水平都随之增加。营销努力效应的提高说明了消费者对制造商产品品牌和产品信息的认可度增加，提高了实体渠道的需求量，当这些需求信息反映给线下零售商，线下零售商也更愿意提高实体渠道的服务水平。营销努力效应的增加表明线下零售

商制造商采用产品宣传等扩大了市场需求的有效性增加,由于营销努力对网络渠道的溢出效应,网络渠道的需求量也得到提高,制造商的收益随之得到增加,制造商也更愿意支持线下零售商实施营销努力。

表2-6 营销努力效应 μ 对变量 e 和 s 的灵敏度分析

μ	e_1	e_2	e_3	s_1	s_2	s_3
0.1	1.007 183 3	0.014 386 9	0.577 880 5	0.513 472 8	0.141 534 2	0.372 795 4
0.2	1.029 407 0	0.027 122 1	0.619 872 3	0.559 208 5	0.201 681 5	0.448 614 0
0.3	1.068 856 3	0.036 569 6	0.724 354 5	0.605 795 5	0.291 812 2	0.528 423 2
0.4	1.129 800 8	0.039 453 4	0.948 766 9	0.680 587 6	0.474 005 0	0.660 638 9
0.5	1.219 879 5	0.089 895 0	1.054 628 8	0.807 633 6	0.608 957 9	0.781 767 3
0.6	1.352 922 2	0.176 274 1	1.266 648 7	1.076 814 9	0.753 963 5	0.978 974 2
0.7	1.555 641 8	0.314 409 9	1.412 864 0	1.314 672 1	0.995 706 7	1.256 648 7
0.8	1.810 999 0	0.486 420 2	1.604 553 6	1.777 572 3	1.149 597 5	1.636 968 5
0.9	2.264 202 8	0.714 202 8	1.985 394 7	2.236 968 5	1.4198587	2.177 572 3
1	2.777 572 3	1.107 572 3	2.368 539 4	2.864 202 8	1.8985877	2.745 536 9

表2-7反映了当 $\mu=0.4$,$(0<\beta<0.7)$ 时,营销努力水平和实体渠道服务水平随着产品体验性指数的变化情况。从表2-7中可以看出,无论是在何种合作战略下,随着产品体验性的降低,营销努力水平和实体渠道服务水平都增加。产品体验性的降低意味着实体渠道在产品体验上的优势逐渐减弱,线下零售商为了保持消费者市场,必须提高实体渠道服务质量或者采取其他营销手段来赢得消费者的信任,形成口碑效应。而产品体验性越低,营销努力对网络渠道的溢出效应就越明显,网络渠道的需求量也得到提高,制造商的收益随之得到增加,制造商也更愿意支持线下零售商实施营销努力。

表2-7 产品体验性指数 β 对变量 e 和 s 的灵敏度分析

β	e_1	e_2	e_3	s_1	s_2	s_3
0.1	1.057 481 0	0.255 421 6	0.7580677	0.533 622 1	0.377 158 0	0.410 662 9
0.2	1.067 235 1	0.255 694 0	0.7958583	0.552 346 0	0.391 296 3	0.488 157 9
0.3	1.081 467 6	0.262 209 5	0.8381093	0.578 544 7	0.409 753 5	0.571 508 8
0.4	1.101 594 6	0.279 126 2	0.8876511	0.617 416 2	0.435 334 8	0.660 638 9

表2-7（续）

β	e_1	e_2	e_3	s_1	s_2	s_3
0.5	1.129 800 8	0.039 453 4	0.948 7669	0.680 587 6	0.474 005 0	0.746 078 3
0.6	1.169 819 2	0.472 795 4	1.028 6158	0.800 687 8	0.540 846 0	0.865 912 0
0.7	1.230 830 5	0.887 651 1	1.118 5162	1.119 249 1	0.683 148 9	0.987 651 1
0.8	1.359 208 3	1.314 409 0	1.354 4723	1.455 634 2	0.755 199 4	1.025 198 5
0.9	1.476 274 6	1.966 648 7	1.610 9990	1.822 109 9	0.832 332 4	1.231 251 9
1	1.564 202 7	2.622 419 2	2.010 8990	2.366 024 9	1.020 896 4	1.559 764 2

（二）产品体验性与营销努力效应对双渠道供应链决策的分析

本节对比分析了不同合作战略下的双渠道供应链各成员的决策行为，揭示了产品体验性和营销努力效应对双渠道供应链成员决策影响的互动机制。

结论2-4 产品的零售价、营销努力水平和实体渠道服务水平随着产品体验性的降低而增加，随着营销努力效应的增加而增加。

在不同合作战略下，产品的零售价、批发价、营销努力水平和实体渠道服务水平与产品体验性和营销努力效应的变化一致，以单一合作战略的情形为例进行验证（如图2-4、图2-5所示）。

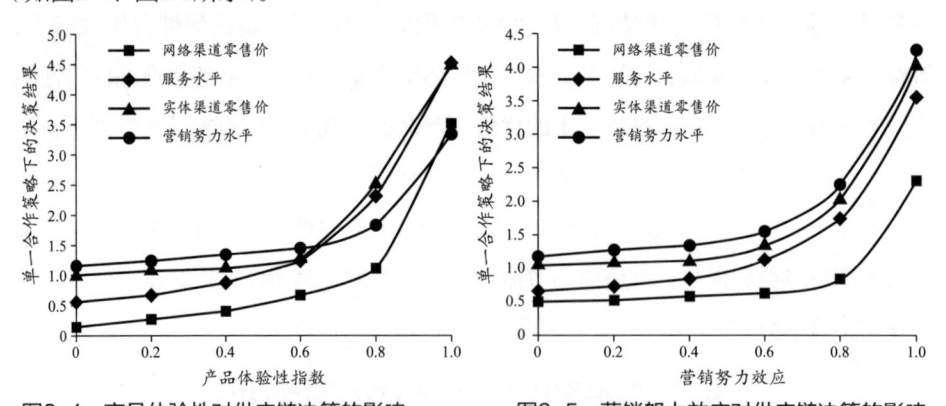

图2-4 产品体验性对供应链决策的影响　　图2-5 营销努力效应对供应链决策的影响

结论2-4说明无论是哪种合作战略，当产品体验性较低时，越来越多的消费者愿意从网络渠道购买产品，实体渠道与网络渠道之间的竞争更加激烈，因此制造商需要加大对线下零售商实施营销努力的支持力度来缓解渠道之间的冲突。产品体验性较低同时导致了实体渠道在产品体验上的优势被弱化，线下零售商需要提高服务质量来吸引更多的消费者，而更高的服务质量意味着线下零售商需要支付更多的成本。为了平衡因提高服务质量所增加的成本，线下零售商一般通过上调本渠道的产品价格将这部分成本转移到消费者中。对于消费者来说，实体渠道服务质量都不是无偿享受的，其本质都是由自己来买单。营销努力效应的提高说明了消费者对产品品牌和产品信息的认可度增加，实体渠道与网络渠道的需求量也因此得到提高，制造商为了获得产品溢价，会增加产品的零售价格确保自身收益最大化。

结论2-5 产品制造商收益、线下零售商收益、渠道整体收益随着产品体验性的降低而增加，随着营销努力效应的增加而增加（如图2-6、图2-7所示）。

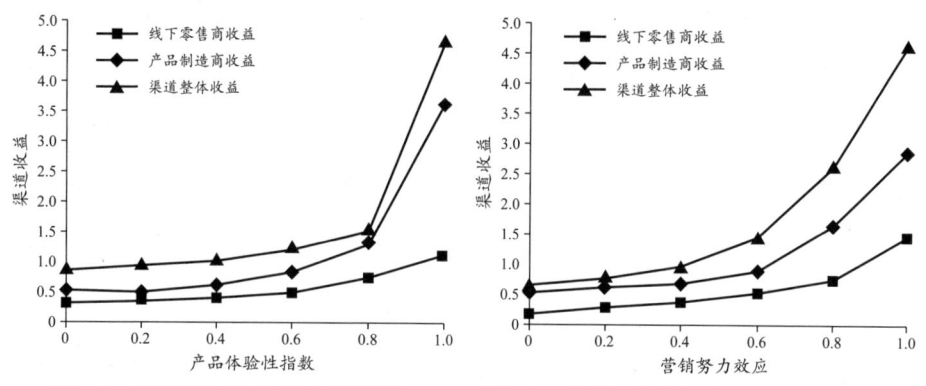

图2-6 产品体验性对渠道收益的影响　　图2-7 营销努力效应对渠道收益的影响

结论2-5说明当渠道竞争加剧时，无论是产品制造商还是线下零售商都可以从营销努力中受益。理由是当产品体验性较低时，制造商愿意加大对线下零售商实施营销努力的支持力度，提高了线下零售商的满意度，刺激了市场需求。根据客户关系管理理论（Customer Relationship Management，CRM），提高线下零售商的满意度能够帮助制造商建立长期资产，增加更多的企业价值（客户的忠诚度、正面口碑效应等）Srivastava（1998）的研究也表明这一点。同时营销努力对网络渠道具有溢出效应，产品体验性越低，此时溢出效应就越明显。溢出效应能够使越来越多的消费者从网络渠道购买产品，制造商为了扩大市场份额，便会加大对线下零售商实施营销努力的支持力度，大大增加了实体渠道需求量，线下零售商与制造商的收益水平都随之提高。

六、不同合作战略下的收益对比分析

对比单一合作战略、双重合作战略以及多重合作战略下的线下零售商收益水平、制造商收益水平。首先分析基于收益共享契约的多重合作策略的收益分配比例 φ 对线下零售商收益、制造商收益的影响，得到：

结论2-6 线下零售商收益随着收益分配比例的增加而减少，制造商收益随着收益分配比例的增加而增加（如图2-8所示）。

结论2-7 对比单一合作战略、双重合作战略以及多重合作战略的情形，制造商收益在单一合作战略下最大，在双重合作战略下最小；线下零售商收益在单一合作战略下最小，在双重合作战略下最大，并且伴随着产品体验性的降低，双重合作战略对线下零售商收益和制造商收益的作用越明显（如图2-9、图2-10所示）。

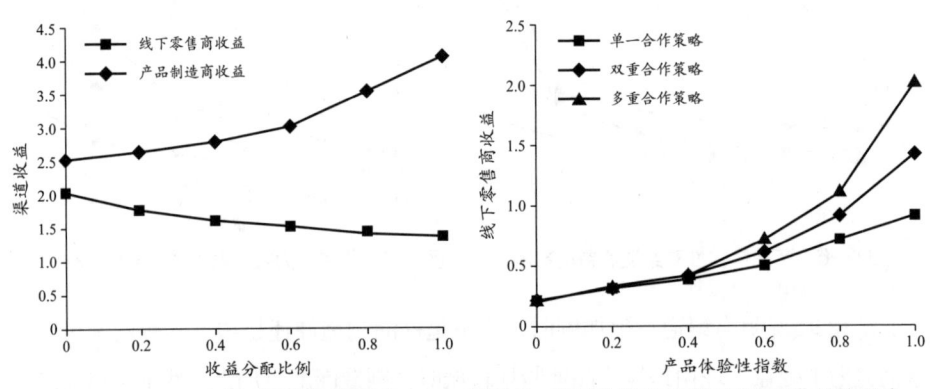

图2-8 收益分配比例对渠道收益的影响　　图2-9 产品体验性对线下零售商收益的影响

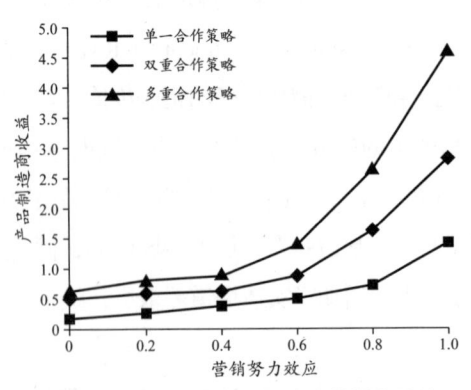

图2-10 产品体验性对制造商收益的影响

第二章 体验型产品的双渠道供应链战略决策

结论2-7说明：相比较单一合作战略，双重合作战略进一步提高了双渠道供应链的整体收益水平。制造商除了支持线下零售商实施营销努力，并向线下零售商收取较低的批发价格，通过双重合作战略有效缓解了渠道之间的冲突和价格竞争。理由是当制造商提供了一个相对较低的批发价给线下零售商，缓解了线下零售商的压力，线下零售商可以以一个相对较低的零售价出售产品，提高了实体渠道的需求量，需求量提高所增加的收益大于价格下降所减少的收益，线下零售商收益因此也获得提高。为了缓解渠道冲突，制造商给零售商以一定的利润让步（以渠道整体收益最大制定批发价），零售商收益得到提高。然而，对于制造商来说，当它向零售商收取较低的批发价，增加的收益并不能完全抵消由于批发价格降低所减少的收益，制造商收益减少。换句话说，虽然双重合作战略下零售商的收益得到提高，但制造商可能不愿意采取使它自身收益减少的策略，因此需要加入额外收益共享机制来激励制造商实施双重合作战略，这也说明了多重合作战略的合理性和必要性。并且产品体验性越低，渠道之间的竞争越激烈，从曲线斜率可以看出双重合作战略对线下零售商收益以及制造商收益的作用就更加明显。

以单一合作战略为例，分析服务对高服务质量偏好消费者的边际效用 θ_h 以及高服务质量偏好消费者所占比例 k 对服务水平 s 的影响（如图2-11所示）。

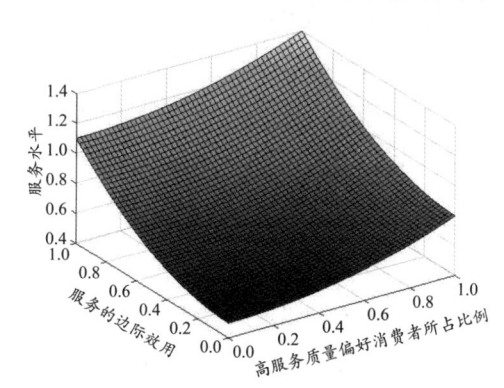

图2-11 高服务质量偏好消费者所占比例和边际效用对服务水平的影响

图2-11反映了实体渠道服务水平随着服务对高服务质量偏好消费者的边际效用、高服务质量偏好消费者所占比例的增加而增加。这说明当市场中高服务质量偏好消费者的比例较大，服务对高服务质量消费者的边际效用较高时，线下零售商应当重点关注提升实体渠道的服务质量，从而提高实体渠道的需求量，提升自身的收益。

第四节　本章小结

一、总结

本章第二节从产品本身特性出发，运用消费者效用理论与供应链管理理论，求解了双渠道竞争战略模式下产品制造商与线下零售商的最优定价与服务水平。研究表明：产品的体验性不同，网络渠道与实体渠道的定价与服务策略也不同。制造商与线下零售商需要根据产品的体验性相应地调整企业策略，适应市场的发展。当产品体验性较低时，如图书、唱片等商品，人们的消费习惯已经在互联网冲击下发生了根本性变革。以图书业为例，2018年全国图书市场规模达到803.2亿元，相较于2016年增长了14.55%，其中网络渠道成为市场增长的最主要推动力，实现了25.82%的增长，此时线下零售商仅仅关注价格竞争，改善服务已经不能满足消费者多元化的需求，应着眼于大数据等互联网技术革新、线上线下渠道协调、物流配送体系建设等问题；当产品体验性较高时，如家装、奢侈品等，线下零售商要发挥线下服务优势，及时了解消费者需求变化，创新服务模式，向其提供一站式、个性式的服务，让消费者在消费过程中拥有愉快的乃至感动的体验，可针对不同消费者群体（高服务质量偏好消费者与低服务质量偏好消费者），制订个性化购物计划来降低运营成本，要尽量缩小经营的范围，增加针对性的商品，加强商品价格的话语权；产品制造商应与线下零售商协作，再配以实体店中多种形式的有强烈视觉冲击效果的宣传方式，增强客户体验，以此来开拓市场。

第三节在第二节的基础上研究了产品体验性对分销渠道合作战略的影响。考虑在单一线下零售商和单一产品制造商组成的双渠道供应链中，营销努力和产品体验性同时影响需求时，制造商与线下零售商的合作战略，运用消费者效用理论与供应链管理理论设计了渠道之间的单一合作合作战略、双重合作战略以及基于收益共享契约的多重合作战略，进行数值仿真对比分析了不同因素对合作战略的影响。结果表明：第一，产品体验性与营销努力效应交互影响了渠道的服务水平和营销努力水平，无论是在何种合作战略下，服务水平与营销努力水平都随着营销努力效应的增加而增加，随着产品体验性的降低而增加。第二，无论在何种合作战略下，制造商收益、线下零售商收益、渠道整体收益都随着营销努力效应的增加而增加,随着产品体验性的降低而增加。第三,对比不同合作战略发现,单一合作战略下制造商收益最大,双重合作战略下制造商收益最小,而线下零售商在单一合作战略下收益最小,在双重合作战略下最大。并且产品体验性也影响了渠道之间的合作策略,产品体验性越低,合作战略对线下零售商收益和制造商收益的作用越明显。本章的结论说明单纯的网络渠道和实体渠道销售都不能实现经营效益的最大化,只有将二者真正融合,采取适合的合作战略,不断引导和满足消费者的需求,才能实现企业的可持续发展。当产品体验性较低时,产品制造商与线下零售商更加应当积极合作(产品制造商承担线下零售商的营销努力成本),利用产品体验性的溢出效应使线下零售商向其建立的网络渠道间接提供服务,使网络渠道吸引更多的市场潜在消费者,从而使产品制造商收入增加,有更多的资金和精力来优化产品生产过程,降低产品生产成本;产品制造商制定给线下零售商的产品批发价格和网络渠道产品零售价格也会随之降低,零售商的利润亦会提高。

二、建议

本章针对实体渠道与网络渠道在产品体验上的不同,从产品本身特性出发,基于产品体验性的视角去研究分销渠道的竞争策略、合作策略以及选择策略。研究结论和成果可为分销渠道中的产品制造商以及线下零售商提供相关的决策支持,此外还在一定程度上丰富分销渠道策略的相关研究。取得的成果主要有以下几点:

(1)对国内外产品体验性研究、分销渠道策略研究、虚拟现实技术对消费者购物影响研究、消费者效用理论以及基于消费者效用的供应链管理理论相关研究进行了系统的梳理和总结,并结合体验型产品的实践情况,提出了相关理论研究及研究成果的不足之处,论证了合理化的分销渠道策略对于产品制造商和线下零售商实现收益最大化、缓解因产品体验性引起的实体渠道与网络渠道的冲突、促使实体渠道与网络渠道和谐健康发展的重要性。

(2)基于产品体验性视角研究线下零售商主导的实体渠道和产品制造商主导的网络渠道的竞争策略,得到结论:实体渠道服务质量、实体渠道产品零售价以及网络渠道产品零售价随着产品体验性的降低而增加,并且产品制造商给线下零售商的产品批发价随着产品体验性的降低也增加。

（3）在线下零售商主导的实体渠道和制造商主导的网络渠道组成的双渠道供应链中，设计了分销渠道之间的单一合作策略、双重合作策略以及基于收益共享契约的多重合作策略。无论在何种合作策略下，制造商收益、线下零售商收益、渠道整体收益都随着营销努力效应的增加而增加，随着产品体验性的降低而增加。产品体验性也影响了渠道之间的合作策略，产品体验性越低，合作策略对线下零售商收益和制造商收益的作用越明显。

第三章　VR 下双渠道供应链战略选择研究

近年来，随着互联网、终端设备、物流、支付等技术的应用与成熟，电子商务产业得到飞速发展，各式各样的电子商务平台如雨后春笋般不断涌现和壮大，如淘宝主要针对个人对个人的线上产品销售；京东和天猫专注于商家对个人模式的在线商品销售；贝壳网则致力于提供房地产交易信息，促进房屋成交。但消费者在网络渠道与实体渠道购买产品的体验性还是存在很大差异：消费者在实体渠道购买产品时，可以通过实际体验相关产品和服务来做出购买决定，体验性较高；而在网络渠道购买产品时，消费者只能借助手机、电脑等终端设备，通过在线浏览商品及服务详情，查阅消费者评论，综合评估后做出购买决定，体验性相对较低。虚拟现实技术是依托计算机科学发展起来的一种高新综合技术，具有多感知性、交互性、沉浸性、想象性四大特征，能够很好地弥补网络渠道购买产品所带来的体验性较低的问题，故 VR 技术的使用对于电子商务平台的营销影响具有非常重要的促进作用。本章主要分析 VR 技术的引用对消费者效用产生影响后的双渠道供应链战略选择问题。

第一节　VR 技术

一、VR 技术的形式

VR（虚拟现实）技术是一种可以创建、体验虚拟世界以及对现实世界模拟仿真的现代 IT 技术。它利用计算机生成一种模拟环境，使用户在虚拟的环境中体验到和现实一样的感受（王海龙，2018），主要包括模拟环境、感知、自然技能和传感设备等方面。模拟环境是由计算机生成的、实时动态的三维立体逼真图像（Perry et al., 2004）；感知是指理想的 VR 应该具有一切人所具有的感知，除计算机图形技术所生成的视觉感知外，还有视觉、听觉、触觉等；自然技能是指人的头部转动、眼睛、手势或其他人体运动动作，由计算机来处理与参与者的动作相适应的数据，对用户的输入做出实时响应，并分别反馈到用户的五官（岳建建，2019）。虚拟现实技术融合了计算机所能生成的各种感知条件，通过VR设备传输到人的大脑里，使消费者可以沉浸在虚拟世界，并且与其交互。VR技术通过增强用户参与程度、场景有效性、生动性、娱乐性即自我控制感来增强用户的临场体验感，提升用户体验并激发用户后续采纳意愿等（Wei et al., 2019）。与2D设备相比，虚拟现实技术通过增强的生动性和交互性放大了用户的沉浸体验，积极影响了用户对于虚拟观看行为的满意度（Kim et al., 2019）；感知娱乐性、用户的动机、情感启示（Shin et al., 2017）及用户特性是影响用户VR体验质量、临场感及沉浸程度（Shin et al., 2018）的关键变量，同时存在中介变量如社会互动、社会联系（Lee et al., 2019）等会影响感知娱乐性的基本变量，从而间接影响VR用户的技术接受行为。用户沉浸在虚拟环境中，有利于其在纯粹的虚拟环境中通过自身的感觉器官获得身临其境的感觉，并实现与虚拟环境的交互（王铎，2020）。实体渠道的优势在于消费者可以实地接触产品，能够更加了解产品的信息，网络渠道尽管给消费者带来了便利，节省了消费者购物时间，但在用户体验方面一直存在着弊端，尤其当产品体验性越高，网络渠道的劣势就越明显。VR技术可以有效地提高消费者网络购物的体验感，基于VR的人机交互技术是为用户提供体验、走向应用的核心环节。

在家装行业中，当消费者购买全套家具产品时，由于网络渠道的虚拟性，消费者无法判断全套家具产品是否适合，因此存在了一定的风险。而随着VR技术不断成熟，家装公司凭借VR技术可以快速做出家具效果图和完整的3D设计方案，且所耗费的成本也日渐减少。在房地产销售中，传统的线下看房需要用户与房主提前预约，安排时间去到房屋所在地参观。而网络平台基于虚拟现实的在线看房功能，使用摄像头采集真实房屋的图像，利用三维立体重建技术对各个采集图像进行拼接，构建出房屋三维立体空间地图。用户可以在生成的虚拟房屋改变视角、移动到不同位置，沉浸式体验看房效果。虚拟现实打破了时间和空间的限制，使得用户可以更自由、便捷地进行网络选购，提高了购买效率以及购买效用。

二、VR技术体验服务的衡量标准

人机交互是指用户感知到的沟通参与者之间、沟通参与者与网站之间、沟通参与者与信息相互影响的程度,是由可控性、双向沟通和同步性构成的多维度概念。基于 VR 技术的人机交互性水平越高,消费者体验感越强(范莎莎,2018)。本书用 VR 技术交互性水平 $i(0<i<1)$ 来刻画消费者网络购物的体验感大小。

当 $i \to 1$ 时,此时 VR 技术的交互性水平越来越高,消费者网络购物的体验感随之提高,网络渠道在产品体验上的劣势被弱化,消费者通过网络渠道对产品的价值评价与产品真实价值差异随之减少,网络渠道几乎能够完全反映产品的价值,消费者在网络渠道即可完成产品交易。

当 $i \to 0$ 时,此时 VR 技术的交互性水平越来越低,消费者网络购物的体验感也随之降低,消费者通过网络渠道对产品的价值评价与产品真实价值差异也越来越大,消费者在网络渠道中无法对产品的价值进行正确的评估。

三、VR 技术的国内外研究现状

在电子商务平台中,海量产品信息通过页面传递给消费者,使用 VR 技术进行产品展示能给消费者带来身临其境的感觉(Kim et al.,1997;Nah et al.,2011),从而帮助消费者更好地了解产品信息,其效果优于使用静态图片和视频(Jiang et al.,2007)。消费者身临其境的感受可以分为两个维度:生动性和交互性(Steuer,1992)。生动性指消费者通过媒介能够感觉到内容的丰富度,Van 等(2016)研究表明 VR 技术在广告中比常规的二维视频能给消费者带来更丰富的感知体验。Papagiannidis 等(2013)发现虚拟现实应用中图形的生动性和三维环境的真实性会影响用户在线上商店购物时的参与感。

在 VR 技术对消费者购物体验影响的方面,国外学者主要通过实证分析来研究消费者体验感与 VR 技术水平的关系。Lee 等(2008)以热衷于购物的学生为研究对象,收集了102份问卷,进行 VR 技术对消费者购物体验影响的实证分析,结果表明,相对于传统购物,VR 购物能够积极影响学生的购物体验感;Poushneh 等(2017)从消费者体验特征入手,通过实证分析,发现 VR 技术能够显著提高消费者的体验感,并持续影响消费者的购买意愿;Mark(2017)研究了太阳眼镜和手表分别在传统网站和 VR 平台上销售的情况,对比研究发现,相比于传统网站,VR 平台能够给消费者带来更高的满意度;Van 等(2016)等认为不同于网络购物的文字和图片,VR 技术使消费者网络购物的体验感增强,并且能够影响消费者的行为。而国内关于 VR 技术的研究较少，且大多为简单的定性分析。其中具有代表性的是王玉荣（2017），他以淘宝"Buy+"为例，指出了 VR 购物的出现与发展是因为消费者深层次的需求所致；卢薇朵（2017）认为在互联网技术蓬勃发展的背景下，以图片和文字叙述等传统方式展现商品的购物网站已经不能满足消费者多样化的需求，VR 技术在网购上的应用能够很好解决这个问题，积极利用 VR 技术不仅能够展现真实的商品，还能进行一定的互动，最终使消费者购买到满意的商品。

然而另有研究表明 VR 技术的使用并不总有益于消费者体验和商家销售。如 Pizzi 等（2019）发现 VR 技术会损害用户的满意度。消费者感知到的易用性是 VR 技术潜在的消极因素，会对用户满意度产生负面作用（Juan et al.，2018）。易用性是技术成功的重要方面，用户先前的使用经验可以影响他们的使用意愿及实际使用行为（Szajna，1996）。Mcknight 等（2002）发现用户的网页使用经验能够影响其对于电子商务平台的信任程度。用户对于网站功能熟悉程度越高，越能够减少其在使用时犯错误的可能性，增进其对线上零售商的信任程度（Venkatesh et al.，2012）。Steffen 等（2019）提出虚拟现实如何降低负面效应，增加正面效应以及重构现存场景，并且研究用户为何会采用 VR 技术。Boyd 等（2019）提出针对虚拟现实在消费者购买后的使用价值进行研究，并探究知识复杂性等对用户使用价值的调节作用。

上述文献表明，一方面，VR 技术可以比图片和视频给用户带来更身临其境的感受，另一方面，也有可能损伤用户的满意度。同时由于体验型产品本身的特性，线上消费者在网络渠道购买体验型产品时体验感较低，体验型产品在网络渠道的销售量远远低于实体渠道。为了增加体验型产品的线上体验感，提升体验型产品的网络需求量，国内外如 eBay、阿里巴巴、京东等电商巨头纷纷开展了 VR 购物的应用。VR 技术促进了体验型产品的网络兼容性，体验型产品制造商借助 VR 技术不仅吸引了潜在的消费者，而且引诱了部分线下消费者转变成线上消费者，消费者购买决策发生了改变。以家装产品为例，家装公司借助 VR 技术提升客户体验，提高设计效率，降低设计成本和提高签单效率，越来越多的消费者选择网络渠道购买家装产品，在 VR 技术的帮助下，2017年互联网家装市场规模达到近3 000亿元。鉴于此，本节在前两节的基础上，将 VR 技术考虑进来，运用消费者效用理论和供应链管理理论，构建了体验型产品分销渠道的选择模型，分析 VR 技术的交互性水平对分销渠道选择的影响。

第二节　VR 技术下双渠道供应链战略选择问题的提出

考虑市场中只存在一个体验型产品制造商、一个线下零售商与一个电商分销商。制造商可以通过实体渠道、网络直接分销渠道以及网络间接分销渠道销售产品。由于渠道本身存在差异，消费者在不同渠道购买产品的体验感不同。参照 Van（2015）的假设，用 VR 技术的交互性水平 $i(0<i<1)$ 来衡量线上消费者在网络渠道购买产品的体验感强弱，交互性越高，线上消费者的购物体验感就越强。VR 技术仅仅作用于网络渠道，因此本节不考虑单一实体渠道模式，并且鉴于 VR 技术的前期投入成本过高，体验型产品制造商在现阶段一般只会选择网络直接分销渠道或者网络间接分销渠道其中的一种。因此，VR 技术作用下体验型产品制造商面临的产品分销渠道模式有四种（如图3-1所示），第一种为制造商网络直销渠道，用 M1 来表示；第二种为网络间接分销渠道，用 M2 来表示；第三种为线下零售与网络直接分销的双渠道结构，用 M3 来表示；第四种实体渠道与网络间接分销渠道的双渠道结构，用 M4 来表示。

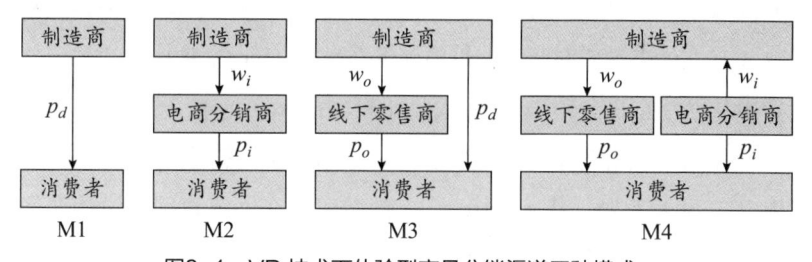

图3-1　VR 技术下体验型产品分销渠道四种模式

本章使用的基本模型符号如下：θ 为市场整体需求；c_m 表示产品的单位制造成本；u_j 表示消费者效用函数；p_j 表示产品的零售价，d_j 表示渠道的需求，其中 $j=o$、d、i 分别表示实体渠道、网络直接分销渠道、网络间接分销渠道；w_o 表示产品制造商给线下零售商的批发价；w_i 表示产品制造商给电商分销商的批发价；π_m、π_d、π_e 分别表示产品制造商、线下零售商以及电商分销商的收益水平。f_1 表示产品制造商在实体渠道的固定费用，主要为产品的损耗；f_2 表示产品制造商构建网络直销渠道的固定成本，主要为网站的建设费用以及运营费用；f_3 表示产品制造商在网络间接分销渠道的固定费用,主要为平台的加盟费。F 表示线下零售商销售产品的固定成本,主要为零售店的租赁费用;G 表示电商分销商销售产品的固定成本,主要为网络平台的运营费用。

第三节 基于消费者效用的渠道需求分析

用 v 来表示消费者在实体渠道对产品的价值评价,由于消费者的异质性,其对产品价值的评估会存在差异,为了分析简便,假定产品的价值评价 v 在 [0, 1] 之间均匀分布。若消费者通过实体渠道购买产品,消费者可以实地接触产品,可获得该产品的全部价值;若消费者通过网络渠道购买产品,由于网络渠道在产品体验上的缺陷,消费者对该产品的价值评价可能高于或者低于产品的实际价值——过高的评价导致消费者对购买的产品不满意,从而产生由于信誉、退货所发生的一系列成本,过低的评价导致消费者低估产品价值,购买产品获得的效用降低,甚至会导致消费者拒绝购买该产品,最终获得的产品价值都会在实际价值的基础上打上折扣。VR 技术的引入弥补了网络渠道在产品体验上的缺陷,消费者线上购物的体验感越强,对产品的价值评价越准确。因此交互性水平 i 越高,消费者在网络渠道中对产品的价值评价 iv 与实体渠道中对产品的价值评价差异 $(1-i)v$ 就越小。

消费者从网络直接分销渠道购买产品的效用为 $u_d = iv - p_d$,若 $u_d = iv - p_d \geq 0$,消费者选择网络直接分销渠道购买产品,当 $v = v_d^* = p_d/i$,消费者是否从网络直接分销渠道购买产品无差异,若 $v \in [0, v_d^*]$,消费者不在网络直销渠道购买产品;若 $v \in [v_d^*, 1]$,消费者选择网络直接分销渠道购买产品;消费者从网络间接分销渠道购买产品的效用为 $u_i = iv - p_i$,若 $u_i = iv - p_i \geq 0$,消费者选择网络间接分销渠道购买产品,当 $v = v_i^* = p_i/i$,消费者是否从网络间接分销渠道购买产品无差异,若 $v \in [0, v_i^*]$,消费者不在网络间接分销渠道购买产品;若 $v \in [v_d^*, 1]$,消费者选择网络间接分销渠道购买产品。那么得到单渠道模式下的需求量为市场整体需求与网络渠道需求占市场整体需求比例的乘积:

$$\text{M1}: d_d = \theta\left(1 - \frac{p_d}{i}\right) \tag{3-1}$$

$$M2: d_i = \theta\left(1 - \frac{p_i}{i}\right) \qquad (3\text{-}2)$$

其中，$1-p_d/i$ 表示网络直销渠道的需求占市场整体需求的比例；$1-p_i/i$ 表示网络间接分销渠道的需求占市场整体需求的比例。

若产品制造商选择实体渠道与网络直销渠道组成的双渠道分销模式 M3，消费者从实体渠道购买产品的效用 $u_o=v-p_o$。若 $u_o=v-p_o \geq 0$，消费者选择实体渠道购买产品，当 $v=v_o^*=p_o$，消费者是否从实体渠道购买产品无差异，若 $v \in [0, v_o^*]$，消费者不在实体渠道购买产品；若 $v \in [v_o^*, 1]$，消费者选择实体渠道购买产品；消费者从网络直接分销渠道购买产品的效用为 $u_d=iv-p_d$，若 $u_d=iv-p_d$，消费者选择网络直接分销渠道购买产品，当 $v=v_d^*=p_d/i$，消费者是否从网络直接分销渠道购买产品无差异，若 $v \in [0, v_d^*]$，消费者不在网络直销渠道购买产品；若 $v \in [v_d^*, 1]$，消费者选择网络直接分销渠道购买产品；消费者选择从实体渠道还是网络直销渠道取决于从不同渠道获得效用的比较，即 $\max\{u_o, u_d\}$。若 $v-p_o=iv-p_d$，即 $v=v_{od}^*=(p_o-p_d)/(1-i)$，消费者从实体渠道或网络直销渠道之间的购买决策无差异。当 $v_d^* < v_o^*$，即 $p_o > p_d/i$ 时，必有 $v_d^* < v_o^* < v_{od}^*$；若 $v \in [0, v_d^*]$，消费者不会在任何渠道购买产品；若 $v \in [v_d^*, v_{od}^*]$，消费者选择网络直接分销渠道购买产品；若 $v \in [v_{od}^*, 1]$，消费者选择实体渠道购买产品。当 $v_o^* \leq v_d^*$，即 $p_o \leq p_d/i$，必有 $v_{od}^* \leq v_o^* \leq v_d^*$；若 $v \in [0, v_o^*]$，消费者不会在任何渠道购买产品；若 $v \in [v_o^*, 1]$，消费者选择实体渠道购买产品，这种情况恰好是单渠道，因此我们只考虑 $p_o > p_d/i$ 的情形。观察双渠道 M3 约束条件 $p_o > p_d/i$，发现当 $i \to 0$ 时，此时 VR 技术的交互性水平就越低，线上消费者购物体验感也随之降低，此时产品制造商只能通过与线下零售商的差别定价来维持网络渠道的需求量；当 $i \to 1$ 时，此时 VR 技术的交互性水平就越高，线上消费者购物体验感也随之提高，网络直销渠道与实体渠道在产品体验上的区别越来越小，因此两者之间的价格差异也随之减少。

同理若产品制造商选择实体渠道与网络间接分销渠道组成的双渠道分销模式 M4，消费者选择从实体渠道还是网络间接分销渠道取决于从不同渠道获得效用的比较，即 $\max\{u_o, u_i\}$，若 $v-p_o=iv-p_i$，即 $v=v_{oi}^*=(p_o-p_i)/(1-i)$，消费者从实体渠道或网络间接分销渠道之间的购买决策无差异。当 $v_i^* < v_o^*$，即 $p_o > p_i/i$，必有 $v_i^* < v_o^* < v_{oi}^*$；若 $v \in [0, v_i^*]$，消费者不会在任何渠道购买产品；若 $v \in [v_i^*, v_{oi}^*]$，消

费者选择网络直接分销渠道购买产品；若 $v \in [v_{oi}^{*}, 1]$，消费者选择实体渠道购买产品。当 $v_o^* \leq v_i^*$，即 $p_o \leq p_i/i$，必有 $v_{oi}^* \leq v_o^* \leq v_i^*$；若 $v \in [0, v_o^*]$，消费者不会在任何渠道购买产品；若 $v \in [v_o^*, 1]$，消费者选择实体渠道购买产品，这种情况也属于单渠道模式。观察双渠道 M4 约束条件 $p_o > p_d/i$，发现当 $i \to 0$ 时，此时 VR 技术的交互性水平就越低，消费者在网络间接分销渠道购物的体验感随之降低，此时电商分销商只能通过与线下零售商的差别定价来维持网络间接分销渠道的需求量；当 $i \to 1$ 时，此时 VR 技术的交互性水平就越高，网络间接分销渠道与实体渠道在产品体验上的区别越来越小，因此两者之间的价格差异也随之减少。

那么得到双渠道模式下的渠道需求量为市场整体需求与实体渠道需求以及网络渠道需求占市场整体需求比例的乘积：

$$M3: \begin{cases} q_o = \theta \left(1 - \dfrac{p_o - p_d}{1-i} \right) \\ q_d = \theta \left(\dfrac{p_o - p_d}{1-i} - \dfrac{p_d}{i} \right) \end{cases} p_o > p_d/i \quad (3\text{-}3)$$

$$M4: \begin{cases} q_o = \theta \left(1 - \dfrac{p_o - p_i}{1-i} \right) \\ q_i = \theta \left(\dfrac{p_o - p_i}{1-i} - \dfrac{p_i}{i} \right) \end{cases} p_o > p_i/i \quad (3\text{-}4)$$

式（3-3）中 $1 - \dfrac{p_o - p_d}{1-i}$ 表示实体渠道需求占市场整体需求的比例；$\dfrac{p_o - p_d}{1-i} - \dfrac{p_d}{i}$ 表示网络直销渠道占市场整体需求的比例。

式（3-1）、式（3-2）、式（3-3）与式（3-4）表明 VR 技术的交互性水平影响了单渠道模式和双渠道模式下实体渠道与网络渠道的需求。因此，面对 VR 技术的日益普及，体验型产品制造商有必要重新选择产品分销渠道模式。

第四节 VR 技术下双渠道战略选择分析

VR 技术的应用使线上消费者的购物体验感得到增强，网络渠道的服务质量因此得到提高，同时也提高了网络渠道的服务成本。参照孙燕红（2011）的研究，设所提高的服务成本为 $c_e = ki^2/2$，其中 k 表示网络渠道服务成本系数，服务成本系数越高表示渠道要达到某一服务水平需要花费的成本越高。

一、单渠道分销模式

在网络直销渠道 M1 中，产品制造商根据市场需求确定渠道的零售价，使自身收益最大，并承担本渠道的服务成本。此时产品制造商的决策问题为：在收益最大化的条件下制定网络直销渠道的零售价 p_d。

$$\max_{p_d} \pi_m = (p_d - c_m)\theta\left(1 - \frac{p_d}{i}\right) - \frac{ki^2}{2} - f_2 \qquad (3\text{-}5)$$

由最优性条件求解产品零售价 $p_d = (i + c_m)/2$ 以及产品制造商的最优收益水平

$$\pi_m = \theta\frac{(\beta - c_m)^2}{4\beta} - \frac{ki^2}{2} - f_2 \qquad (3\text{-}6)$$

在产品制造商选择电商分销商 M2 模式中，产品制造商是电商分销商的供应商，电商分销商通过网络渠道进行销售。在传统零售渠道，制造商占主导地位，对产品的批发价具有一定的决策权。但是部分大型电商分销商（比如京东超市、天猫超市等）的实力远远大于制造商，再加上 VR 技术的应用，电商分销商处于产品分销渠道的核心地位，享有定价主导权，制造商处于议价弱势地位，电商分销商确定网络间接分销渠道的零售价 p_i 和批发价 w_i，此时电商分销商面临的决策问题为：在自身收益最大化的基础上制定网络间接分销渠道的产品零售价 p_i 与批发价 w_i。

$$\max_{p_i, w_i} \pi_e = (p_i - w_i)\theta\left(1 - \frac{p_i}{i}\right) - \frac{ki^2}{2} - G \qquad (3\text{-}7)$$

根据董志刚（2015）的研究，假设电商分销商主导的批发价 w_i 与零售价 p_i，满足如下线性关系：$w_i = \lambda c_m + (1-\lambda)p_i$，其中 $\lambda(0 < \lambda < 1)$ 表示电商分销商对批发价 w_i 的主导程度。该线性关系可理解为电商分销商对批发价的主导程度是通过确定零售价来实现的。VR 技术的应用提高了电商分销商对批发价的主导程度，并且 VR 技术的交互性水平越高，该主导程度就越大，在不考虑其他因素的前提下，该线性关系可表示为 $w_i = ic_m + (1-i)p_i$。将线性关系表达式代入式（3-7），由最优性条件求解得到：$p_i = \dfrac{i + c_m}{2}$，$w_i = ic_m + (1-i)\dfrac{i + c_m}{2}$ 以及产品制造商最优收益水平

$$\pi_m = \theta(1-i)\frac{(i - c_m)^2}{4i} - f_3 \qquad (3\text{-}8)$$

通过对式（3-6）与式（3-8）中的 i 求偏导，求得 $\partial p_d/\partial i$，$\partial p_i/\partial i$ 均大于 0，该结

果表明 VR 技术的交互性水平越高，单一的网络直销渠道与网络间接分销渠道的零售价也随之提高。

二、双渠道分销模式

（一）实体渠道与网络直销渠道的双渠道分销模式

在实体渠道与网络直销渠道组成的双渠道分销模式 M3 中，产品制造商由于是产品的生产者，一般处于供应链的主导地位，具有产品批发价的定价权，而线下零售商处于弱势地位，此时产品制造商与线下零售商在市场中展开以制造商为领导者的 Stackelberg 博弈。博弈顺序为：产品制造商先确定自身网络直销渠道的零售价 p_d 以及给线下零售商的批发价 w_o，使得自身利益最大；线下零售商再根据批发价 w_o，确定自身的零售价 p_o，使得自身利益最大。博弈模型为：

$$\max_{p_d, w_o} \pi_m = (w_o - c_m)q_o + (p_d - c_m)q_d - \frac{ki^2}{2} - f_1 - f_2$$
$$\text{s.t.} \max_{p_o} \pi_d = (p_o - w_o)q_o - F$$
（3-9）

根据逆推归纳法，先确定博弈的第二阶段。给定批发价 w_o 与零售价 p_d，此时线下零售商面临的决策问题为：在收益最大化的条件下制定本渠道的零售价 p_o。

$$\max_{p_o} \pi_d = (p_o - w_o)q_o - F \quad (3\text{-}10)$$

由最优性条件求解得到：

$$p_o = \frac{1 - i + p_d + w_o}{2} \quad (3\text{-}11)$$

再分析博弈的第一阶段，产品制造商面临的决策问题为：在收益最大化的条件下制定本渠道的零售价 p_d 以及给线下零售商的批发价 w_o。

$$\max_{p_d, w_o} \pi_m = (w_o - c_m)q_o + (p_d - c_m)q_d - \frac{ki^2}{2} - f_1 - f_2 \quad (3\text{-}12)$$

将式（3-11）代入式（3-12），容易验证产品制造商收益函数 π_m 是关于批发价与零售价的 Hessan 矩阵负定，因此存在最优解。由最优性条件求解得到：

$$\pi_m = \frac{\theta(\beta - c_m)^2 + \theta i(1 - c_m)}{8i} - \frac{ki^2}{2} - f_1 - f_2 \ ;$$
$$w_o = \frac{1 + c_m}{2} \ ; \ p_d = \frac{i + c_m}{2} \ ; \ p_o = \frac{3 - i + 2c_m}{4}$$
（3-13）

（二）实体渠道与网络间接的双渠道分销模式

在实体渠道与网络间接分销渠道组成的双渠道分销模式 M4 中，此时线下零售商、产品制造商与电商分销商在市场中展开以电商分销商为领导者的 Stackelberg 博弈。博弈顺序为：电商分销商确定自身渠道的批发价 w_i 与零售价 p_i，使得自身利益最大化；产品制造商根据电商分销商所给的批发价 w_i，确定给线下零售商的批发价 w_o，使得自身利益最大化；线下零售商根据制造商所给的批发价 w_o，确定线下零售价 p_o，使得自身利益最大化。博弈模型为：

$$\begin{aligned}&\max_{p_i,w_i} \pi_e = (p_i - w_i)q_i - \frac{ki^2}{2} - G \\ &s.t. \max_{w_o} \pi_m = (w_i - c_m)q_i + (w_o - c_m)q_o - f_1 - f_3 \\ &\max_{p_o} \pi_d = (p_o - w_o)q_o - F\end{aligned} \quad (3\text{-}14)$$

根据逆推归纳法，先确定博弈的第三阶段。在给定 p_i、w_o，此时线下零售商面临的决策问题为：在收益最大化的条件下制定本渠道的零售价 p_o。

$$\max_{p_o} \pi_d = (p_o - w_o)q_o - F \quad (3\text{-}15)$$

由最优性条件求解得到：

$$p_o = \frac{1 - i + p_i + w_o}{2} \quad (3\text{-}16)$$

分析博弈的第二阶段。在给定 p_i、w_i，此时制造商面临的决策问题为：在自身收益最大化的条件下制定给线下零售商的批发价 w_o。

$$\max_{w_o} \pi_m = (w_i - c_m)q_i + (w_o - c_m)q_o - f_1 - f_3 \quad (3\text{-}17)$$

由最优性条件求解得到：

$$w_o = \frac{1 - i + p_i + w_i}{2} \quad (3\text{-}18)$$

分析博弈的第一阶段。此时电商分销商面临的决策问题为：在自身收益最大化的条件下制定本渠道的零售价 p_i 和批发价 w_i。

$$\max_{p_i,w_i} \pi_e = (p_i - w_i)q_i - \frac{ki^2}{2} - G \quad (3\text{-}19)$$

由最优性条件求解得到：

$$p_i = \frac{3i + 4c_m - 4ic_m + 2c_m i^2 - 3i^2}{2i^2 + 8 - 8i} \quad (3\text{-}20)$$

求得 $w_i = (1-i)p_i + ic_m$ ； $w_o = \dfrac{1-i+ic_m+(2-i)p_i}{2}$ ； $p_o = \dfrac{3-3i+ic_m+(4-i)p_i}{4}$ 。

求得制造商的最优收益水平：

$$\pi_m = (1-i)\left(\dfrac{3i+4c_m-4ic_m+2c_mi^2-3i^2}{2i^2+8-8i}-c_m\right)q_i + \\ \left(\dfrac{1-i+ic_m+(2-i)}{2}\times\dfrac{3i+4c_m-4ic_m+2c_mi^2-3i^2}{2i^2+8-8i}-c_m\right)q_o - f_1 - f_3 \tag{3-21}$$

通过对 i 求偏导，求得 $\partial p_d/\partial i$、$\partial p_o/\partial i$、$\partial p_i/\partial i$ 均大于0，该结果表明 VR 技术的交互性水平越高，双渠道分销模式下的网络渠道与实体渠道的产品零售价也随之提高。

三、数值仿真

在对体验型产品分销渠道理论的基础上，为了更加直观地表达本书的主要结论，下面给出具体参数并作数值仿真，相关参数赋值如表3-1所示。

表3-1 模型参数赋值

变量	c_m	θ	F	k	G
取值	10	100	100	1	100

对比单一渠道模式下的制造商收益水平，得到产品制造商在单一网络直销渠道和单一网络间接分销渠道的利润差 $\Delta\pi = \theta i\dfrac{(i-c_m)^2}{4\beta} - \dfrac{ki^2}{2} - (f_2-f_3)$，产品制造商在不同渠道的利润差 $\Delta\pi$ 与 VR 技术的交互性水平 i 和制造商通过不同网络渠道销售产品的成本差 f_2-f_3 的关系如图3-2所示。

由图3-2可知，在 VR 技术的交互性水平 β 一定的基础上，制造商在网络直销渠道和网络间接分销渠道的利润差 $\Delta\pi$ 随着不同网络分销渠道成本差 f_2-f_3 的增加而减少，当成本差达到一个临界点后，$\Delta\pi$ 将变为0。也就是说，当不同网络渠道成本差达到一个临界值后，制造商会改变原先的渠道选择。

在不同网络分销渠道成本差 f_2-f_3 一定的基础上（取成本差为0），分析 $\Delta\pi$ 与 VR 技术的交互性水平 i 的关系。当 $i > \left(\theta c_m + 2c_m\sqrt{\dfrac{\theta k}{2}}\right)\big/(\theta-2k)$ 时，$\Delta\pi > 0$，此时制造商在网络直销渠道的收益大于其在网络间接分销渠道的收益；反之当

$i<\left(\theta c_m+2c_m\sqrt{\dfrac{\theta k}{2}}\right)\bigg/(\theta-2k)$，制造商在网络直销渠道的收益小于其在网络间接分销渠道的收益，得到命题3-1。

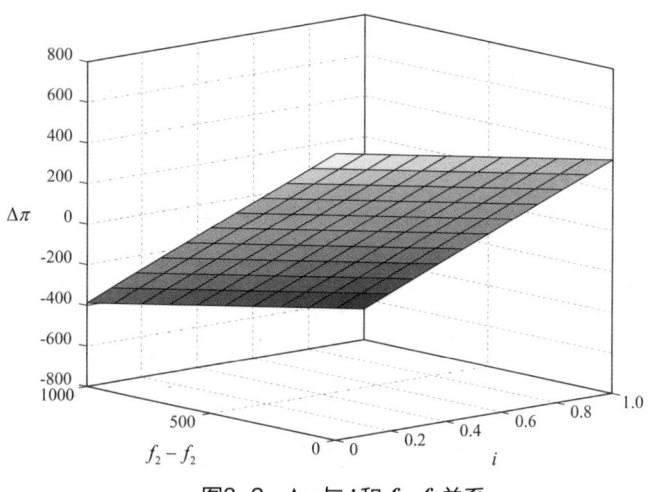

图3-2 $\Delta\pi$ 与 i 和 f_2-f_3 关系

命题3-1：VR技术的交互性水平对产品制造商选择网络直销渠道或网络间接分销渠道产生了影响，具体表现为：VR技术的交互性水平越高，电商分销商对批发价的主导程度增大，存在临界值 $i=\left(\theta c_m+2c_m\sqrt{\dfrac{\theta k}{2}}\right)\bigg/(\theta-2k)$，当 $i<\left(\theta c_m+2c_m\sqrt{\dfrac{\theta k}{2}}\right)\bigg/(\theta-2k)$，此时制造商选择网络间接分销渠道。而当VR技术发展到一定程度，即 $i>\left(\theta c_m+2c_m\sqrt{\dfrac{\theta k}{2}}\right)\bigg/(\theta-2k)$，电商分销商主导的批发价达到一个临界值，此时产品制造商选择自身网络直销渠道销售产品。

命题3-1说明：在VR技术发展初期，尽管网络直销渠道中的单位产品的利润水平较高，但网络间接分销渠道中的销售量高于网络直销渠道的销售量，此时，制造商要积极通过电商分销商占领市场。而当VR技术逐渐发展成熟，网络渠道销售比例达到一定份额时，产品制造商要积极建设自身的网络直销渠道，进一步提升自身的收益水平。

将参数数值代入以上各式，得到不同分销渠道模式下的制造商收益与VR技术的交互性水平的关系如图3-3、图3-4所示。

图3-3 制造商收益与交互性水平的关系　　图3-4 制造商收益与交互性水平的关系

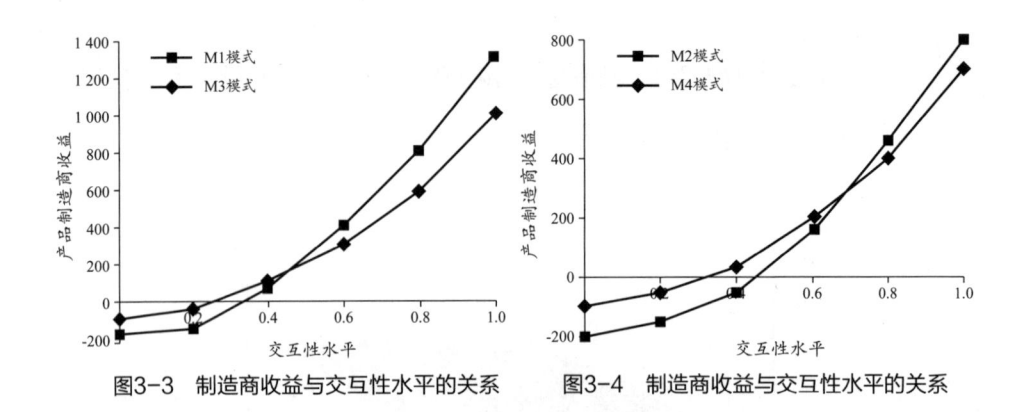

由图3-3、图3-4得到**命题3-2**：对比单一的网络直销渠道模式和实体渠道与网络直销渠道组成的双渠道分销模式下的制造商收益水平（如图3-3所示）。两种模式下的制造商收益都随着VR技术的交互性水平提高而上升。VR技术的交互性水平存在临界值i_1，当VR技术的交互性水平较低时（$0<i<i_1$）时，单一网络直销渠道模式下制造商的收益水平小于双渠道分销模式下的收益水平，此时制造商选择网络直接分销渠道与实体渠道组成的双渠道分销模式；当VR技术的交互性水平较高时（$i_1<i<1$）时，单一网络直销渠道模式下制造商的收益水平反而大于双渠道分销模式下的收益水平，此时制造商选择单一的网络直接分销渠道。对比单一的网络间接分销渠道模式和实体渠道与网络间接分销渠道组成的双渠道分销模式下的制造商收益水平（如图3-4所示）。VR技术的交互性水平存在临界值i_2，当VR技术的交互性水平较低时，制造商选择实体渠道与网络间接分销渠道组成的双渠道分销模式；当VR技术的交互性水平较高时，制造商选择单一的网络间接分销渠道。

命题3-2说明：当VR技术的交互性水平较低时，消费者线上购买产品的体验感较弱，显然单一的网络渠道结构已经无法满足消费者的需求，消费者更倾向于通过实体渠道购买产品，此时网络渠道与实体渠道组成的双渠道分销模式是制造商的最优选择；当VR技术的交互性水平高时，消费者线上购买产品的体验感增强，由于网络渠道在价格等方面的优势，消费者更倾向于通过网络渠道购买产品，此时单一的网络渠道是制造商的最优选择。

如图3-3、图3-4所示，倘若制造商不采取任何措施手段去平衡VR技术给线下零售商带来的冲击，长此以往零售商将逐步撤出市场。值得注意的是，这一结论的前提是制造商不关心其产品分销商的经营处境，而把目光始终聚焦在VR技术给其带来的巨大收益当中，本章也仅仅探讨 VR 技术对制造商的影响，并没有考虑其他因素。而此结论和现实中的制造商经营策略存在一定偏差，原因是实际活动中制造商虽然是主动先行决策的那一方，但其后续的营销策略仍然将受到诸多分销商的牵制。

对 β 求偏导，发现 $\partial p_d/\partial i$、$\partial p_o/\partial i$、$\partial p_i/\partial i$ 均大于0，得到**命题3-3**：无论是单一渠道模式还是双渠道模式，网络产品零售价随着 VR 技术的交互性水平提高而增加。

命题3-3表明：VR 技术在网络购物上的应用增加了电商分销商和制造商的销售产品的成本，电商分销商和制造商为了平衡 VR 技术带来成本的增加，选择提高自身网络渠道的产品零售价。

四、建议

在 VR 技术作用下，针对体验型产品的特点，本章提出了四种体验型产品分销渠道模式，并且对比分析了四种分销渠道模式的特点及适用性。研究结果表明：VR 技术水平影响了体验型产品分销渠道模式，当 VR 技术的交互性水平较低时，网络渠道显然不能满足消费者的体验需求，消费者更倾向于通过线下零售渠道购买产品，此时，制造商应选择线下零售渠道与网络渠道组成的双渠道结构模式；当 VR 技术的交互性水平较高时，消费者在网络渠道购买产品的体验感大大增强，由于网络渠道在价格等方面的优势，消费者更倾向于通过网络渠道购买产品，此时单一的网络渠道是制造商的最优选择。进一步研究，当 VR 技术水平过高时，电商分销商对产品批发价的主导程度也会增强并影响产品制造商的决策行为，当达到一定程度，产品制造商会选择网络直接分销渠道。本章结论说明 VR 技术发展初期，产品制造商应与线下零售商协作，增强客户服务体验，改善网络渠道的服务，以此来维持并开拓市场；当 VR 技术成熟后，产品制造商不应继续关注与线下零售商的协作，应转为关注如何运用 VR 技术进行产品的营销、如何优化产品生产过程、如何定位自身产品等。

第五节　本章小结

一、总结

本章针对实体渠道与网络渠道在产品体验上的不同，从产品本身特性出发，基于产品体验性的视角去研究分销渠道的竞争战略、合作战略以及战略选择问题，并将时下应用越来越普遍的 VR 购物考虑进来，分析了 VR 技术的交互性水平对渠道需求的影响。研究结论和成果可为分销渠道中的产品制造商以及线下零售商提供相关的决策支持，此外还在一定程度上丰富分销渠道策略的相关研究。取得的成果主要有以下几点：

（1）对国内外产品体验性研究、分销渠道战略研究、虚拟现实技术对消费者购物影响研究、消费者效用理论以及基于消费者效用的供应链管理理论相关研究进行了系统的梳理和总结，并结合体验型产品的实践情况，提出了相关理论研究及研究成果的不足之处，论证了合理化的分销渠道战略对于产品制造商和线下零售商实现收益最大化，缓解因产品体验性引起的实体渠道与网络渠道的冲突，促使实体渠道与网络渠道和谐健康发展的重要性。

（2）基于产品体验性视角研究线下零售商主导的实体渠道和产品制造商主导的网络渠道的竞争战略，得到实体渠道服务质量、实体渠道产品零售价以及网络渠道产品零售价随着产品体验性的降低而增加，并且产品制造商给线下零售商的产品批发价随着产品体验性的降低也增加。

（3）在线下零售商主导的实体渠道和制造商主导的网络渠道组成的双渠道供应链中，设计了分销渠道之间的单一合作战略、双重合作战略以及基于收益共享契约的多重合作战略。无论是在何种合作战略下，制造商收益、线下零售商收益、渠道整体收益随着营销努力效应的增加而增加，随着产品体验性的降低而增加。产品体验性也影响了渠道之间的合作战略，产品体验性越低，合作策略对线下零售商收益和制造商收益的作用越明显。

（4）当体验型产品制造商进行 VR 购物的应用，VR 技术水平影响了体验型产品分销渠道模式。当 VR 技术水平较低时，网络渠道显然不能满足消费者的体验需求，消费者更倾向于通过实体渠道购买产品，此时，产品制造商应选择实体渠道与网络渠道组成的双渠道结构模式；当 VR 技术水平较高时，消费者在网络渠道购买产品的体验感大大增强，由于网络渠道在价格等方面的优势，消费者更倾向于通过网络渠道购买产品，此时单一的网络渠道是产品制造商的最优选择。

二、建议

从本章基于产品体验性视角下的体验型产品分销渠道策略模型分析及数值仿真结果来看，首先，产品体验性的高低影响了实体渠道与网络渠道的产品定价以及服务水平。其次，产品制造商与线下零售商采取合作战略（产品制造商支持线下零售商实施营销努力）能够使双方收益得到提高，并且产品体验性越低，合作策略越明显。最后，加入 VR 技术考虑分销渠道模式选择问题，发现 VR 技术交互性水平能够显著影响分销渠道模式结构。

下面结合体验型产品分销的实践情况以及本章的研究结论，给出如下建议：

（1）当产品体验性较低时，实体渠道与网络渠道的竞争便更加激烈，此时实体渠道应该提高渠道的服务水平，通过优质的服务来吸引更多的消费者。而当产品体验性较高时，网络渠道在产品体验上的劣势便更加明显，此时网络渠道只能降低产品零售价促使更多的消费者在网络渠道中购买产品。

（2）产品体验性越低，实体渠道与网络渠道之间的竞争更加激烈，此时产品制造商应当更加积极与线下零售商进行合作，通过货币支持线下零售商实施营销努力。

（3）VR 技术影响了消费者效用，并改变了消费者购买决策。在 VR 技术发展初期，产品制造商还是要依靠线下零售商进行体验型产品的销售，维持并开拓现有市场；当 VR 技术发展到一定程度，产品制造商应当关注如何优化产品生产过程、如何定位自身产品、如何运用新兴互联网技术、如何构建自身品牌等。

三、研究展望

本章从产品本身特性出发，基于产品体验性这一视角，分别研究了体验型产品分销渠道之间的竞争战略、合作战略以及战略选择问题，研究在上述三种战略下的产品制造商和线下零售商的决策问题。后续的相关研究可从如下两个角度进行拓展：

（1）VR技术的应用增强了线上消费者购物体验感，同时也引诱了部分线下消费者转移到线上购买产品，在产品没有太大差异的前提下，线下零售商与产品制造商会进行价格方面的恶性竞争，引发实体渠道与网络渠道的冲突。针对VR技术所引发的渠道冲突这一问题，设计合理并且有效的协调机制是非常有必要的，具有一定的实践意义。

（2）体验型产品消费者在VR技术作用下行为和效用已经发生改变，消费者的购买决策也随之变化，势必会影响到产品制造商与线下零售商的库存策略，因此，分析虚拟现实技术的交互性水平对消费者退货率的影响，进而分析交互性水平与分销渠道库存的关系，也具有一定的实践意义。

第四章　体验型产品的双渠道供应链退货决策

现实中，退货问题屡见不鲜，而且网络渠道的退货情形比传统渠道更加严峻。据统计，2020年美国传统线下渠道的退货率约为8%~10%，但网络渠道的退货率在20%~30%，英国的网络渠道退货率约为25%。由此可见，退货现象无论是传统渠道还是网络渠道都是不能忽视的问题。

随着互联网技术的不断发展，消费者的自身需求也日益多样化，消费者可以足不出户得到需要的产品。当消费者在线上挑选商品时，因为线上购物的不可触性、产品的信息描述不真实等问题，提起网络购物，人们第一能想到的就是高退货率，而退货以后产生的物流成本及风险也影响了消费者的购物决策。在传统供应链中，消费者只能选择原购物渠道进行退货。线上购物与线下购物融合后的双渠道零售模式得到了许多商家与顾客的青睐。消费者的购物打破了原有渠道的限制，不再受制于渠道独立的影响，可以让消费者选择的方式越来越多，例如通过线上购物渠道、线下实体店以及"线上+线下"多种购物的模式来完成商品的选择。在双渠道"线上购买，线下取货"（Buy online and pick up in Store，BOPS）模式下，购物渠道的界限被打破，消费者前往实体店取货，有一定概率选择进行额外购买，而此部分的交叉收益给实体店也带来了额外的利润，同时渠道的交叉融合也让退货方式变得更加便捷。

退货决策作为供应链管理的一个重要环节，已经成为当前重要的研究领域。本书在一个双渠道环境下，考虑产品体验性对消费者渠道体验偏好程度的影响，分别探讨了消费者是否具有完全线上体验偏好，产品体验性对零售商最优退货策略决策的影响。其中，第一节归纳提炼出基于产品体验性的零售商退货策略决策问题；第二节探讨了双渠道环境下，基于产品体验性的消费者渠道选择行为，并给出了基本参数模型及相关符号说明。第三节详细探讨了消费者具有完全体验偏好时，产品体验性对三种零售商退货策略决策的影响；第四节详细探讨了消费者具有不完全体验偏好时，产品体验性和消费者线上体验偏好对三种零售商退货策略决策的影响；第五节对消费者是否具有完全偏好下的相同退货策略利润结果进行比较分析；第六节通过案例分析基于产品体验性的双渠道供应链退货策略；第七节概括性地总结了本章主要工作、结论及贡献。

第一节 双渠道供应链退货管理

一、退货管理

（一）退货管理的概念

商品退货是指仓库按订单或合同将货物发出后，由于商品有质量问题、运输途中损坏、商品过期、商品配送错误等原因，消费者将购买商品后不符合自身要求的产品退回给制造商或零售商的过程，主要包括制造商—零售商、制造商—消费者以及零售商—消费者之间的退货。

退货管理是在卖家和提供商两者之间的顾客不满意退货商品、卖家及时确认退货申请等的相关活动。随着买家期望和要求的提升，退货管理对于卖家的稳步发展更多地展现出枢纽的关键性。随着线上消费的普及，线上线下并存的双渠道供应链模式被企业广泛应用。但因为顾客在线上消费时缺乏对产品的体验，所以线上退货率普遍较高。同时线上退货需要较长的处理周期，从而使顾客产生了线上购买线下退货的双渠道退货需求（杨浩雄 等，2017）。目前，一些企业已经开始开通双渠道退货服务，例如对于在迪卡侬线上消费的顾客，既可以退货到线上商店也可以到实体店进行退货。双渠道退货将线上的顾客引流到线下实体店，从而达到吸引客流的目的，同时也能够提升售后服务水平从而提高顾客对品牌的忠诚度和信任度，最终提高企业利润。

（二）退货管理的影响因素

1. 产品体验性

随着消费的升级，消费者体验质量决定企业生存（林亚，2014）。对于产品体验性的概念，Hekkert（2008）认为产品体验性是指人们用他们的感官和认知系统来探索环境。Schifferstein（2008）认为产品体验性如同触觉、听觉、视觉和情感是这些系统的组成部分,为记忆提供必要的信息。Desmet(2007)认为产品体验性是人与产品交互过程中的情绪变化。产品体验性会对消费者购买意愿有一定程度的增强效用,且体验服务可能会造成价格改变,但并未探讨产品体验对零售商退货管理过程中的价格影响程度和区别。随着电子支付手段的广泛运用和第三方物流的日趋完善,以亚马逊、阿里巴巴、京东等为代表的电商企业得到飞速发展,线上购物已成为消费者最重要的购物方式之一(Moon,2017)。但消费者在线上购物时,只能通过间接方式了解产品,如文字、图片、视频等,不能通过直接试穿、试用等对产品进行实物体验(王婧宇,2018),因而易导致消费者购买到的产品可能与其预期不符并发生退货,有研究表明,电商平均退货率达22%(Rao,2014)。在此背景下,越来越多的电商企业开始引入体验渠道,为消费者提供产品实物体验,以期降低退货率,如京东体验馆JD SPACE、亚马逊的Amazon Books等。然而,增加的体验渠道势必会改变消费者购买行为和消费需求、电商企业的渠道结构以及运作流程,从而影响电商企业及其上游供应商的决策,并有可能导致各个企业决策激励失调。

2. 退货策略

退货策略作为一种售后服务,它是消费者决定购买产品的决定因素,也是零售商的保修政策,以减少信息不对称对消费者的不利影响(Chen,2015)。退货策略的实施与渠道的结构、个性化定价和折扣定价等的决策相关联(Rokonuzzaman,2021)。宽松的退货策略(例如,全额退款保证money back guarantee,MBG)可降低消费者对风险的感知和刺激购买情绪的反应,从而可以增强消费者的购买意愿并增强最终支付意愿。因为宽松的退货策略作为一种市场信号机制,可以促进买卖双方信任,从而增强消费者购买意愿。在竞争的市场中,它能够保证零售商获得更大的市场份额。退货策略的慷慨性往往通过提高策略的感知价值来增加消费者的购买意愿。此外,退货策略中退货渠道的选择也是退货决策的重要影响因素。直销渠道(在线渠道)的退货率和退货处理成本被视为制造商(或者零售商)是否实施退货策略以及决策退货渠道结构的关键因素(Bandyopadhyay,2010)。大多研究中需要注意的是,退货策略并不是所有在线零售商和消费者都适用的策略,只有当产品的可靠性适中,价值适中时,在线零售商才能提供退货(Cachon et al.,2010;Padmanabhan,1997;Wang,2004;Chen,2017a;Chen,2017b;Hsiao,2015)。

在某些条件下，实体渠道的零售商以及制造商在其直销渠道中采用相同退货策略可能会带来双赢，然而制造商如果在其直销渠道中采用 PPS 则会导致零售商和制造商双方失败（Hsiao，2015；Li，2018；Hekkert，2008）。由此可见，退货策略对于渠道间关系的影响是今后值得研究的一个方向。

二、研究现状

（一）退货策略研究现状

早期退货策略的相关研究主要根据产品质量类型以及消费者类型研究退货策略、退款策略以及定价策略的选择问题。具体而言，Kelle（1989）是在假定顾客退货服从泊松分布的基础上研究集装箱厂商的退货库存策略。Su（2009）进一步研究了一类不是由产品质量导致的无缺陷退货下的零售商退货策略问题，发现消费者的完全退货策略和部分退货策略都可能会扭曲共同供应合同下的激励措施。李勇建（2012）从产品预售阶段出发研究了消费者预售和退货策略问题，发现预订产品的全额退款退货策略和不提供退货策略都可能导致库存风险和估价不确定风险的不合理分摊，而最优的退货策略是部分退款退货策略。Li（2014）根据消费者的购买和退货行为对消费者进行分类后研究在线分销商的定价策略、退货策略和质量策略。杨光勇（2014）基于一类战略顾客研究了不提供退货策略、提供但不再销售退货策略、正常再销售退货产品策略以及降价再销售退货产品策略对销售商理性预期收益的影响。发现相比于不提供退货策略，不再销售策略以及降价再销售退货产品策略均降低了销售商利润。张福利（2017）在杨光勇等人的研究基础上探讨了退货价格内生，退货产品可被多次重复再销售，并刻画了具有选择延迟购买的代表性战略顾客的购买可能性对零售商选择最优退货策略的影响。发现当面临跨期理性决策的战略顾客时，只有在逆向渠道效率较高的情形下，接受退货并在正常销售期再销售退货产品才能给零售商带来更高的利润。

近几年，关于退货策略的研究主要集中于两阶段销售定价问题以及预售商品的退货问题。具体而言，Tao（2019）考虑了一个垄断厂商在第一阶段生产产品后实施的退货策略和第二阶段制成品与再造品之间的竞争关系对制定最优产量的影响。研究发现如果产品具有可替代性，实施退货策略不会降低两阶段产品生产数量。Ma 等（2020）也建立了一个考虑零售商退货策略影响的 P2P 二手商品市场两期模型。结果表明接受退货会导致零售价格和平台佣金上涨，但并不一定会刺激销售。王宣涛（2019）构建了考虑策略型消费者具有损失厌恶行为的两阶段销售模型，研究了零售商的预售及退货策略下最优预售价格和最优退货价格。研究表明零售商需要降低预售期产品价格以规避消费者风险厌恶，且实施退货策略能增加零售商收益。王叶峰（2020）研究了存在策略型消费者时，单一预售策略、预售退货不再销售和预售退货可再正常销售三种策略如何影响销售商收益。研究发现当预定需求较小时，退货保证能使销售商获得最优期望收益；当预定需求较高时，销售商选择单一预售策略更优。

上述有关退货管理的研究主要根据产品质量类型以及消费者类型研究零售商在一阶段以及两阶段销售过程中的退货策略、退款策略以及定价策略选择问题。另外，在退货管理研究中较少考虑消费者购买行为。随着消费者对产品体验性的需求增加，零售商如何选择退货策略以有效管理需要消费者体验后购买的产品退货是目前尚待解决的一个实践管理问题。基于此，本研究建立了考虑产品体验服务的加法形式需求函数，并基于产品体验性分析了消费者对渠道购买的差异行为以及跨渠道购买行为，最后重点探讨了消费者是否对线下体验具有完全偏好时的三种零售商退货策略下的预期零售商利润函数。本研究通过最优化方法和数值分析方法比较了消费者是否具有线下体验偏好下的零售商最优利润结果，给出了不同条件下的最优退货策略选择建议。

（二）与双渠道相关的退货管理

有关双渠道的退货管理，本研究主要梳理了供应链系统成员通过达成契约关系以及信息共享来处理消费者退货问题以及双渠道供应链中消费者退货对供应链管理的影响研究。

关于退货问题的部分研究开始着重关注供应链中零售商退货、退款保证等服务模式。具体而言，Xu（2015）研究了退货期限对消费者行为以及零售商定价和库存策略的影响，提出了一个新的差异化退货合约以解决上游制造商和下游零售商组成的供应链协调问题。Xu（2018）进一步研究考虑网络外部性情况下的供应链中消费者退货对零售商的销售价格、退款和库存策略影响以及消费者退货产生的网络外部性对供应链退货合约的影响，发现零售商的定价库存策略取决于消费者的初始退货率和网络外部性退货率，传统的退货合约不能协调供应链。黄甫（2019）研究了退款保证及不同的产品残值对服务、消费者剩余和零售商收益的影响，研究发现主导权较强的零售商比主导权较弱的零售商更愿意提供退款保证。金亮等（2019）研究了一个品牌差异化竞争环境下的退款保证对供应链均衡的影响，研究发现退款保证会影响供应双方实施差异化定价策略，制造商和网络零售商能在一定条件下获得更多利润收益。

与此同时，也有部分学者研究了双渠道下消费者退货对供应链管理的影响，具体而言，张学龙等（2018）对消费者事前行为不确定性引发的退货问题进行了研究，通过比较不同定价模式下供应链的最优收益。研究发现退货风险对供应链整体收益大小的影响与退货率和定价模式相关，对供应链成员收益大小的影响只和定价模式有关。Zhang（2020）通过设计收入分配合约激励机制，研究了存在退货时闭环供应链成员对产品质量和价格的影响问题，发现有效的协调机制将有效缓解零售商价格竞争并提高双渠道闭环供应链总利润。Radhi（2019）研究了可转售退货产品如何影响每个渠道订货量的问题，通过数学模型解出了不同跨渠道退货策略下的最优订货量。Zhang（2018）研究了消费者在支付前能取消订单，在支付后如果对产品不满意可以退货的双渠道运管管理问题，分析出在线零售商在选择单一线上渠道经营策略和双渠道经营策略下的最优定价和库存决策问题。

上述研究主要针对双渠道退货的情形下不同市场环境中不同退货政策对产品定价及相关决策研究，这些研究推动了退货管理及相关运营管理研究的发展，为退货策略的相关研究提供有利的支持。其中与退货策略相关的退货管理文献主要根据产品质量类型以及消费者类型研究零售商在多阶段销售过程中的退货策略、退款策略以及定价策略的选择问题。与供应链管理相关的退货研究主要围绕供应链协调、经营模式以及退货退款保证等方面展开，这些研究较少考虑不确定市场中的消费者购买行为。随着消费者对产品体验性的需求增加，零售商如何选择退货策略以有效管理需要消费者体验后购买的产品退货是目前尚待解决的一个实践管理问题。

第二节 考虑产品体验性的双渠道供应链退货问题

本节主要研究了双渠道环境下零售商如何选择最优退货策略，探讨了产品体验性对零售商退货策略决策影响。具体而言，本节分别构建了消费者对线下体验是否存在偏好下零售商选择不同退货策略的决策模型，并通过对比两类情形下三种零售商预期退货策略结果，分析在双渠道环境下产品体验性和消费者偏好对零售商退货策略决策的影响。

一、问题提出

在越来越激烈的市场环境中，零售商选择合适的经营模式和动态定价策略已被证明是可以获取更大利润的有效方式（魏航，2018；Levin，2009）。当今市场的发展使得零售商在经营模式的选择上越来越偏向于混合模式，即分销模式与平台模式相结合的经营模式（Akter，2018）。随着零售商的经营模式越发多样，体验型产品的经营模式也更趋向于多渠道的销售模式。体验型产品是受顾客感知和体验影响购买的一类产品，线上零售商难以让消费者在购买体验型产品的过程中享受到和实体零售店同样的服务和体验感。实体零售店虽然能给消费者获得较好的购买体验感，但需要付出服务努力并负担相应的成本损失。消费者对渠道的体验偏好程度将会改变线上线下消费者需求，并显著影响零售商在双渠道的销售收益。尤其当体验型消费者退货时，线上线下还将承担不同的成本压力。因此，零售商是否可以根据消费者体验偏好和产品体验性程度，通过选择合适的退货策略以有效提升经营利润，成为已有研究中尚待解决的现实问题。

现实生活中，由于传统线上零售店不能给予消费者对产品有如实体店一样的体验效果，尤其是需要消费者感知的体验型产品，消费者在网上购买这类体验型产品后易产生大量的退货问题尚待研究。基于现有研究背景和局限，本章将基于消费者退货理论，重点研究产品体验性以及消费者偏好对零售商退货策略决策的影响。考虑消费者受产品体验性影响，本章在张福利（2017）的研究基础上，不考虑产品销售折扣期，主要研究了以下三种退货策略：不接受退货（NAR）策略，接受退货且不再销售退货产品（ARNR）策略，接受退货并再销售退货产品（ARR）策略。据此，本章将分别在三种零售商退货策略下建立了预期零售商利润函数模型，通过数值分析比较不同产品体验性水平下零售商的最优利润结果，为零售商在不同产品体验性下合理选择最优退货策略提供决策依据。

二、问题描述与基本假设

为解决一类基于产品体验性而偏好选择购买的消费者退货问题，并缓解零售商退货压力，本章设计了一个由单一供应商和零售商组成的合作供应链，并在单周期内双渠道销售经营体验型产品（Hsiao，2014）。零售商在线上开设官方旗舰店，在线下开设实体体验店，且在线上线下定价相同，均为 p。供应商为零售商提供双渠道供货，且可以将消费者的线上订单直接通过物流完成交货。市场中存在一类对产品感知和体验偏好的体验型消费者，这类消费者由于对产品体验度要求高，往往需要在市场中不断搜寻满意的产品，这会耗费大量时间成本。现有经验表明，部分购买经验足且时间敏感强的消费者会选择直接在一些品牌零售商的线下体验店去进行体验并购买。随着双渠道时代的到来，这类品牌零售商也不断开拓了自己的线上旗舰店，如亚马逊、京东等的自建官方商城电子商务渠道以及官方手机商城移动电子商务渠道。目前信息技术下，线上旗舰店难以做到让消费者通过触觉、嗅觉去评估产品的价值。网站照片中应用的美图特效也可能传达给消费者一个不完全真实的产品视觉信号。因此，上述这一类对产品感知和体验偏好的体验型消费者在线上多次购买到不甚满意的产品后，逐渐更多选择在线下店试用后购买产品。例如生活中，部分消费者为减少买到不满意服装、口红的不确定性，仍然会选择前往实体店进行试穿、试用再购买。参照 Gao（2016）和 Du（2019）的研究假设，当实体店库存不足时，对产品满意的消费者会考虑转移到线上购买，线上渠道具有足够的能力满足消费者需求。选择在线下试用的消费者试用后也有可能选择在线上购买，我们称这类具有线上旗舰店且可满足消费者试用的线下实体店为线下体验店。

在实际中，我们对购买了体验型产品的部分消费者进行了简单的抽样调查，发现大多数消费者对于体验型产品还是愿意先体验再考虑是否购买。但对于一些价格相对不是特别高的体验型产品，存在部分消费者对线上的黏性（孙燕红，2011），选择直接在线上旗舰店购买。据此，本书假设消费者行为受消费者与线上交互性影响的偏好（Kim，2019）程度为 i，即消费者会以 i 的偏好选择直接在零售商的线上旗舰店购买，则消费者选择在零售商的线下体验店试用的偏好为 $(1-i)$。

在实际购买过程中，由于线下体验店和线上旗舰店为经营某一体验型产品的零售商同时经营，零售商的线下体验店从供应商进货，线上旗舰店的相关订单由供应商完成。即使线下体验店可以为库存短缺提供到货邮寄服务，仍存在部分试用满意的消费者选择直接等待邮寄。在双渠道管理过程中，该类消费者在线下零售店等待邮寄服务的订单可以视同于由供应商直接发货至消费者完成的订单，即这部分消费者可归集于转移到线上购买并等待供应商发货的消费者。

结合上述假设分析，本节构建了如图4-1所示包含消费者购买行为流、产品流、属性特征以及实体的体验型产品销售流程图。考虑制造商不存在库存，仅生产产品并由供应商负责将产品分销给零售商和消费者。因此在图4-1中，忽略制造商的存在，仅用供应商来表示供应链上游，即图4-1中的实体仅包含消费者、供应商以及零售商的线上旗舰店、线下体验店。同时，也包含产品体验性以及人机交互性两类属性特征。对产品体验偏好的消费者受人机交互性的影响会选择以 $(1-i)$ 在体验店购买体验型产品，在线下体验店试用满意但因线下体验店缺少库存会转移到零售商的线上旗舰店购买。为减少渠道经营的周转物流成本，转移到线上旗舰店的订单可以考虑直接由供应商完成交付。部分受交互性影响的消费者由于对线上的便捷体验等原因，也会以 i 的可能选择直接在线上旗舰店购买体验型产品，产生的订单也交付供应商完成。整个销售过程中，体验型产品会通过零售商的线下体验店和供应商交付到消费者手中。

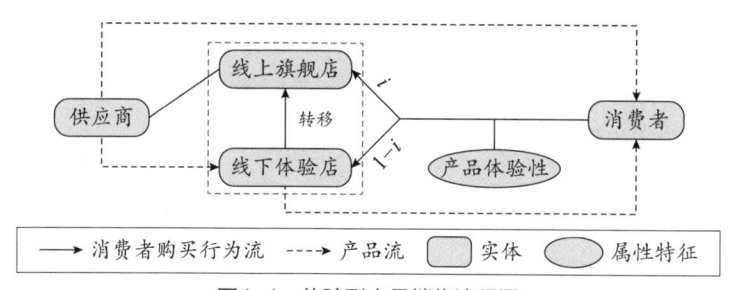

图4-1 体验型产品销售流程图

结合体验型产品特性，消费者需要通过自身体验和感知才能判断产品价值。因此，消费者在线下体验店的购买效用大于在线上旗舰店的购买效用。在图4-1中，消费者受线上交互性的影响选择直接在线上旗舰店购买的偏好程度 $i \in [0, 1)$。为了进一步分析体验型产品的消费者购买行为，将偏好程度 i 分两种情况讨论，即 $i = 0$ 和 $i \in (0, 1)$。以上两种情况分别表明消费者对产品体验性存在完全线下偏好和不完全线下体验偏好。两种情景下消费者的渠道选择行为分别如图4-2和图4-3所示。

具体分析如下：

当 $i = 0$ 时，消费者对产品体验性存在完全线下偏好，在销售期内购买体验型产品的渠道选择行为如图4-2所示：体验型消费者会先在实体体验店试用，当试用满意后，如果实体店有刚好合适的产品，消费者为避免在实体店花费时间精力成本，会选择在实体店购买；如果实体店没有完全适合的产品，消费者会选择零售商的线上旗舰店在线购买体验型产品。线上旗舰店将消费者订单交付供应商完成并配送。零售商的线下体验店向供应商订货，未超出线下体验店库存的市场需求由零售商的线下体验店满足。当市场需求超出线下体验店库存时，体验型消费者总需求由线下体验店和供应商共同完成。

当 $i \in (0, 1)$ 时，消费者对产品体验性存在不完全线下偏好，在销售期内购买体验型产品的渠道选择行为如图4-3所示，部分体验型消费者以 i 的概率选择直接在零售商的线上旗舰店购买产品，剩余 $(1-i)$ 比例的消费者仍选择在实体店购买产品，当消费者试用满意，如果实体店有刚好合适的产品，消费者为避免在实体店花费时间精力成本，会选择在实体店购买；如果实体店没有完全适合的产品，消费者会选择实体店的线上店在线购买体验型产品。线上旗舰店将消费者订单交付供应商完成并配送。零售商的线下体验店向供应商订货。当线下直接需求未超出线下体验店的库存时，线下体验店库存的市场需求由零售商的线下体验店满足，在线上旗舰店购买的需求直接由供应商完成。当线下直接需求超出线下体验店库存时，市场总需求由线下体验店和供应商共同完成。

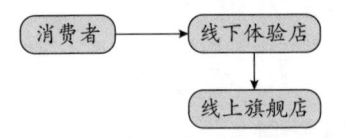

图4-2 $i = 0$ 时消费者渠道选择行为 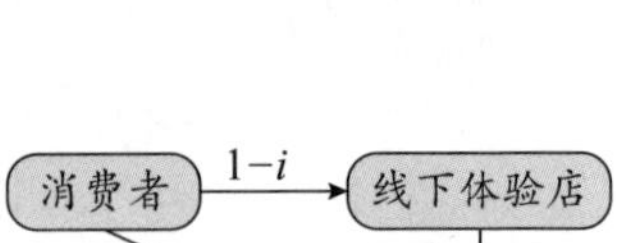　　图4-3 $i \in (0, 1)$ 时消费者渠道选择行为

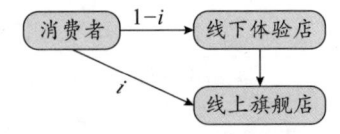

参考第三章对产品体验性的界定，产品体验性系数为 β。如果产品在市场服务努力投入水平为 s，则经营一种体验型产品的零售商提供的服务努力水平为 βs。体验型产品的市场总需求 D 随机，并且受到体验型产品价格 p 以及经营体验型产品

零售商投入的体验服务水平 s 的影响。Dan 等（2012）假设市场基本需求是关于价格和服务水平的线性函数，且体验服务水平 s 越大、产品定价越低则市场总需求越大。参考 Ha（2015）对需求函数的假设，设 $D=d+\varepsilon$。d 为市场基本需求。由于相同条件下，产品价格越高，市场基本需求越少，零售商体验服务水平越高，市场基本需求越高。因此，本节假设零售商的市场基本需求函数 $d=a-bp+e\beta s$。其中 a 表示市场基础需求规模，b 表示价格弹性系数，e 表示零售商体验服务水平弹性系数。ε 为影响市场实际需求波动的随机变量，且 ε 在 $[L, H]$ 上服从均匀分布。则体验型产品的市场需求函数可表示为 $D=a-bp+e\beta s+\varepsilon$。

在线下体验店中，零售商按周期订货，平均库存水平为 q。平均单位库存成本为 c，包括订货成本、运输成本、库存持有成本等。随着供应链之间的协作越来越紧密，对于零售商的线上旗舰店，假定其订单将由合作的供应商直接外部供应和寄送（孙燕红，2018）。因此，线上旗舰店有足够的能力满足消费者需求，这一假定与 Du 等的假设相一致（Du，2019）。这样，每销售一单位体验型产品，零售商的线上旗舰店将收获的净利润为一外生变量 w，且 $w<p$。此时，线上旗舰店的市场需求仍受定价 p 影响，且有 $D(w)>D(p)$。为保证零售商的利润维持在较为合理的水平，在外界环境不利于零售商的情况下控制其损失在可接受范围内，零售商的利润函数关于价格应是凸性的（郑宇婷，2019），假设 $p-w>(H-L)/2b$，最优解存在且唯一。

零售商提供体验服务需要付出成本，参考 TSAO 等（2008）的研究，零售商的体验服务成本 $\gamma=k\lambda^2/2$。其中常数 $k(k>0)$ 是体验服务努力成本系数，且 k 越大表示零售商要达到某一服务水平花费的成本也就越高。进一步，为了便于求出零售商的最优利润，引入参数 z，表示实体零售商订货量与市场基本需求的差值，即 $z=q-d(p,\lambda)$。因此参数 z 和订货量 q 的值一一对应，即可以通过求解 z 转化求解 q。除此以外，本节还设置了如下参数：零售商平均单位订货成本为 c，平均单位退货损失为 r，消费者退货可能性为 θ，$E(x)$ 表示 x 的期望函数。

第三节　完全线下体验偏好的双渠道供应链退货决策

本节主要从产品体验性对消费者购买行为的影响角度出发，研究不同退货策略下产品体验性对零售商和供应商的库存决策和总库存费用的影响。考虑 $i=0$，即消费者受在线购买产品不确定性影响，不会选择直接在线上旗舰店购买产品，而是会直接在线下体验店试用并考虑购买产品。如果线下体验店没有体验满意的产品库存，消费者会选择在零售商的线上旗舰店购买体验型产品，线上旗舰店会将消费者订单交付供应商完成并配送。当消费者需求能在零售商的线下体验店被满足时，线下体验店向供应商批次订货，产品从供应商只经由零售商的线下体验店到消费者，产品销售过程如图4-4所示。当消费者需求不能完全在零售商的线下体验店被满足时，考虑消费者转移到零售商的线上旗舰店下订单。线下体验店向供应商批次订货，线上旗舰店将线上订单直接交付供应商完成配送。产品可从供应商直接销售给消费者，也可从供应商批发给线下体验店并销售给消费者，该产品销售过程如图4-4所示。

一、零售商不接受退货策略

零售商对于一些体验并试用过的体验型产品，如口红、香水等，在消费者使用后，零售商选择不接受退货策略，以规避故意退货损失。因此，在产品的购买销售过程中，不存在退货产品。当 $i=0$ 时，根据消费者需求是否超出线下体验店存储量以及市场总需求是否超出供应商存储量，可将零售商选择NAR策略分为如下两种情形分析线下体验店的总期望库存费用和供应商的总期望库存费用：

当 $0<D\leq q$ 时，对产品体验感有偏好的消费者会选择直接前往实体店试用并购买体验型产品，市场需求能在零售商的线下体验店完成，产品购买销售过程如图4-5所示。NAR策略下，零售商主要考虑市场需求收益和产品成本，此时零售商的期望利润函数为

$$\pi_1 = pED - cq - k\lambda^2/2 \tag{4-1}$$

当 $D>q$ 时，市场需求先由线下体验店满足，因试用不满意或库存短缺等原因部分转移到线上旗舰店满足，线上旗舰店会立即将订单发送给供应商，产品购买销售过程如图4-5所示。NAR策略下，零售商主要考虑线下需求收益，愿意转移至

线上的部分需求收益和产品成本,此时零售商的期望利润函数为

$$\pi_1 = pEq - cq + wE(D-q) - k\lambda^2/2 \quad (4-2)$$

图4-4　没有消费者转移的产品购买过程　　图4-5　存在消费者转移的产品购买过程

综上所述,当消费者存在完全线下体验偏好时,零售商选择 NAR 策略的总期望利润函数为

$$\pi_1 = pd(p,\lambda) + \int_L^z \frac{px}{H-L}dx + \int_z^H \frac{pz}{H-L}dx - cp + \int_z^H \frac{w(x-z)}{H-L}dx - \frac{k\lambda^2}{2} \quad (4-3)$$

其中第一部分为消费者在线下体验店购买产品的期望收益,第二部分为线下体验店订货成本,第三部分为消费者在线下体验店试用满意后但因缺少同质产品而转移到线上购买的收益,第四部分表示线下体验店提供的服务努力投入成本。

命题4-1　当消费者存在完全线下体验偏好时,若 $p-w > (H-L)/2b$,供应商通过线上销售单位产品的分成收益大于平均市场需求波动与需求弹性之比时,零售商选择 NAR 策略的总期望利润函数具有唯一理性预期均衡解 $\pi_1^*(p_1^*, q_1^*)$ 且

$$p_1^* = \frac{2a + 2bc + 8bw + 2e\beta s + H + L}{12b} \quad (4-4)$$

$$q_1^* = a - bp_1^* + e\beta s + H - \frac{(H-L)c}{p-w} \quad (4-5)$$

命题4-1表明,当消费者对产品存在完全线下体验偏好时,如果供应商通过线上销售单位产品的分成收益大于市场基本需求波动范围与需求弹性之比时,零售商选择 NAR 策略具有唯一最优利润收益,且市场中一种产品的体验性水平提升会增长零售商定价水平。可能的原因是:零售商由于 NAR 策略,消费者需要承担产品购买的质量风险。尤其是当消费者对产品存在完全线下偏好时,消费者购买的一种产品的体验性水平越高,产品能传达给消费者的信息就越完全,消费者对产品品质更放心,购买能力愈强。如果经营产品的体验性越高,零售商需要付出的服务成本也就越高,获利可能就越少。尤其当供应商通过线上分成的收益较大时,供应商在线上分成的收益相对就越小。因此,零售商更愿意通过高产品体验性以减少风险和

成本损失，会针对产品在市场中体验性水平的增加合理提高定价。

二、零售商接受退货且不再销售策略

对于一些因产品质量问题以及超保质期错误销售的体验型产品，如生鲜类产品等，在消费者购买后存在退货可能。零售商为保证品牌效益，会选择接受退货且不再销售退货策略，以增强消费者二次购买信心。零售商在接受退货情况下，考虑消费者选择退货的可能为θ。体验型消费者由于在实体店能获得高产品体验感，会优先选择实体店购买体验型产品，如果实体店无法提供刚好适合的产品，则体验型消费者会选择转移到线上购买。对于部分偏好网络渠道的消费者，由于零售商接受退货，为了节省前往实体店的成本，会选择在线上购买体验型产品。但由于体验型产品受消费者感知影响程度较大，所以消费者仍存在较大的可能退货。根据消费者需求是否超出线下订货量，可将零售商选择 ARNR 策略分为如下两种情形分析：

当$0 < D \leq q$时，对产品体验感有偏好的消费者会选择直接前往实体店试用并购买体验型产品，市场需求能在零售商的线下体验店完成，产品购买销售过程如图4-4所示。ARNR 策略下，零售商需考虑线下未退货部分的销售收益及退货的成本损失，则零售商的期望利润函数为

$$\pi_2 = p(1-\theta)ED - cq - r\theta ED - k\lambda^2/2 \tag{4-6}$$

当$D > q$时，市场需求先由线下体验店满足，因试用不满意或库存短缺等原因部分转移到线上旗舰店满足，线上旗舰店会立即将订单发送给供应商，产品购买销售过程如图4-5所示。ARNR 策略下，零售商需考虑线下及部分转移至线上需求中未退货的销售的收益，以及双渠道退货的成本损失，则零售商的期望利润函数为

$$\pi_2 = p(1-\theta)Eq - cq + w(1-\theta)E(D-q) - r\theta ED - k\lambda^2/2 \tag{4-7}$$

综上所述，零售商利润函数可改写为

$$\pi_2 = (1-\theta)\left(pd + \int_L^z \frac{px}{H-L}dx + \int_z^H \frac{pz}{H-L}dx\right) - cq + (1-\theta)\int_z^H \frac{w(x-z)}{H-L}dx - \theta\left(rd + \int_L^H \frac{rx}{H-L}dx\right) - \frac{1}{2}k\lambda^2 \tag{4-8}$$

命题4-2 当消费者存在完全线下体验偏好时，若$p-w > (H-L)/2b$且$1-\theta > c/(p-w)$，即当供应商通过线上销售单位产品的分成收益大于平均市场需求波动与需求弹性之比，且消费者的未退货概率大于平均单位订货成本与供应商单位线上产

品收益之比时，零售商选择 ARNR 策略的总期望利润函数模型具有唯一理性预期均衡解 $\pi_2^*(p_2^*, q_2^*)$ 且

$$p_2^* = \frac{(H+L+a+e\beta s+4bw)-(1-\theta)^2(H+L+a+e\beta s-2bw)}{6b} \quad (4-9)$$

$$q_2^* = H+a-bp_2^* +e\beta s - \frac{c(H-L)}{(1-\theta)(p_2^{2*}-w)} \quad (4-10)$$

命题4-2表明，当零售商选择接受退货且不再销售退货产品时，即使消费者对产品存在完全线下体验偏好，如果消费者的未退货概率大于平均单位订货成本与供应商单位线上产品收益之比，零售商可根据不同产品体验性合理获取最优利润，且市场中一种产品的体验性水平提升会增加零售商对产品的市场定价。可能的原因是零售商选择 ARNR 策略，产品无缺陷损失风险会从消费者转移到零售商，将有效提升消费者对产品体验的售后服务满意度，有利于零售商赢得消费者信任，扩大企业市场份额。因此，消费者购买的一种产品的市场体验性水平越高，消费者的满意度就会越高，市场需求也会越大。且当市场中消费者退货率一定时，消费者购买产品后未退货的可能高于供应商成本收益比，供应商为降低损失可能会间接增加零售商订货成本，促进零售商提高定价。

三、零售商接受退货且再销售策略

为便于分析该策略结果，假设在一个订货周期内消费者购买并退货体验型产品的次数为 n，零售商接受的退货可以在极短时间再销售，且剩下的退货将保留至下个销售期再销售。对于一些因冲动消费以及产品体验性差等原因退货的体验型产品，零售商因为产品可再销售，会选择接受退货并再销售退货策略，可以在保证不影响售出的前提下增强消费者购后体验满意度。但消费者需承担退货过程成本，线下体验店可以直接再销售退货产品，线上退货给供应商的产品也可由供应商再转售。则消费者的预期退货总量 $\tau = \sum_{j=1}^{n}\theta^j D = \frac{\theta(1-\theta^n)}{1-\theta}ED$，消费者在发生第 n 次退货后的未退货的概率为 $(1-\theta^n)$。根据消费者需求是否超出线下体验店平均订货量可将零售商选择 ARR 策略分为如下两种情形以分析零售商的线上线下总预期收益：

当 $0 < D \leq q$ 时，消费者的需求可由零售商的线下体验店完成，产品购买销售过程如图4-4所示。由于退货会重复再销售，消费者的退货先退还给零售商的线下

体验店，线下体验店会将产品再销售给消费者。ARR 策略下，零售商需考虑线下重复销售后未退货部分的销售收益及退货的成本损失，则零售商的期望利润函数为

$$\pi_3 = p(1-\theta^n)ED - cq - r\tau ED - k\lambda^2/2 \tag{4-11}$$

当 $D > q$ 时，市场需求先由线下体验店满足，在线下试用后因产品缺少款式、色号等原因转移到线上下单的需求由线上旗舰店满足，并将订单发给供应商，产品购买销售过程如图4-5所示。由于退货会重复再销售，消费者的退货可能会退还给零售商的线下体验店，也可能直接退货给供应商，全部退货产品仍将通过零售商再销售。ARR 策略下，双渠道零售商主要考虑重复销售后未退货部分的销售收益及退货的成本损失，则零售商的期望利润函数为

$$\pi_3 = p(1-\theta^n)Eq - cq + w(1-\theta^n)E(D-q) - r\tau ED - k\lambda^2/2 \tag{4-12}$$

综上所述，零售商的利润函数模型为

$$\pi_3 = (1-\theta^n)\left(pd + \int_L^z \frac{px}{H-L}dx + \int_z^H \frac{pz}{H-L}dx\right) - cq + (1-\theta^n)\int_z^H \frac{w(x-z)}{H-L}dx - \frac{\theta(1-\theta^n)}{1-\theta}\left(rd + \int_L^H \frac{rx}{H-L}dx\right) - \frac{1}{2}k\lambda^2 \tag{4-13}$$

命题4-3 当消费者存在完全线下体验偏好时，若 $p-w > (H-L)/2b$ 且 $1-\theta^n > c/(p-w)$，即当消费者的重复未退货概率大于供应商平均单位订货成本与单位线上产品收益之比时，零售商选择 ARR 策略的总期望利润函数模型具有唯一理性预期均衡解：

$$p_3^* = \frac{H+L+2e\beta s+24ab+8bw}{12b} + \frac{c}{6(1-\theta)^n} + \frac{\theta r}{6(1-\theta)} \tag{4-14}$$

$$q_3^* = a - bp_4^* + e\beta s + H - \frac{c(H-L)}{(1-\theta^n)(p_4^* - w)} \tag{4-15}$$

命题4-3表明，当消费者具有完全线下体验偏好时，如果市场中一种产品如新款色号口红的体验性水平越高，线下体验的消费者需求可能就会越大。如果零售商选择接受退货且再销售退货产品，产品损失风险将转移给零售商，且 n 次重复销售后剩余退货总量降低。如果消费者 n 次退货后，还未退货的概率较低，且低于供应商供应成本与直接线上部分供应收益比时，零售商可在有限条件下，尽可能将产品再销售。零售商有望通过减少产品损获得最优收益。随着产品体验性提升，零售商服务努力投入越高。即使产品被退货，仍希望产品能尽可能被销售出去。因此，随

着产品体验性的提升，零售商越有可能提高定价，以期供应商的平均订货成本收益比更小。

四、数值分析

为了更好地选择上述最优退货策略，本小节借助算例分析产品体验性系数对以上三种零售商退货策略下体验型产品零售商的最优定价与最优订货量的影响。设定基本参数如下：$a=400$，$b=0.5$，$c=50$，$L=-20$，$H=50$，$\theta=0.1$，$e=200$，$k=2$，$s=\beta^2$。零售商重复退货的总损失满足 $\frac{\theta(1-\theta^n)}{1-\theta}r=\theta c$，故设 $r=45$，且为便于分析，设线上零售店获得的净利润 $\omega=100$。结合命题4-1—命题4-3，得出了产品体验性系数 β 不同时体验型产品零售商的最优定价与最优平均订货量的变化结果，如图4-6和图4-7所示。并将命题4-1—命题4-4的最优定价与最优平均订货量结果代入式（4-4）、式（4-10）、式（4-17）中，得出如图4-8所示，不同产品体验性系数下零售商最优利润的变化图。

命题4-4 当消费者对线下体验具有完全偏好时，产品的体验性越强，产品的定价越高。零售商选择ARR策略的定价会高于NAR策略，并都高于ARNR策略。产品的体验性系数的变化对选择NAR策略或ARR策略的零售商的影响程度较大，对NAR策略的影响程度略微高于ARR策略的，然而对选择ARNR策略的零售商影响较小。

图4-6　不同产品体验性系数下零售商的最优定价的变化

图4-7　不同产品体验性系数下零售商的最优平均订货量的变化

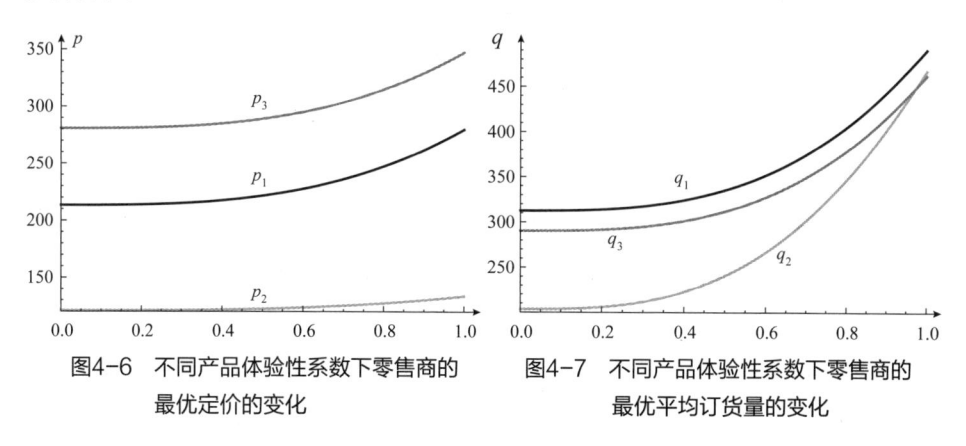

图4-6中 p_1、p_2 和 p_3 随着 β 的增加而增加；且 p_3 的图像一直高于 p_1 的图像，并都一直高于 p_2 的图像；p_1 图像的递增效率略高于 p_3 的递增效率，而 p_2 图像的递

增效率最为平缓。实际中，零售商在选择 ARR 策略时，为补偿消费者多次重复退货造成的零售商损失，零售商有必要定价最高。且产品体验性越高，零售商需要投入的产品品质成本就越高，定价也会随之越高。选择 ARNR 策略的零售商由于需要承担退货损失以及产品直接损失，会偏向经营低价值产品。这类产品的产品价值较低，受产品本身的特性影响较小，零售商也无需承担产品的服务成本以及品牌成本，产品的定价可以随之降低。零售商选择 NAR 策略将会把产品质量风险传递给消费者，并避免退货风险损失。消费者试用产品体验性较高的产品时，对零售商的品牌会更为信赖，因为产品感知和产品品牌传递的产品价值信号可以减少消费者购买风险。这会促使经营高体验型产品的零售商承担更多的服务成本以及品牌成本。

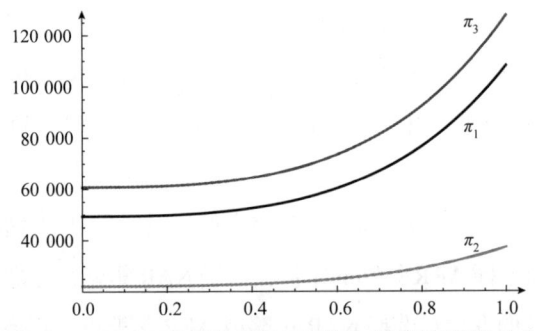

图4-8 不同产品体验性系数下零售商的最优利润的变化

命题4-5 当消费者对线下体验具有完全偏好时，产品体验性的提高会促进零售商订货量的增加；零售商选择 NAR 策略的订货量一直最大；只有当产品体验性极高时，零售商选择 ARR 策略的订货量才会大于 ARNR 策略的订货量；零售商选择 ARNR 策略时，产品体验性对零售商订货量的影响最显著。

图4-7中 q_1、q_2 和 q_3 都随着 β 的增加而增加。当 $\beta \leq 0.9$ 时，q_2 的图像一直低于 q_3 和 q_1 的图像；仅当 $\beta \to 1$ 时，q_2 的图像才高于 q_3 的图像。q_1 的图像的递增效率和 q_3 的图像的递增效率基本相同，但均低于 q_2 的图像的递增效率。可能的原因是体验性越高的产品，需要消费者感知的程度就越大，消费者往往越需要在零售商的线下体验店试用。相对体验性低的产品，高体验型产品会吸引部分线上消费者转为线下消费者，进而增加线下体验店的订货量。零售商选择 NAR 策略的订货量高于 ARR 策略的订货量是由于线下体验店库存容量有限，不接受退货相比接受退货需要更多的订货量以满足基本市场需求。零售商选择 ARR 策略时，非品质问题的退

货由于可以被再销售，使得零售商的库存波动较为稳定。当产品体验性较低时，零售商选择 ARNR 策略会促进更多消费者在线上旗舰店购买产品，并减少实体店对该类低体验型产品的订货。如某品牌的过季折扣服装，该品牌服装零售商接受自销折扣服装的退货，但往往不再销售该服装，并将减少此类退货产品以后的订货量。而当产品体验性较高时，消费者对产品的感知效用越满意，零售商即使选择 ARNR 策略，消费者的高市场需求仍会大幅增加零售商的销量和订货量，如某品牌的球鞋。当产品体验性极高时，存在零售商选择 ARNR 策略的订货量超过稳定水平下的 ARR 策略。

命题4-6　当消费者对线下体验具有完全偏好时，经营体验型产品的零售商的利润均会随着产品体验性的提高而增加；经营相同体验型产品的零售商选择 ARR 策略可以获得最优的利润；零售商选择 ARNR 策略的收益受产品体验性的影响程度相对其他两种策略的结果更小。

图4-8中 π_1、π_2、π_3 均随着 β 的增加而增加；且 π_3 的图像一直高于 π_1 的图像，并都一直高于 π_2 的图像。π_3 的图像的递增效率和 π_1 的图像的递增效率基本相同，π_2 的图像的递增效率较为平缓。在实际中，零售商选择任意退货策略，产品的体验性越高，消费者退货的可能也越低，投入的服务水平也更高，能占据更大的市场份额，获得的收益也就越高。零售商选择 ARR 策略虽然会承担一定的退货损失，但可以最大限度地将产品销售完。零售商能给予消费者更好的售后体验，并产生潜在广告效应，增加二次销售。因此，体验型产品的零售商选择 ARR 策略有最高收益。当零售商选择 ARNR 策略时，零售商虽然满足了消费者的售后体验感，但自身要承担一次退货损失、产品损失、机会成本等。选择 ARNR 策略的零售商无论产品的体验性高低，都因高额的损失只能获得较低的收益。因此体验型产品零售商的最优退货策略为 ARR 策略，且经营的产品体验性越高，越能获得较高的收益。

第四节　不完全线下体验偏好的双渠道供应链退货决策

本节主要从 $i \in (0, 1)$ 时消费者线上偏好程度对体验型消费者购买行为的影响角度出发，研究不完全线下体验偏好下产品体验性和线上体验偏好程度对零售商不同退货策略下的最优利润决策问题。为解决上述问题，本节仍探讨三种零售商退货策略：零售商不接受退货（NAR）策略，接受退货但不再销售退货产品（ARNR）策略，接受退货处理后再销售退货产品（ARR）策略。当消费者具有不完全线下体验偏好，即 $i \in (0,1)$ 时，消费者会受线上交互性的影响以 i 的概率选择直接在线上旗舰店购买体验型产品，对线下体验偏好的消费者以 $(1-i)$ 的可能选择先在线下体验店购买体验型产品。如果线下体验店没有消费者体验满意的产品的库存，消费者会选择在零售商的线上旗舰店购买产品，线上旗舰店会将消费者订单交付供应商完成并配送。该条件下，选择在线下购买体验型产品的完全线下体验偏好的消费需求由线下体验店满足，试用满意但未能成功在线下体验店购买的消费者会转移到线上旗舰店购买。

当线下消费者需求能在零售商的线下体验店被满足时，线下体验店向供应商批次订货，线上消费者需求由线上旗舰店交付订单给供应商完成。产品可从供应商直接销售给消费者，也可从供应商批发给线下体验店并销售给消费者，该产品的销售过程如图4-9所示。当线下消费者需求不能完全在零售商的线下体验店被满足时，考虑消费者转移到零售商的线上旗舰店下订单。线下体验店向供应商批次订货，转移到线上旗舰店购买的订单以及直接在线购买的订单将交付供应商完成配送，该产品的购买销售过程如图4-10所示。

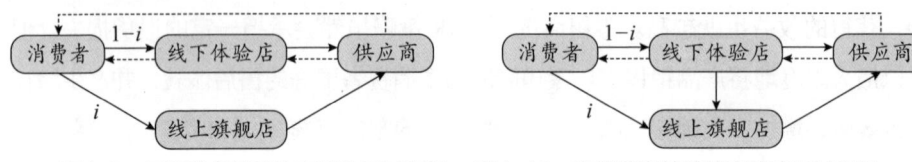

图4-9　无消费者转移的产品购买过程图　　图4-10　有消费者转移的产品购买过程图

一、零售商不接受退货策略

对于一些体验并试用过的体验型产品，如口红、香水等，在消费者使用后，零售商选择不接受退货策略，以规避故意退货损失。因此，在产品的购买销售过程中，可能不存在退货产品。当 $i \in (0,1)$ 时，根据线下消费者需求是否超出线下体验店平均订货量可将零售商选择 NAR 策略分为如下两种情形探讨零售商的利润函数模型：

当 $0 < (1-i)D \leqslant q$ 时，线下直接需求小于线下体验店库存，线下体验偏好的消费者需求可由零售商的线下体验店满足，受线上体验偏好影响选择在线购买体验型产品的消费需求直接由线上旗舰店将订单直接交付供应商完成，产品购买销售过

程如图4-9所示。NAR策略下,零售商主要考虑直接销售收益及成本损失,则零售商的期望利润函数为

$$\pi_4 = pE(1-i)D - cq + wEiD - k\lambda^2/2 \quad (4\text{-}16)$$

当 $q < (1-i)D$ 时,线下直接需求大于线下体验店平均订货量水平,线下消费者需求先由零售商的线下体验店满足,在线下试用满意但因产品缺款式等原因转移至线上购买的需求由线上旗舰店满足,线上直接消费者需求仍由线上旗舰店满足,并立即将订单发送给供应商完成,产品购买销售过程如图4-10所示。NAR策略下,零售商主要考虑双渠道销售收益及成本损失,此时零售商的期望利润函数为

$$\pi_4 = pEq - cq + wE[(1-i)D - q] + wEiD - k\lambda^2/2 \quad (4\text{-}17)$$

综上所述,式(4-22)和式(4-24)可合并改写为

$$\pi_4 = \left[\int_{(1-i)(d+L)}^{d+z}\frac{px}{(1-i)(H-L)}dx + \int_{d+z}^{(1-i)(d+H)}\frac{p(d+z)}{(1-i)(H-L)}dx\right] - cp + wi\int_{d+L}^{d+H}\frac{x}{H-L}dx + \int_{d+z}^{(1-i)(d+H)}\frac{w[x-(d+z)]}{(1-i)(H-L)}dx - \frac{1}{2}k\lambda^2$$

$$(4\text{-}18)$$

命题4-7 当消费者存在不完全线下体验偏好时,若 $p-w > (H-L)/2b$ 且 $i < z/d$,即消费者对线上的体验的偏好程度小于零售商平均订货误差和市场基本需求之比时,零售商选择ARNR策略的总期望利润函数模型具有唯一理性预期均衡解 $\pi_4^*(p_4^*, q_4^*)$,且

$$p_4^* = \frac{(1-i)(2a+2b+H+L+e\beta s) + 2(4-5i)bw}{12(1-i)b} \quad (4\text{-}19)$$

$$q_4^* = (1-i)(a - bp_4^* + e\beta s + H) - \frac{(1-i)c(H-L)}{p_4^* - w} \quad (4\text{-}20)$$

随着电商和信息技术的发展,消费者在线也能通过图片、短视频等方式对产品感受体验后购买,这使得部分对线下无完全体验偏好的消费者可能愿意直接在零售商的线上旗舰店购买。如果消费者对线上体验的偏好程度小于零售商平均订货误差和市场基本需求之比,线下体验店的平均订货量可以满足市场基本需求,零售商将可以合理根据产品体验性水平差别通过差异化定价获取最优收益。由于零售商不接受退货,消费者担心在线购买无法获得产品的全部效用,仍愿意直接在线购买产品的意愿将降低。线下体验店为满足消费者更多的消费者线下体验,随着产品体验性

的提升，可能需要投入更多的服务努力投入并增加订货，零售商也会提高定价以提供更好的服务。

二、零售商接受退货且不再销售策略

对于一些因产品质量问题以及超保质期错误销售的体验型产品，在消费者购买后仍存在退货可能。零售商为保证品牌效益，会选择接受退货且不再销售退货策略，以增强消费者二次购买信心，消费者在双渠道的退货概率仍为 θ。当 $i \in (0,1)$ 时，根据消费者需求是否超出线下体验店平均订货量，可将零售商选择 ARNR 策略分为如下两种情形分析零售商的最优利润问题：

当 $0 < (1-i)D \leq q$ 时，线下直接需求小于线下体验店平均订货量。不受线上体验偏好影响的消费者需求由零售商的线下体验店满足，受线上体验偏好影响的消费者需求直接由线上旗舰店完成，产品的销售购买过程如图 4-9 所示。ARNR 策略下，线下体验店因为产品原因不再销售退货产品，并将退货退回给供应商。线下体验店购买体验型产品并未退货的预期需求总量为 $(1-\theta)E(1-i)D$，预期退货总量为 $\theta E(1-i)D$。直接在线上体验购买且未退货的需求总量为 $(1-\theta)EiD$，退货的总量为 θEiD。零售商利润主要包括直接线下受益、直接线上分成收益、退货成本、订货成本以及服务成本。则零售商的线上线下总期望利润函数为

$$\pi_5 = p(1-\theta)E(1-i)D - cq + w(1-\theta)EiD - r\theta E(1-i)D - r\theta EiD - (k\lambda^2)/2 \quad (4-21)$$

当 $q < (1-i)D$ 时，选择直接在线下购买体验型产品的消费需求由线下体验店的库存量满足，试用满意但因对款式、色号不满意等原因部分消费者可能会转移到线上旗舰店购买。消费者的直接线上需求由线上旗舰店满足，并交付供应商完成，产品的销售购买过程如图 4-9 所示。且由于零售商选择 ARNR 策略，线下消费者退货将在下次订货时退货给供应商，线上消费者退货以及转移到线上的消费者退货直接退货给供应商，供应商统一处理退货。线下体验店购买体验型产品并未退货的需求总量为 $(1-\theta)q$，退货的总量为 θq。从线下转移到线上购买体验型产品并未退货的需求总量为 $(1-\theta)[(1-i)D-q]$，退货的总量为 $\theta[(1-i)D-q]$。直接在线上体验购买且未退货的需求总量为 $(1-\theta)iD$，退货的总量为 θiD。零售商利润主要包括直接线下收益、直接线上分成收益、转移部分分成收益、订货成本、退货成本以及服务成本。则零售商的线上线下总期望利润函数为

$$\pi_5 = p(1-\theta)Eq - cq + w(1-\theta)EiD + w(1-\theta)E[(1-i)D-q] - r\theta ED - k\lambda^2/2 \quad (4\text{-}22)$$

综上所述，不完全线下体验偏好时，零售商选择 ARNR 策略下的预期利润函数模型为

$$\pi_5 = [p(1-\theta)]\left[\int_{(1-i)(d+L)}^{d+z}\frac{x}{(1-i)(H-L)}dx + \int_{d+z}^{(1-i)(d+H)}\frac{d+z}{(1-i)(H-L)}dx\right] - cp + \\ i[w(1-\theta)-r\theta]\left(d + \int_L^H \frac{x}{H-L}dx\right) + \\ [w(1-\theta)-r\theta]\int_{d+z}^{(1-i)(d+H)}\frac{x-(d+z)}{(1-i)(H-L)}dx - \frac{1}{2}k\lambda^2 \quad (4\text{-}23)$$

命题4-8 当消费者存在不完全线下体验偏好时，若 $p-w > (H-L)/2b$ 且 $i < (p-w)/[\theta(p+r)]$，即消费者对线上的体验的偏好程度小于供应商单位产品收益与退货产品价格损失和之比时，零售商选择 ARR 策略的总期望利润函数模型具有唯一理性预期均衡解 $\pi_6^*(p_6^*, q_6^*)$，且

$$q_5^* = (1-i)(a - bp_5^* + e\beta s + H) - \frac{(1-i)(H-L)c}{(1-\theta)(p_5^* - w)} \quad (4\text{-}24)$$

$$p_5^* = \frac{(1-i)(1-\theta)(2a + 2es\beta + H + L) + 2b[(1-i)c + (4-5i)(1-\theta)w + \theta r]}{12(1-i)(1-\theta)b} \quad (4\text{-}25)$$

命题4-8表明，当消费者存在线上完全体验偏好时，产品体验性和消费者线上体验偏好程度对零售商定价和平均订货水平有影响，且随着产品体验性的提升，零售商定价越高。可能的原因是零售商接受的退货将不再销售，产品的无缺陷损失风险会从消费者转移到零售商，零售商会将退货交由供应商统一处理。该策略行为能合理提升消费者对产品体验的售后服务满意度，有利于零售商赢得消费者信任。但随着产品体验性的提升，零售商接受退货会损害供应商效益。作为渠道合作的上游企业，供应商可能会与零售商协商提高产品定价。为减少退货的流通次数并使供应商能够获得比退货更多的收益，ARNR 策略下零售商会更建议消费者直接在线上购买并直接退货给供应商。因此，零售商为保证不同体验性的产品均能有最优收益，可能会需要满足消费者对线上的体验的偏好程度小于供应商单位产品收益与退货产品价格损失和之比的条件成立。

三、零售商接受退货且再销售策略

对于一些因冲动消费以及产品体验性差等原因退货的体验型产品，零售商因为

产品可再销售，会选择接受退货并再销售退货策略，可以在保证不影响售出的前提下增强消费者购后体验满意度。消费者需承担退货过程成本，线下体验店可以直接再销售退货产品，线上退货给供应商的产品也可由供应商再转售。且退货的体验型产品再销售之后，能被消费者购买。参考章节4.3的假设，本节同样以第二个订货周期为研究对象，消费者在一个订货周期内消费者购买并退货体验型产品的次数为 n，消费者选择退货的可能为 θ，则一个订货周期内消费者 n 次重复退货的预期退货总量 $\tau = \sum_{j=1}^{n} \theta^j D = \frac{\theta(1-\theta^n)}{1-\theta} ED$，消费者在发生第 n 次退货后的未退货的概率为 $(1-\theta^n)$。当 $i \in (0,1)$ 时，根据线下消费者直接需求是否超出零售商平均订货量，可将零售商选择 ARR 策略分为如下两种情形以分析零售商的最优利润问题：

当 $0 < (1-i)D \leq q$ 时，线下的消费者需求可由零售商的线下体验店满足。受线上体验偏好影响的消费者需求由线上旗舰店满足，并将订单及时交付供应商完成，产品的销售购买过程如图4-9所示。由于退货会重复再销售，消费者的退货先退还给零售商的线下体验店，线下体验店会将产品再销售给消费者，并减少下一周期的订货量。线上的消费者退货会退还给供应商，并由供应商统一处理。当消费者退货 n 次后，线下体验店的退货产品数量为 $\theta^n E(1-i)D$，重复退货总量为 $\tau(1-i)ED$。线上旗舰店的退货产品数量为 $\theta^n EiD$，未退货需求总量为 τiED。售商利润主要包括直接线下受益、直接线上分成收益、退货成本、订货成本以及服务成本。则零售商的线上线下总期望利润函数为

$$\pi_6 = p(1-\theta^n)E(1-i)D - cq + w(1-\theta^n)EiD - r\tau E(1-i)D - r\tau EiD - k\lambda^2/2 \qquad (4-26)$$

当 $q < (1-i)D$ 时，线下消费者需求大于线下体验店库存存储量。线下的消费者直接需求可先由零售商的线下体验店满足，超出线下体验店库存的需求会转移到线上旗舰店购买，受线上体验偏好影响的消费者需求由线上旗舰店满足，线上旗舰店的订单全部交付供应商完成，产品的销售购买过程如图4-10所示。一次订货周期内消费者发生 n 次退货后，线下体验店的退货量为 $\theta^n q$，总重复退货量为 τq。在线下体验店试用后转移到线上旗舰店的退货量为 $\theta^n E[(1-i)D-q]$，总重复退货量为 $\tau E[(1-i)D-q]$。直接在线上旗舰店购买体验型产品后的退货量为 $\theta^n EiD$，总重复退货量为 τEiD。线下体验店需承担的订货费用、退货存储费用以及线下超出体验店库存的机会损失费用，供应商需承担 n 次退货后的订货费用、超出总需求部分的存

储费用、线上旗舰店退货的存储费用。则线下体验店的总期望库存费用为

$$\pi_6 = p(1-\theta^n)Eq - cq + w(1-\theta^n)E[(1-i)D-q] + w(1-\theta^n)EiD - r\tau q - r\tau E[(1-i)D-q] - r\tau EiD - k\lambda^2/2 \quad (4-27)$$

综上所述，不完全线下体验偏好时，零售商选择 ARR 策略下的预期利润函数模型可改写为

$$\pi_6 = \left[p(1-\theta^n) - r\tau\right]\left[\int_{(1-i)(d+L)}^{d+z}\frac{x}{(1-i)(H-L)}dx + \int_{d+z}^{(1-i)(d+H)}\frac{d+z}{(1-i)(H-L)}dx\right] - cp +$$
$$i\left[w(1-\theta^n) - r\tau\right]\left(d + \int_L^H \frac{x}{H-L}dx\right) + \quad (4-28)$$
$$\left[w(1-\theta^n) - r\tau\right]\int_{d+z}^{(1-i)(d+H)}\frac{x-(d+z)}{(1-i)(H-L)}dx - \frac{1}{2}k\lambda^2$$

命题4-9 当消费者存在不完全线下体验偏好时，若 $p-w > (H-L)/2b$ 且 $i < [(1-\theta)(p-w)]/\theta r$，即消费者对线上的体验的偏好程度小于供应商单位产品未退货收益与退货产品损失之比时，零售商选择 ARR 策略的总期望利润函数模型具有唯一理性预期均衡解 $\pi_6^*(p_6^*, q_6^*)$，且

$$p_6^* = \frac{(1-i)(1-\theta)(2a+2bc+H+L+2es\beta) + 2(4-5i)(1-\theta)bw + (1-i)(1+5i)\theta br}{12(1-i)(1-\theta)b} \quad (4-29)$$

$$q_6^* = a - bp_6^* + e\beta s + H - i(H+d) - \frac{(1-i)(1-\theta)(H-L)c}{(1-\theta)(p-w) - i\theta r} \quad (4-30)$$

命题4-9表明，当消费者存在线上完全体验偏好时，消费者既可以直接在零售商的线上旗舰店体验并购买产品，也可以选择先到线下体验店试用后再购买。产品体验性和消费者线上体验偏好程度对零售商定价和平均订货水平有影响，且随着产品体验性的提升，零售商定价越高。可能的原因是当消费者对线上的体验的偏好程度小于供应商单位产品未退货收益与退货产品损失之比时，消费者直接在线购买后造成的退货损失相对较小，零售商无需根据供应商成本收益比调整市场定价。但市场中一种产品如新款色号的口红的体验性水平如果越高，消费者购买效用可能越强。由于零售商信任退货产品可以再次销售，会愿意在重复销售过程中投入服务努力。因此，随着产品体验性的提升，零售商很可能制定更高的价格以提供更好的差异化服务。

四、数值分析

当消费者对线下体验具有不完全体验偏好时，消费者受到线上交互性影响使得渠道购买选择发生变化，为了研究消费者对线下具有不完全体验偏好时，产品体验性对零售商最优退货策略的决策影响，本小节借助算例分析产品体验性系数以及消费者偏好程度对三种零售商退货策略下零售商的最优定价与最优订货量的影响。设定基本参数如下：$a=400$，$b=0.5$，$c=50$，$L=-20$，$H=50$，$\theta=0.1$，$e=200$，$k=2$，$\delta=4$，$s=\beta^2$，$r=45$。为了便于研究的计算和对比，假定$\omega=100$。结合命题4-7—命题4-9，利用Mathematica 9.0模拟仿真产品体验性系数β以及消费者线上偏好程度i不同时对零售商的最优定价、最优订货量以及零售商利润的影响，分别如图4-12—图4-19所示：

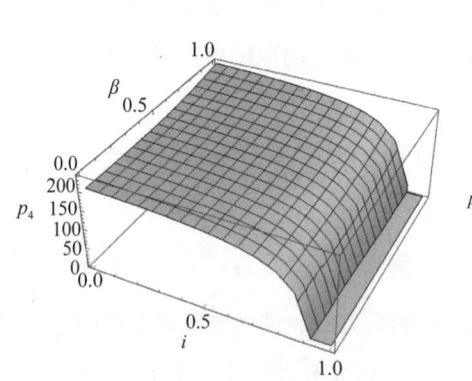

图4-11　不同β、i对最优定价p_4的影响

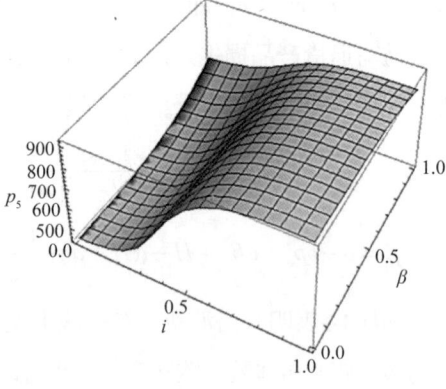

图4-12　不同β、i对最优定价p_5的影响

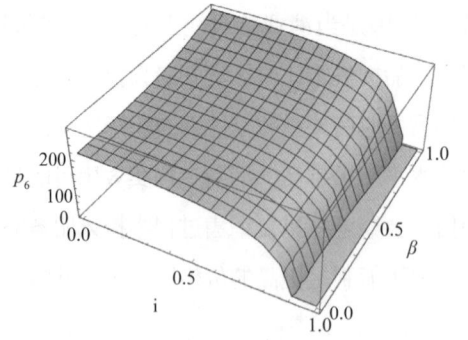

图4-13　不同β、i对最优定价p_6的影响

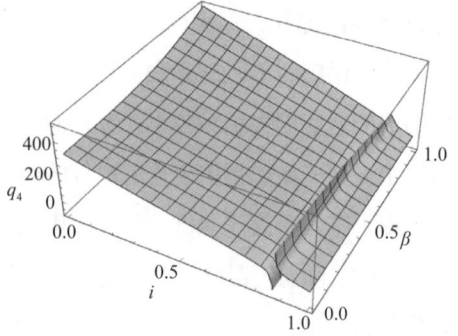

图4-14　不同β、i对最优订货量q_4的影响

·第四章 体验型产品的双渠道供应链退货决策·

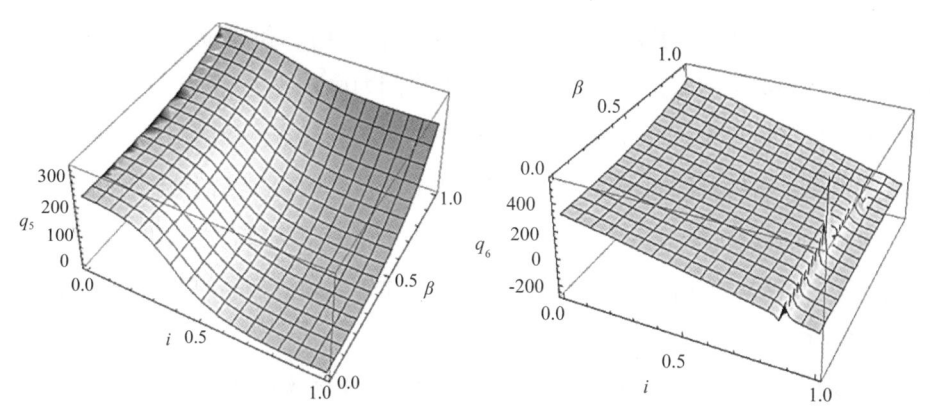

图4-15 不同 β、i 对最优订货量 q_5 的影响　　图4-16 不同 β、i 对最优订货量 q_6 的影响

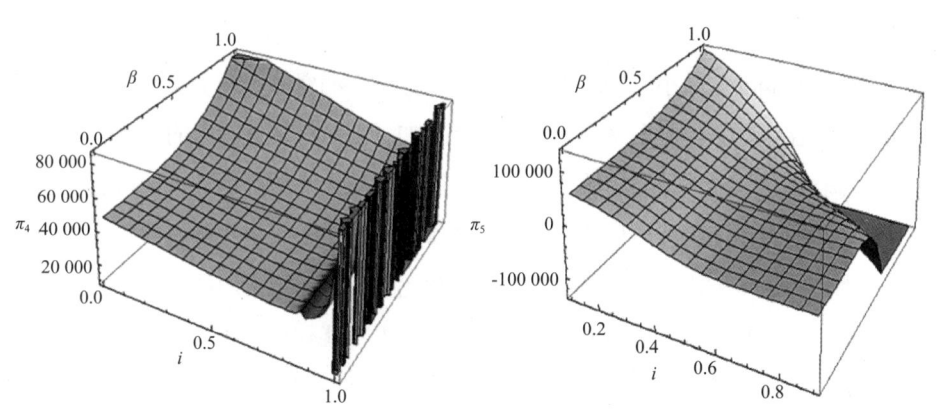

图4-17 不同 β、i 对零售商利润 π_4 的影响　　图4-18 不同 β、i 对零售商利润 π_5 的影响

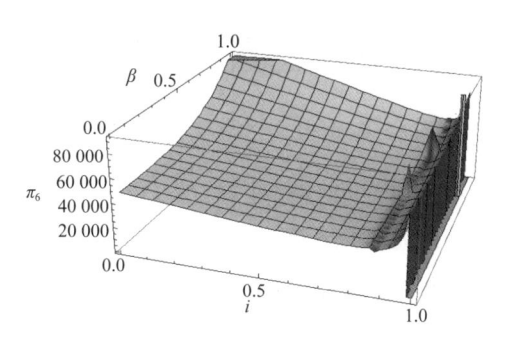

图4-19 不同 β、i 对零售商利润 π_6 的影响

由于计算过程对部分结果进行了一定程度简化处理，在图4-12—图4-19中出现了边界明显峰值情况以及局部峰值情况，在以下分析中不考虑 i 和 β 对零售商定价、订货量以及利润的误差影响。

从图4-12—图4-19可以发现，三种退货策略下，零售商的最优定价、最优订货量、最优利润均是随着β的增加而增加。这是因为体验性越高的产品，需要消费者感知的程度就越大，消费者往往越需要在零售商的线下体验店试用。相对体验性低的产品，高体验型的产品会吸引部分线上消费者转为线下消费者，进而增加线下体验店的订货量。体验性越高的产品，零售商的服务努力投入也会越多，定价也会随之增加。零售商通过提供更好的服务作为体验型产品的附加值，也能获得更多的收益。

从图4-12、图4-14和图4-17中可以发现当消费者对线上体验不完全偏好时，NAR策略下，零售商的最优定价、最优订货量、最优利润均随着β的增加而增加，随着i的增加而减小。当β较大时，随着i的增加，零售商的最优定价、最优订货量以及最优利润随之减小的幅度也越大。在实际中，消费者受线上技术以及购买便利性的影响在线购买体验型产品的概率可能增加，部分线下体验店的消费者被吸引到线上体验购买，线下体验店的需求也逐渐降低，零售商的最优订货量自然随之减少。订货量的减少使得线下体验店的订货成本降低，由于线上旗舰店持有固定分成收益，为占据更多的市场份额，零售商会优化定价以吸引更多的消费者。由于零售商不接受退货，转移到线上旗舰店的消费者势必希望能获得与线下体验店近乎相同的体验感。一段时间后，随着转移人数的增多，零售商的利润相对会减少。由于零售商不接受退货，越是体验性高的产品，消费者为降低风险，对线上旗舰店能传递的感知效用要求也越高，这使得零售商的最优定价、最优订货量以及最优利润的影响也会越显著。

当消费者对线下体验不完全偏好，且零售商选择ARNR策略时，从图4-12、图4-15和图4-18可以发现，零售商的最优定价、最优订货量以及最优利润均随着β的增加而增加；零售商的最优定价随着i的增加而增加，而最优订货量以及最优利润随着i的增加而减小。当β较低时，零售商的最优定价以及最优订货量随i的变动越明显，零售商的最优利润随i的变动较平缓；当β较高时，零售商的最优定价以及最优订货量随i的变动较平缓，零售商的最优利润随i的变动幅度较大。在实际中，随着转移到线上旗舰店消费者的概率增加，前往线下体验店的消费者数量减少，线下体验店的平均订货量也将随之减少。由于线上旗舰店持有固定分成收益，使得零售商需要调高最优定价，以保证基本收益。且消费者对线上的体验偏好程度越大，零售商投入的服务成本也越高，定价也就越高。由于零售商接受的退货不再销售，并一并退还给供应商处理，会使得零售商需要承担退货过程中的产品机会损失以及物流成本。当消费者对线下具有不完全体验偏好时，如果零售商不接受退货，经营体验性较高的产品零售商更注重品牌效应以及体验服务，产品的定价可能主要受外部市场需求影响，受消费者购买渠道的影响较小。由于零售商接受的退货不再销售，线下体验店为减少机会成本损失，会希望更多消费者直接在线上旗舰店购买，将退货损失交由供应商承担。因此，消费者的线上体验偏好程度对线下旗舰店的订货量影响较小。由于线上旗舰店持有固定分成收益，消费者受偏好影响愿意直接在线购买的程度越大，零售商的收益转移向供应商的也就越多，零售商的利润变动也就越大。而对于体验性较低的产品，情况可能恰好相反，如品牌新款球鞋与无品牌仿制球鞋。

当消费者对线下体验不完全偏好，且零售商选择 ARR 策略时，从图4-13、图4-16和图4-19可以发现：零售商的最优定价、最优订货量以及最优利润均随着 β 的增加而增加，随着 i 的增加而减少；当 β 较低时，零售商的最优定价、最优订货量以及最优利润受 i 的变动影响幅度较小；当 β 较高时，零售商的最优定价、最优订货量以及最优利润受 i 的变动影响幅度较大。在实际中，随着消费者对线上体验偏好程度的增加，消费者在线下体验店的购买需求会降低，零售商为减少库存成本，会相应减少订货量。订货量的减少使得线下体验店的订货成本降低，由于线上旗舰店持有固定分成收益，为占据更多的市场份额，零售商会降低定价以吸引更多的消费者。由于零售商接受的退货会再销售，重复退货造成的退货损失成本会增加，当消费者对线上体验偏好程度增大时，向供应商倾斜的收益越多，零售商的总利润可能降低。当产品体验性较高时，由于零售商的产品最终会被销售，零售商在品牌价值以及服务成本上的投入也会越高。转移到线上旗舰店购买的消费者变化程度越大，对线下旗舰店订货量的影响程度也会越大，零售商的定价可调整量就越多。由于零售商的退货产品会被再销售，产品的体验性越高，消费者在线上购买的效用增加值会越大。因此，当消费者对线上体验偏好程度变化越大时，线上分成给供应商的收益越大，线下订货调整量越多，零售商的利润变动也就越大。而对于体验性较低的产品，情况可能恰好相反。

第五节　比较分析

对比图4-12与图4-13，当 i 相同时，三种策略下零售商的定价都随着 β 的增加而增加。与图4-4中 β 对定价趋势的影响结果相一致，表明消费者对线下体验偏好程度不会改变产品体验性对零售商定价策略的决策结果。零售商如果选择 NAR 策略或 ARR 策略，产品的定价随 i 的增加而减少。而选择 ARNR 策略的零售商的最优定价随 i 的增加而增加，这主要由于零售商选择 ARNR 策略需要额外承担产品损失。当转移到线上旗舰店消费者的概率增加，前往线下体验店的消费者数量会减少。而线上旗舰店获得的是单位固定分成收益，使得零售商需不断调高最优定价，以保证基本收益。相比于图4-6中消费者对线下具有完全体验偏好时零售商的定价变动趋势，当消费者对线上体验具有体验偏好时，选择 NAR 策略或 ARR 策略的最优定价都有降低。且在相同水平下，NAR 策略的定价比 ARR 的定价还要更低一点。零售商选择 ARNR 策略的定价受 i 和 β 的影响较大。且当 i 和 β 都较小时，零售商选择 ARNR 策略的定价最低；其他情况时，零售商选择 ARNR 策略的定价要比另外两策略最优定价都要高。

出现该结果的可能原因是：消费者对线上体验具有偏好时，促进了部分消费者直接转移到线上旗舰店体验产品并购买，减少了体验店的订货成本。且零售商选择 NAR 策略或者 ARR 策略不需要承担产品损失，选择 NAR 策略比选择 ARR 策略还可以减少退货损失。当消费者对线上体验偏好程度较低，且产品体验性较低，选择 ARNR 策略的零售商产品价值相对较低，定价也会较低。当消费者的线上体验偏好程度较高，或产品体验性较高时，零售商不接受退货时承担的产品损失和服务成本损失就越大，零售商为避免亏损，会提高定价。且零售商提高定价的幅度明显地会受产品退货概率以及消费者偏好程度的影响。

对比图4-14、图4-15与图4-16，当 i 相同时，三种策略下零售商的订货量都随着 β 的增加而增加。与图4-5中 β 对订货量趋势的影响结果相一致，表明消费者是否对线下具有完全体验偏好都不会改变产品体验性对零售商订货策略的决策选择。当 β 相同时，三种策略下零售商的订货量都随着 i 的增加而减少；选择 NAR

策略和 ARR 策略零售商的订货量随 i 的增加而水平渐进减少；当 $i \leq 0.6$ 时，选择 ARNR 策略零售商的订货量随 i 的增加大幅降低，当 $i > 0.6$ 时，选择 ARNR 策略零售商的订货量随 i 的增加抛物线式降低。

该结果表明：当消费者对线下体验具有不完全体验偏好时，转移到线上旗舰店购买的消费者概率越大，在实体店购买的可能性就越小，零售商的订货量会随之线性降低。当转移的需求较小时，选择 ARNR 策略的零售商为规避产品损失，也会减少该类产品订货。相比于图4-5中零售商订货量的变化，消费者对线上体验偏好程度较小时，每种策略下零售商的订货量变化不大；消费者对线上体验偏好程度较大时，三种策略下零售商的平均订货量都相对变低。如果消费者对线下体验具有偏好时，对于绝大多数相同的 i 和 β，零售商选择 NAR 策略的订货量依然是高于选择 ARR 策略的结果并高于 ARNR 策略的结果。这也在一定程度上说明消费者对线下是否具有完全体验偏好对三种退货策略下零售商的平均订货量基本无影响。

对比图4-17、图4-18与图4-19，当 i 相同时，三种退货策略下零售商的最优利润都随着 β 的增加而增加，与图4-6中 β 对零售商利润趋势的影响结果一致。表明消费者对线下体验是否具有偏好不会改变产品体验性对零售商利润的影响。当 β 相同时，零售商选择 NAR 策略或 ARR 策略的最优利润都随着 i 的增加而水平减少。当 β 较小时，零售商选择 ARNR 策略的最优利润随着 i 的增加而水平减少；当 β 较大时，零售商选择 ARNR 策略的最优利润随着 i 的增加而大幅减少。该结果表明：消费者对线上体验具有偏好对零售商利润可能是有不利作用的，且消费者对线上体验偏好程度越大，零售商利润越低。对于体验性较高的产品，产品价值可能相对较高，零售商如果不再销售退货产品会承担较大的产品损失和服务损失。因此，零售商选择 ARNR 策略的最优利润受消费者对线上体验偏好程度和较高产品体验性的显著影响。

将图4-12、图4-13、图4-14与图4-8数值进行对比，发现当 i 较小、β 较低时，零售商选择 NAR 策略或 ARR 策略的最优利润结果变动不大，选择 ARNR 策略的零售商利润最大，高于 ARR 策略的最优利润并高于 NAR 策略的最优利润；当 i 较小、β 较高时，零售商选择 NAR 策略或 ARR 策略的最优利润结果降低，选择 ARNR 策略的零售商利润最大，仍高于 ARR 策略的最优利润并高于 NAR 策略的最优利润；当 i 较大、β 较低时，零售商选择三种策略的最优利润都降低，选择

ARR 策略的零售商利润最大，高于 NAR 策略的最优利润并高于 ARNR 策略的最优利润；当 i 较大、β 较高时，零售商选择三种策略的最优利润都降低，选择 ARR 策略的零售商利润最大，而选择 ARNR 策略则出现亏损。该结果表明：当消费者对线上体验偏好程度较小时，零售商选择 ARNR 策略获利最大。当消费者对线上体验偏好程度较大时，零售商选择 ARR 策略获利最大。对比图4-8消费者对线下具有完全体验偏好时零售商最优利润结果，选择 ARNR 策略的零售商在经营体验型产品时，更建议短期提高线上体验水平，如短期使用 VR/AR 技术等提高消费者在线获得更真实的体验感，以吸引少部分消费者直接在线上购买产品，提高零售商获得更大利润的可能。选择 NAR 策略或 ARR 策略的零售商在经营体验型产品时，建议零售商强化线下体验店的体验服务效应，突出产品在线下体验的独特性。零售商可通过增加线下体验黏性，以尽可能使消费者对产品具有线下体验偏好，从而增加产品经营利润空间。

第六节　本章小结

　　为了解决一类对产品体验具有偏好的消费者在双渠道购买产品的退货问题，帮助零售商依据产品体验性合理选择最优退货策略，本书分别研究了消费者对线下具有完全体验偏好时的零售商体验产品的最优退货策略选择和消费者对线下具有不完全体验偏好时的零售商体验产品的最优退货策略决策问题。并基于产品体验性构建了两类消费者选择偏好情况下的零售商选择三种退货策略的预期利润函数模型。然后，通过最优化方法求解六种条件下零售商的期望最优定价以及最优利润解析解。最后通过数值分析比较了产品体验性和消费者对线上体验偏好程度分别对零售商的定价、平均订货量和最优利润的决策影响。

　　本章的研究结果表明：无论消费者对线下是否具有完全体验偏好，不同退货策略下零售商的产品定价都会受产品在市场中体验性水平的提高而提高。零售商可以根据观察市场中消费者对产品体验需求的程度来及时调整市场定价，以获取更多市场收益。相较于消费者具有线下完全偏好，消费者对线下体验具有不完全偏好时，零售商可以根据不同退货原因合理选择退货策略，以对体验性不同的产品灵活调整线下平均订货量。为最大限度地将产品销售完，并产生潜在广告效应，增加二次销售，零售商多选择接受退货并再销售。对于部分有缺产品，即使零售商不接受退货，也可以通过强化线下体验店的体验服务效应，增加线下体验黏性，以尽可能使消费者对产品具有线下体验偏好，从而增加产品经营利润空间。如果零售商接受的退货不再考虑销售，更建议零售商短期提高线上体验水平，提高消费者在线体验感和消费欲望，以吸引少部分消费者直接在线购买产品，提高零售商获得更大利润的可能。

第五章　体验型产品的双渠道供应链库存决策

供应链库存管理是以库存为主展开的供应链活动,通过对企业物料的库存进行管理,为企业的库存相关决策和服务决策等提供帮助。库存管理不只局限于传统意义上的需求预测与补给,更多的是管理者通过对库存进行决策与优化,帮助企业获得更高的经济效益。库存控制是供应链库存管理的一个重要分支,是供应链参与成员的重要决策内容。合理的库存控制决策可以帮助企业降低库存水平、提高企业经营利润。由此可见,库存管理在企业经营与供应链物流管理中的意义就在于调节商品供给与需求之间的冲突,通过控制库存持有量来满足市场买卖关系的平衡,最大限度满足消费者需求的情况下保证企业经济效益最优。

现如今,电子商务的发展、消费模式的更迭、移动支付的广泛应用,使得越来越多的消费者开始倾向通过移动设备进行网络购物。然而,伴随着消费者日益增长的购物需求和购物体验,传统的零售模式渐渐无法满足消费者的要求,具体表现为消费者不再局限于产品本身,开始重视购物过程中的体验感,并且不再拘泥于在单一渠道完成购买行为,开始转向了多渠道并行购买,对购物过程中的不同阶段进行渠道选择。同时,渠道独立运营机制也制约了企业自身的发展,渠道间的竞争和利益冲突成为较为常见的问题,具体表现为线上渠道和线下渠道相互独立,渠道之间不存在交叉融合,相同产品之间可能会出现线上线下定价不一、售后差异等情况,渠道内部竞争会造成已有客户和潜在客户的流失,过度的渠道竞争关系会导致企业整体效益降低。为了解决渠道之间竞争给企业带来的效益低下的问题,进一步提高消费者的购物满意度,双渠道供应链结构成为供应链管理的重要内容,受到了学术界的关注与广泛研究,为现实企业的各类决策奠定了深刻的理论基础。

本章为基于产品体验性和退货策略的供应链库存成本优化研究,主要内容为在一个双渠道环境下,分别探讨了消费者是否具有完全体验偏好时,产品体验性对三种不同退货策略下零售商和供应链的存储决策和成本优化的影响。其中，第一节概述了双渠道环境下，供应链库存成本管理中的实际背景及研究问题；第二节介绍了基于产品体验性的消费者渠道体验偏好对供应链库存存储的影响，并给出了基本参数模型及相关符号说明。第三节详细分析了消费者具有完全线下体验偏好时，三种退货策略下产品体验性对零售商和供应商的库存存储量及总库存费用的影响；第四节拓展研究了消费者具有不完全线下体验偏好时，三种退货策略下产品体验性和体验偏高程度对零售商和供应商的库存存储量及总库存费用的影响；第五节对消费者是否具有完全体验偏好结果进行了比较分析；第六节基于产品体验性利用案例进一步分析双渠道供应链库存策略；第七节总结了本章的主要工作、结论和贡献。

第一节　双渠道库存管理

一、库存成本管理概念

库存，译自英语里面的 inventory，是指为了满足未来需求而暂时闲置的有价值的资源。一般情况下，人们设置库存的目的是防止短缺，就像水库里储存的水一样。库存的作用主要是有效地缓解供需矛盾，尽可能保持均匀生产，甚至还有"奇货可居"的投机功能。面对复杂的市场环境，库存并不是一种必然的祸害，而是一种非常有用的"减震器"。库存的存在，有利于平衡客户资源、生产资源和运输资源，减少资源"震荡"带来的危险（Buurman，2012）。另外，它还具有保持生产过程连续性、分摊订货费用、快速满足用户订货需求的作用。在企业生产中，尽管库存是出于种种经济考虑而存在，但这也是一种无奈的结果。库存的存在是由于人们无法预测未来的需求变化，才不得已采用的应对外界变化的方法，也是由于人们无法使所有的工作都做得尽善尽美，才产生一些人们并不想要的冗余与囤积。

在库存管理理论中，一般根据物品需求的重复程度分为单周期需求问题和多周期需求问题。单周期需求问题也叫一次性订货问题，这种需求的特征是物品生命周期很短，因而很少或没有机会重复订货，如报纸或者特定节假日商品。没有人会买过期的报纸来看，人们也不会在农历八月十六预订中秋月饼，这些都是单周期需求问题。多周期需求问题是在长时间内需求反复发生，库存需要不断补充，在实际生活中,这种需求现象较为多见。企业拥有库存,就会产生成本。双渠道库存管理是供应链管理的重要环节,对双渠道供应链参与者的决策产生重要影响。库存成本在供应链总成本中占有较大的比重,如何有效地管理双渠道库存并实现库存成本减少是决策者所面临的主要问题。与传统供应链库存管理相比,双渠道供应链库存管理面临着渠道间的库存竞争和各种不确定的问题,这些问题极大影响了供应链成员的决策(Chiang et al.,2005)。

二、库存成本管理的影响因素

(一)服务水平

当企业对用户服务的理解与定义不恰当时,库存成本会明显的不一样。供应链管理的绩效好坏应该由用户来评价,或者以对用户的反应能力来评价。但是,对用户的服务的理解与定义各不相同,导致对用户服务水平的差异。比如一家计算机工作站的制造商要满足一份包含多产品的订单要求,产品来自各供应商,用户要求一次性交货,制造商要等各个供应商的产品都到齐后才一次性装运给客户,难以做到迅速响应,企业服务水平直接造成库存成本的增加。此外,针对销售渠道的不同,产品的交货时间以及成本也会不同。当客户需求无法确定时,要完全满足客户要求不太可能,一般零售商与客户会达成协议,约定一个双方都认为合理的需求变化幅度,所以服务水平会直接影响库存大小,例如允许缺货量大小会直接关乎安全库存。从零售商的角度来看,服务水平常常由产品的可得性来衡量。

(二)客户需求预测

因为外界环境存在一定的不确定性,所以一些更新迭代较快的产品,其市场需求往往存在着很大波动。另外需求在传递过程中,企业之间的需求、各节点之间的需求以及顾客需求不确定性等原因也会造成波动,例如需求预测的偏差、订货量的波动、从众心理和个性特征等。通常需求预测的方法都有一定的模式或假设条件,假设需求按照一定的规律运行或表现一定的规律特征,但是任何需求预测的方法都存在某种弊端而无法确切地预测需求的波动和顾客的心理反应。在体验型产品的销售过程中,进一步加剧了供应链需求的放大效应和供应链的信息扭曲。由于各自立场不同导致考核的目标不同,需求的基准不一,每个利益主体都会在各自的基准之上再额外加些缓冲量,导致客户的实际需求被放大,进而会导致库存成本的增加。

（三）提前期

提前期是指客户下达需求到产品送到客户手上的时间，包括订单处理时间、客户下单时间、订单提前时间、运输时间、物料检查时间、生产准备时间、生产时间、产品入库与出库时间等。任何节点前置期缩短都可以压缩整体的提前期，降低预测误差从而降低库存大小，所以供应商采购提前期、产品生产时间都会影响提前期大小从而影响库存（赵秋红，2014）。在质量、价格可比的情况下，提前期是消费者关注的重要因素之一。同时，提前期导致需求信息放大，产生"长鞭效应"，这对零售商而言也很不利。因此，有效地缩短提前期，不仅可以降低安全库存水平，节约库存投资，提高客户服务水平，很好地满足供应链时间竞争的要求，还可以减少"长鞭效应"的影响。随着网络销售渠道的快速发展，体验型产品的提前期的设置更加具有随机性，严重加大了库存成本的控制难度。

（四）安全库存

为了降低外界因素不确定性的影响，应对客户需求的不稳定，提高对客户的服务水平，需要建立一定的安全库存，安全库存的设置也直接影响着库存大小。安全库存是指为了防止由于不确定性因素而准备的缓冲库存。在企业进行库存控制的过程中，由于需求预测的不准确或由于突发情况导致实际需求高于预期需求都会导致产品缺货，而持有安全库存则可以缓解由此产生的缺货。安全库存水平一般会受到两个因素的影响，首先是受到需求和供给的不确定性影响，为了满足生产或者提高售后服务，往往会增加安全库存；其次是受顾客服务水平的影响，如果企业想要提高售后服务水平，就需要保持较高的库存水平，反之，可适当降低（唐跃武，2018）。

（五）退货方式

从传统意义上讲，退货似乎对卖方很不利，因为卖方要承担滞销产品带来的风险和成本。但事实上，实施退货政策能有效地激励卖方增加订货，从而扩大销售额，增加双方收入。从某种意义上讲，如果提高产品销量带来的收入远大于直销产品所带来的固定成本，或者买方有意扩大市场占有率，退货政策给卖方带来的好处就远远大于其将要承担的风险。

三、研究现状

（一）双渠道库存成本管理

目前，双渠道供应链的库存管理研究主要包括渠道间的竞争和协作两方面。关于渠道竞争关系的研究具体有：Chiang 等（2005）较早提出了制造商和零售商均持有库存的两级双渠道库存模型，并将这种双渠道结构与单一渠道结构进行了对比，研究发现在大多数情况下双渠道策略结果更优，并能显著降低供应链库存成本。Huang 等（2013）研究了随机需求条件下由一个制造商和一个零售商构成的双渠道供应链优化问题。结果表明，当传统渠道的需求异质性增加时，渠道间的竞争可能会增加零售商的预期利润。杨家权（2020）研究了制造商主导下零售商持有策略性库存对双渠道成员收益及定价决策的影响，发现策略性库存能够通过影响制造商批发价格间接影响线上与线下渠道间的价格竞争；且当单位库存持有成本较小时，能够增加零售商利润。

也有部分文献主要研究渠道间的协作关系，以通过渠道合作实现供应链成员收益的整体提升。具体有：Takahashi（2011）在已有的两阶段双渠道供应链模型中提出了具有生产和配送环节的两级双渠道供应链的库存控制策略。研究并验证了包含库存持有成本、销售损失成本、生产和交付准备成本等在内的总库存费用能更有效地衡量供应链绩效收益。He（2018）研究了单一供应商通过单一零售商的在线渠道和间接零售渠道销售变质产品时的供应链定价决策和库存决策问题，研究发现，产品变质和质量下降率对供应链的交货期决策、定价决策和库存决策有显著影响。赵秋红（2014）研究了存在消费者购买转移的双渠道最优库存策略及均衡条件，研究发现存在消费者转移时的零售商订货水平高于不发生消费者转移时的结果，且有着更高的收益水平。

在渠道合作的基础上，也有部分文献主要研究共享库存对供应链库存成本管理的影响。具体有：金磊（2013）探讨了为满足网络渠道需求网络渠道是自有库存还是共享实体店库存的问题，及如何解决网络渠道与实体渠道的销售冲突问题。Alawneh（2018）研究了考虑库存约束能力，需求和交货期不确定的多级库存模型，发现双渠道库存存储策略能有效增加仓库共享能力以及供应链管理的灵活性。张爱凤（2019）探讨了基于价格独立且随机的剩余库存可共享的双渠道订货与定价决策问题。纳什均衡结果表明供应链共享剩余库存能通过降低订货数量增加定价的方式有效降低库存成本。在此共享库存的研究基础上，徐琪（2020）对比研究了两个独立且对称的双渠道零售商的转运价格决策，研究发现，转运价格和特定阈值会影响零售商库存成本变化；且当转运价格大于特定阈值时，共享剩余库存时双渠道零售商的库存成本水平均较高。

上述研究主要基于双渠道的竞争和协作对供应链库存成本管理进行，并进一步开展了诸如易逝品以及库存共享等相关研究，通过文献梳理可以发现有关双渠道供应链库存成本管理的研究角度宽泛，包括闭环供应链、订货提前期、需求不确定等。但已有研究仍较少考虑物流与各渠道的整合。

（二）双渠道库存成本管理

双渠道管理是指在供应链前端的零售环节存在多种零售渠道及不同零售渠道的组合（Brynjolfsson，2013）。随着对双渠道管理的研究深入，部分学者开始关注优化双渠道供应链管理中的库存成本问题。

在双渠道库存成本管理的研究中，具体而言，Mena（2016）通过对大型零售商评估整合所有线上渠道和传统实体渠道的业务模式，发现双渠道经营模式有益于零售商整合门店与配送仓库的库存，并扩大门店的规模效益。Gallino（2016）研究了引入跨渠道功能对双渠道零售整体销售分散和库存管理的影响。在线下渠道缺货情况下，允许消费者线上渠道购买产品、线下渠道上门取货对零售商线下库存的影响，并着重指出渠道整合是零售商库存管理的关键影响因素。Gao（2017）针对一个双渠道零售商，研究了线下体验店、线上虚拟展厅以及库存信息披露等三种信息传递机制对零售商库存策略及其绩效的影响，研究表明可用性信息披露会提供关于商店是否有库存产品的实时信息，线下体验店可能会促使零售商减少库存，线上虚拟展厅可能会增加退货进而增加库存。Jin（2018）建立了一个关于实体零售商在一个特定的服务区域内实施"线上购买，线下取货"，并且在一个订货周期内独立完成线上线下客户订单的理论模型，研究发现零售商单位库存成本与"线上购买，线下取货"的消费者门店到达率的比率是决定零售商服务区域大小的关键因素。在上述研究的基础上，也有部分研究重点关注了双渠道供应链中的库存成本管理问题。如周爱炯（2018）研究了双渠道环境下销售初期的共享库存、库存分配问题，结果表明双渠道环境下零售商更建议共享库存，库存持有成本的增大将降低零售商最优订货量；合理实施库存分配策略能有效提高零售商预期收益。郑宜恒（2019）通过马尔科夫过程研究了具有效益悖反的双渠道供应链的库存和配送联合优化问题，研究发现零售商可以通过降低渠道间的服务差异水平，提升供应链整体服务水平，优化库存成本和需求结构。

纵观已有文献，关于产品体验性、退货管理、供应链库存成本管理的研究和应用都颇为丰富和显著。随着消费者对个性化需求的异质性增强，产品体验成为影响消费者双渠道购买意愿的重要因素。产品体验性导致消费者购买决策发生改变，消费者在双渠道购买过程中的行为变化将直接影响零售商的经营决策行为。然而对现有的文献进行梳理和回顾，发现产品体验性虽然引起了学者对于消费者在渠道购买过程中的竞争与合作问题的探讨，但目前鲜有文献探讨对产品体验性敏感的消费者在双渠道购买产品后发生退货行为时的零售商退货策略决策问题及其引发的库存成本问题。因此，本研究基于已有研究，重点从产品体验性出发，研究基于产品体验偏好的消费者在双渠道购买过程中的退货产生的库存管理问题。

第二节　体验型产品的双渠道供应链库存问题

本章在第四章的研究基础上，重点研究了双渠道零售商选择不同退货策略对双渠道库存成本优化的影响。具体而言，本章提出了双渠道库存成本优化问题的研究背景，并在第四章关于消费者在双渠道环境中的购买偏好行为的研究基础上，构建了不同退货策略下的零售商线下体验店和供应商的总库存成本费用模型。然后进一步探讨退货策略产品体验性和消费者偏好行为对双渠道安全存储决策及总库存费用成本的影响。

一、问题提出

库存成本管理作为企业管理工作的重要内容之一，一直是供应链管理中极具重要性且复杂性的环节（Buurman，2002）。随着双渠道零售的发展，供应链间的竞争逐渐转向为多样的协作关系（Verhoef，2015）。目前的协作关系模式主要有：零售商和供应商之间的，如零售商的在线需求由供应商协作交付（Mena，2016）等；

零售商和零售商之间的，如线上下单线下取货（Gao，2017）、线下试用线上购买（金亮，2019）等。在实际零售中，如华为、Apple等纷纷在电商平台上开设线上旗舰店，也有盒马鲜生、京东超市等通过拓展线下体验店以增强消费者个性化体验。消费者在双渠道购买产品后，仍有可能因为对预期产品不满意、产品不合适、产品质量差等原因退货（Emmons，1998）。根据消费者对产品体验的需求不同，零售商可以通过采取不同的退货策略合理降低供应链成员间的库存费用。为了增强消费者购买体验，减少零售商和供应商产品损失，零售商采取的退货策略主要有如下三种（张福利，2017）：不接受退货（NAR）策略；接受退货且不再销售（ARNR）策略；接受退货并再销售（ARR）策略。

由于研究视角的不同，目前关于退货策略在供应链库存管理中的研究（Saadany，2010），未考虑产品体验性对消费者效用及渠道偏好选择的影响。然而，对于一类需要消费者通过嗅觉、听觉、视觉、触觉等一系列感官体验方式才能判断价值与偏好的体验型产品（Adhikari，2013），如口红、香水、家装等，消费者在线上通过文字和图片等方式获得的消费者效用同在实体店体验的效用存在较为明显的差别。消费者受产品体验性的影响会产生渠道偏好选择，将进一步影响零售商的线下库存储水平以及批次订货量。尤其当市场需求不确定时，体验型产品零售商更难以设定一定的库存存储量既保证销售利润又降低机会损失风险（Xu，2019）。上游供应商如何根据零售商退货策略调整最优存储水平，将对降低供应链库存系统总费用起至关重要的作用。因此，当市场需求不确定时，经营一类体验型产品的供应链如何通过消费者体验偏好和退货策略选择，来协调零售商和供应商的最优线下库存水平，成为体验型产品双渠道经营尚待解决的一大管理难题。

基于现有研究背景和局限，本章将基于供应链管理理论，重点研究三种不同退货策略下，产品体验性及消费者体验偏好对零售商和供应商的最优存储水平决策和预期库存费用的影响。并通过对不同退货策略的结果进行比较数值分析，为经营体验型产品的零售商和供应商提供决策建议。

二、问题描述与基本假设

随着供应链上游和下游的协作越来越紧密，供应商和零售商之间的协作越来越广泛，双渠道供应链的经营模式也越发多样。体验型产品供应商以一定的价格从产品制造商订货,并将产品以一定的价格批发给零售商的线下体验店,由线下体验店出售产品。同时,供应商也与零售商实现渠道合作,直接完成并配送零售商的线上旗舰店交付的订单。假设线下体验店和供应商具有在存库存,供应商能保证供货,在满足体验型消费者市场需求的前提下,线下体验店和供应商如何管理和控制库存水平,成为体验型产品供应链协同管理下的待解问题。

在以往的研究中,对于渠道运营管理的探讨主要集中在渠道竞争策略、渠道协同策略、双渠道营销策略以及消费者购买策略等方面,较少考虑产品体验性对消费者选择行为的影响,尚无考虑零售商不同退货策略的体验型产品供应链储决策问题的研究。在零售行业,宜家等早已尝试将通过 VR、AR 等技术增强消费者对产品的感知作为双渠道运营发展的重点。考虑到消费者会因产品质量、消费冲动以及无意识故意损坏等原因退货,零售商在不影响收益时为保证品牌效益会采取不同退货策略以提升消费者购买体验型产品满意度。基于此,本书以消费者退货理论与供应链库存管理理论为基础,从产品体验性出发,考虑消费者选择行为受人机交互的影响,设计了不同零售商退货策略下线下体验店与供应商的不确定性梯次存储模型。通过对模型求解并分析产品体验性以及消费者体验偏好程度对零售商的线下体验店和供应商的最优存储水平和总库存费用的影响。

参考第四章的基本假设,设产品体验性系数为 β,产品在市场的服务努力投入水平为 s,产品在双渠道的售价为 p,体验型产品的市场总需求 D 随机,且受到体验型产品价格 p 以及经营体验型产品零售商投入的体验服务水平 s 的影响。并同样假设市场需求函数为一加法函数形式 $D=d+\varepsilon$(Ha,2015)。其中 d 为市场基本需求,且满足 $d=a-bp+e\beta s$。在相同条件下,产品价格越高,市场基本需求越少,零售商体验服务水平越高,市场基本需求越高(Dan et al.,2012)。其中 a 表示市场基础需求规模,b 表示价格弹性系数,e 表示零售商体验服务水平弹性系数。ε 为影响市场实际需求波动的随机变量,且 ε 在 $[L, H]$ 上服从均匀分布。则体验型产品的市场需求函数依然用 $D=a-bp+e\beta s+\varepsilon$ 表示,并用 ED 表示市场需求的期望。

在第四章中,零售商的平均订货量假设为 q,并通过比较市场需求与平均订货量间的关系判断消费者是否愿意转移到线上购买。本章中关于供应链的库存成本将主要考虑市场机会损失成本、最大库存存储成本以及订货成本。因此,本章主要比较市场需求与最大存储量间的关系并判断消费者是否存在购买转移行为。假设零售商的线下体验店的总期望库存费用为 $C(S)$，一次订货费用为 C_1^r，最大存储量为 S，单位产品的订货成本为 K_r，单位储存费用为 C_2^r，单位缺失损失费用为 C_3^r；供应商的总期望库存费用为 $C(Q)$，一次订货费用为 C_1^s，最大存储量为 Q，单位产品的订货成本为 K_s，单位储存费用为 C_2^s，单位缺失损失费用为 C_3^s。

同第四章体验型产品销售流程，如图5-1所示，消费者受人机交互的影响对线上产生的体验偏好程度为 i，对线下体验偏好程度为 $(1-i)$。在考虑消费者渠道选择行为中，考虑消费者在购买体验型产品后存在消费者退货可能，设这一退货行为发生的概率为 θ。下文将基于消费者是否具有完全线下体验偏好，构建不同零售商退货策略下线下体验店与供应商的不确定性梯次存储模型。

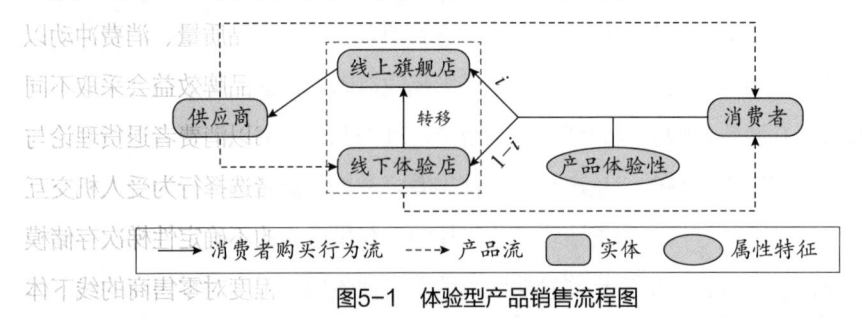

图5-1 体验型产品销售流程图

第三节 完全线下体验偏好的双渠道供应链库存决策

本节主要从产品体验性对消费者购买行为的影响角度出发，研究不同退货策略下产品体验性对零售商和供应商的库存决策和总库存费用的影响。考虑 $i=0$，即消费者受在线购买产品不确定性影响，不会选择直接在线上旗舰店购买产品，而是会直接在线下体验店试用并考虑购买产品。如果线下体验店没有体验满意的产品库存，消费者会选择在零售商的线上旗舰店购买体验型产品，线上旗舰店会将消费者订单交付供应商完成并配送。当消费者需求能在零售商的线下体验店被满足时，线下体验店向供应商批次订货，产品从供应商只经由零售商的线下体验店到消费者，产品销售过程如图5-2所示。当消费者需求不能完全在零售商的线下体验店被满足时，考虑消费者转移到零售商的线上旗舰店下订单，线下体验店向供应商批次订货，线上旗舰店将线上订单直接交付供应商完成配送。产品可从供应商直接销售给消费者，也可从供应商批发给线下体验店并销售给消费者，该产品销售过程如图5-3所示。

图5-2 无消费者转移的产品购买过程　　图5-3 有消费者转移的产品购买过程

一、零售商不接受退货策略

对于一些体验并试用过的体验型产品，如口红、香水等，在消费者使用后，零售商选择不接受退货策略，以规避故意退货损失。上述产品在购买销售后，不存在退货产品，且市场基本需求 $d_1 = a - bp_1^* + e\beta s$。当 $i = 0$ 时，根据消费者需求是否超出线下体验店存储量以及市场总需求是否超出供应商存储量，可将零售商选择 NAR 策略分为如下三种情形分析线下体验店的总期望库存费用和供应商的总期望库存费用：

当 $0 < D \leq S$ 时，市场需求能在零售商的线下体验店完成，产品购买销售过程如图5-2所示。零售商的线下体验店向供应商订货，线下体验店需承担订货总费用以及超出需求部分的库存存储费用，供应商需承担批发费用以及超出线下体验店订货量的库存存储费用。则线下体验店的总期望库存费用为

$$C(S) = C_1^r + K_r S + C_2^r \int_{d+L}^{S} (S-x) f(x) \mathrm{d}x \tag{5-1}$$

供应商的总期望库存费用为

$$C(Q) = C_1^s + K_r Q + C_2^s (Q - S) \tag{5-2}$$

当 $S < D < Q$ 时，市场需求先由线下体验店的库存满足，超出线下库存部分的需求转移到线上旗舰店满足，线上旗舰店会立即将订单发送给供应商，产品购买销售过程如图5-3所示。零售商的线下体验店向供应商订货，线下体验店需承担订货总费用以及超出库存存储量的机会损失费用，供应商需承担批发费用以及超出市场总需求部分的库存存储费用。则线下体验店的总期望库存费用为

$$C(S) = C_1^r + K_r S + C_3^r \int_{S}^{d+H} (x-S) f(x) \mathrm{d}x \tag{5-3}$$

供应商的总期望库存费用为

$$C(Q_s) = C_1^s + K_s Q + C_2^s \int_{d+L}^{Q} (Q-x) f(x) \mathrm{d}x \tag{5-4}$$

当 $D > Q$ 时，市场需求先由线下体验店的库存满足，超出线下库存部分的需

求转移到线上旗舰店满足，线上旗舰店会立即将订单发送给供应商，超出供应商存储量的市场需求由供应商订货并在下一销售周期完成，产品购买销售过程如图5-3所示。零售商的线下体验店向供应商订货，线下体验店需承担订货总费用以及超出库存存储量的机会损失费用，供应商向制造商批次订货，需承担批发费用以及超出市场需求部分的机会损失费用。则线下体验店的总期望库存费用为

$$C(S) = C_1^r + K_r S + C_3^r \int_S^{d+H} (x-S) f(x) \mathrm{d}x \tag{5-5}$$

供应商的总期望库存费用为

$$C(Q_s) = C_1^s + K_s Q + C_3^s \int_Q^{d+H} (x-Q) f(x) \mathrm{d}x \tag{5-6}$$

结合式（5-1）、式（5-3）和式（5-5），可得线下体验店的总期望库存费用成本为

$$C_1(S) = C_1^r + K_r S + C_2^r \int_{d_1+L}^{S} (S-x) f(x) \mathrm{d}x + C_3^r \int_S^{d_1+H} (x-S) f(x) \mathrm{d}x \tag{5-7}$$

结合式（5-2）、式（5-4）和式（5-6），可得供应商的总期望库存费用成本为

$$\begin{aligned} C_1(Q) = C_1^s + K_s Q + C_2^s \int_{d_1+L}^{Q} (Q-x) f(x) \mathrm{d}x - C_2^s \int_{d_1+L}^{S} (S-x) f(x) \mathrm{d}x + \\ C_3^s \int_Q^{d_1+H} (x-Q) f(x) \mathrm{d}x \end{aligned} \tag{5-8}$$

因此，$i=0$时零售商选择NAR策略的最优存储模型为

$$\min C_1(Q)$$

$$\text{s.t.} \min C_1(S)$$

对式（5-7）求S的二阶偏导，对式（5-8）求Q的二阶偏导得$\partial^2 C_1(S)/\partial S^2 > 0$，$\partial^2 C_1(Q)/\partial Q^2 > 0$。因此，根据一阶偏导条件$\partial C_1(S)/\partial S = 0$和$\partial C_1(Q)/\partial Q = 0$可得到

$$S_1^* = \frac{(H-L)K_r}{(d_1+L)C_2^r (d_1+H)C_3^r} \tag{5-9}$$

$$Q_1^* = \frac{(C_2^s + C_3^s)d_1 + LC_2^s + HC_3^s - K_s(H-L)}{C_2^s + C_3^s} \tag{5-10}$$

结论5-1 当$i=0$且零售商选择NAR策略时，线下体验店和供应商均存在最优存储量，使线下体验店和供应商的预期总库存费用最少；线下体验店的最优存储量与产品体验性成反比；供应商的最优存储量与产品体验性成正相关。

结论5-1表明，当消费者对产品存在完全线下体验偏好时，市场中一种产品的

体验性水平提升会帮助零售商的线下体验店降低存储量，但会增长供应商的最大存储量。可能的原因是，零售商由于选择不接受退货策略，消费者需要承担产品购买的质量风险。尤其是当消费者对产品存在完全线下偏好时，消费者购买的一种产品的体验性水平越高，产品能传达给消费者的信息就越完全，消费者对产品品质更放心，购买能力愈强。消费者体验满意后，即使在线下体验店没有购买到同款色号、大小的产品，也愿意转移到线上购买。零售商在保证线上线下整体收益的同时，可能更愿意减少线下体验店的存储成本，并降低体验店的最大存储量。消费者购买能力的增强，会增加零售商双渠道销量，供应商为保证双渠道需求的增加，较大可能会选择扩大库存的最大存储量以降低机会损失风险。

二、零售商接受退货并不再销售策略

对于一些因产品质量问题以及超保质期错误销售的体验型产品，如生鲜类产品等，消费者在购买后存在退货可能。零售商为保证品牌效益，会选择接受退货且不再销售退货策略，以增强消费者二次购买信心。但消费者需承担退货过程成本，线下体验店不再销售退货产品，并将退货退回给供应商。此时，市场基本需求 $d_2 = a - bp_2^* + e\beta s$。根据消费者需求是否超出线下体验店存储量以及市场总需求是否超出供应商存储量，可将零售商选择 ARNR 策略分为如下三种情形分析线下体验店的总期望库存费用和供应商的总期望库存费用：

当 $0 < D \leq S$ 时，消费者的需求可由零售商的线下体验店完成，产品购买销售过程如图 5-2 所示。由于退货不再销售，消费者先将产品退货给零售商的线下体验店，线下体验店在下一批次订货时再退货给供应商。零售商的线下体验店向供应商订货，线下体验店需承担订货总费用以及超出未退货市场需求的库存存储费用，供应商需承担批发费用、超出线下体验店订货量的库存存储费用以及市场期望退货总量的库存存储费用。则线下体验店的总期望库存费用为

$$C(S) = C_1^r + K_r S + C_2^r \int_{(1-\theta)(d+L)}^{S} (S-x) f(x) \mathrm{d}x \qquad (5\text{-}11)$$

供应商的总期望库存费用为

$$C(Q_s) = C_1^s + K_s Q + C_2^s (Q - S) + C_2^s E\theta D \qquad (5\text{-}12)$$

当 $S < D < Q$ 时，市场需求先由线下体验店的库存满足，超出线下库存部分的需求转移到线上旗舰店满足，线上旗舰店会立即将订单发送给供应商，产品购买

销售过程如图5-3所示。由于退货不再销售，消费者在线下体验店购买的产品将先退货给线下体验店，线下体验店在下一批次订货时再退货给供应商。消费者转移到线上旗舰店购买的产品将直接退货给供应商。线下体验店需承担订货总费用、线下退货产品的库存存储费用以及超出库存存储量的机会损失费用，供应商需承担批发费用以及超出未退货市场需求的库存存储费用。则线下体验店的总期望总费用为

$$C(S) = C_1^r + K_r S + C_2^r \theta S + C_3^r \int_S^{d+H} (x-S)f(x)\mathrm{d}x \qquad (5\text{-}13)$$

供应商的总期望库存费用为

$$C(Q_s) = C_1^s + K_s Q + C_2^s \int_{(1-\theta)(d+L)}^{Q} (Q-x)f(x)\mathrm{d}x \qquad (5\text{-}14)$$

当 $D > Q$ 时，市场需求先由线下体验店的库存满足，超出线下库存部分的需求转移到线上旗舰店满足，线上旗舰店会立即将订单发送给供应商，超出供应商存储量的市场需求由供应商订货并在下一销售周期完成，产品购买销售过程如图5-3所示。由于退货不再销售，消费者在线下体验店购买的产品将先退货给线下体验店，线下体验店在下一批次订货时再退货给供应商。消费者转移到线上旗舰店购买的产品将直接退货给供应商。线下体验店需承担订货总费用、线下退货产品的库存存储总费用以及超出库存存储量的机会损失费用，供应商需承担批发费用、市场预期退货的存储成本以及超出市场需求部分的机会损失费用。则线下体验店的总期望总费用为

$$C(S) = C_1^r + K_r S + C_2^r \theta S + C_3^r \int_S^{d+H} (x-S)f(x)\mathrm{d}x \qquad (5\text{-}15)$$

供应商的总期望库存费用为

$$C(Q) = C_1^s + K_s Q + C_2^s E\theta D + C_3^s \int_Q^{d+H} (x-Q)f(x)\mathrm{d}x \qquad (5\text{-}16)$$

综上所述，线下体验店的总期望库存费用成本为

$$\begin{aligned} C_2(S) = &\ C_1^r + K_r S + C_2^r \theta E\min(D,S) + C_2^r \int_{d_2+L}^{S}(S-x)f(x)\mathrm{d}x + \\ & C_3^r \int_S^{d_2+H}(x-S)f(x)\mathrm{d}x \end{aligned} \qquad (5\text{-}17)$$

供应商的总期望库存费用成本为

$$\begin{aligned} C_2(Q) = &\ C_1^s + K_s Q + C_2^s \int_{d_2+L}^{Q}(Q-x)f(x)\mathrm{d}x - C_2^s \int_{d_2+L}^{S}(S-x)f(x)\mathrm{d}x + \\ & C_2^s E\theta D + C_3^s \int_Q^{d_2+H}(x-Q)f(x)\mathrm{d}x \end{aligned} \qquad (5\text{-}18)$$

因此，$i=0$ 时零售商选择 ARNR 策略的最优存储模型为

$$\min C_2(Q)$$
$$\text{s.t.} \min C_2(S)$$

分别对式（5-17）求 S 的二阶偏导，对式（5-18）求 Q 的二阶偏导得 $\partial^2 C_2(S)/\partial S^2 > 0$，$\partial^2 C_2(Q)/\partial Q^2 > 0$。因此，根据一阶偏导条件 $\partial C_2(S)/\partial S = 0$ 和 $\partial C_2(Q)/\partial Q = 0$ 可得到

$$S_2^* = \frac{\left[(1-\theta)C_2^r + C_3^r\right]d_2 + (L+\theta H)C_2^r + HC_3^r - (H-L)K_r}{(1-\theta)C_2^r + C_3^r} \tag{5-19}$$

$$Q_2^* = \frac{(C_2^s + C_3^s)d_2 + LC_2^s + HC_3^s - K_s(H-L)}{C_2^s + C_3^s} \tag{5-20}$$

结论5-2 当 $i=0$ 且零售商选择 ARNR 策略时，线下体验店和供应商分别存在最优存储量 S_2^* 和 Q_2^*，使线下体验店和供应商的预期总库存费用最少；线下体验店的最优存储量与产品体验性成线性正相关；供应商的最优存储量与产品体验性成线性正相关。消费者退货率会正向影响线下体验店的最大存储量，但对供应商的最大存储量无影响。

结论5-2表明，当零售商选择接受退货且不再销售退货产品时，即使消费者对产品存在完全线下体验偏好，市场中一种产品的体验性水平提升会增加线下体验店和供应商的最大储存量。对比结论5-1，零售商选择 ARNR 策略，产品无缺陷损失风险会从消费者转移到零售商，将有效提升消费者对产品体验的售后服务满意度，有利于零售商赢得消费者信任，扩大企业市场份额。因此，消费者购买的一种产品的体验性水平越高，消费者的满意度也会越高，市场需求也会越大。且当市场中消费者退货率一定时，消费者实际退货量会相对增多。零售商选择 ARNR 策略时，退货产品不再销售，并会在下一订货周期退货给供应商，为保证市场基本需求，线下体验店会扩大最大库存存储量。且当零售商所售产品在市场中体验性水平越高时，线下体验店为减少市场机会损失风险，会增大库存的最大存储。由于消费者对产品存在完全线下体验偏好，消费者在线下试用满意且未能买到无缺陷产品，会愿意选择到线上旗舰店购买。当产品体验性水平越高时，消费者在双渠道购买意愿也会越强，供应商为满足转移到线上旗舰店的购买需求以及增长的线下体验店订单量，具有较大可能性选择扩大库存存储量。

三、零售商接受退货并再销售策略

为便于分析该策略结果，假设在一个订货周期内消费者购买并退货体验型产品的次数为 n，零售商接受的退货可以在极短时间再销售，且剩下的退货将保留至下个销售期再销售。则再销售的退货产品将不产生存储费用。在现实销售过程中，零售商的第一个订货周期较易受到市场不确定性影响。为了便于分析线下体验店和供应商的存储量与退货间的关系，本节以第二个订货周期为研究对象。即上一周期发生 n 次退货后剩下的退货产品将在第二个订货周期销售。为了保证线上零售商的需求得到满足，假设供应商的订货量仍然为 Q。该策略下，市场基本需求 $d_3 = a - bp_3^* + e\beta s$。

对于一些因冲动消费以及产品体验性差等原因退货的体验型产品，零售商因为产品可再销售，会选择接受退货并再销售退货策略，可以在保证不影响售出的前提下增强消费者购后体验满意度。但消费者需承担退货过程成本，线下体验店可以直接再销售退货产品，线上退货给供应商的产品也可由供应商再转售。根据消费者需求是否超出线下体验店存储量以及市场总需求是否超出供应商存储量，可将零售商选择 ARR 策略分为如下三种情形以分析线下体验店的总期望库存费用和供应商的总期望库存费用：

当 $0 < D \leqslant S$ 时，消费者的需求可由零售商的线下体验店完成，产品购买销售过程如图5-2所示。由于退货会重复再销售，消费者的退货先退还给零售商的线下体验店，线下体验店会将产品再销售给消费者，并减少下一周期的订货量。受线下体验店订货量减少的影响，供应商的存储成本会增加。当消费者退货 n 次后，线下体验店还未销售的退货产品数量为 $\theta^n ED$。线下体验店需承担订货总费用以及超出未退货市场需求的库存存储费用，供应商需承担批发费用、超出线下体验店订货量的库存存储费用。则线下体验店的总期望库存费用则为

$$C(S) = C_1^r + K_r(S - \theta^n ED) + C_2^r \int_{(1-\theta^n)(d+L)}^{S} (S-x)f(x)\mathrm{d}x \qquad (5\text{-}21)$$

供应商的总期望库存费用为

$$C(Q_s) = C_1^s + K_s(Q - \theta^n ED) + C_2^s(Q - S) \qquad (5\text{-}22)$$

当 $S < D < Q$ 时，市场需求先由线下体验店的库存满足，超出线下库存部分的需求转移到线上旗舰店满足，线上旗舰店会立即将订单发送给供应商，产品购买销售过程如图5-3所示。由于退货会重复再销售，消费者的退货先退还给零售商的

线下体验店，线下体验店会将产品再销售给消费者，消费者转移到线上旗舰店购买的产品将直接退货给供应商，供应商可再销售退货产品。线下体验店订货量和供应商的订货量均会减少。当一次订货周期内消费者发生 n 次退货后，线下体验店的退货量为 $\theta^n S$，实际售出量为 $(1-\theta^n)S$，线上旗舰店的退货量为 $\theta^n E(D-S)$，实际售出量为 $(1-\theta^n)E(D-S)$。线下体验店需承担订货总费用、线下退货产品的库存存储费用以及超出库存存储量的机会损失费用，供应商需承担批发费用、超出市场需求的库存存储费用以及 n 次退货后线上退货产品的库存存储费用。则线下体验店的总期望总费用为

$$C(S) = C_1^r + K_r(1-\theta^n)S + C_2^r \theta^n S + C_3^r \int_S^{d+H}(x-S)f(x)dx \quad (5\text{-}23)$$

供应商的总期望库存费用为

$$C(Q) = C_1^s + K_s(Q-\theta^n ED) + C_2^s \int_{d+L}^{Q}(Q-x)f(x)dx + C_2^s \theta^n E(D-S) \quad (5\text{-}24)$$

当 $D > Q$ 时，产品购买销售过程如图5-3所示。当一次订货周期内消费者发生 n 次退货后，线下体验店的退货量为 $\theta^n S$，实际售出量为 $(1-\theta^n)S$，线上旗舰店的退货量为 $\theta^n E(D-S)$，实际售出量为 $(1-\theta^n)E(D-S)$。线下体验店需承担订货总费用、n 次退货后线下退货产品的总存储费用以及超出库存存储量的机会损失费用，供应商需承担批发费用、n 次退货后线上预期退货的存储成本以及超出市场需求部分的机会损失费用。则线下体验店的总期望总费用为

$$C(S) = C_1^r + K_r(1-\theta^n)S + C_2^r \theta^n S + C_3^r \int_S^{d+H}(x-S)f(x)dx \quad (5\text{-}25)$$

供应商的总期望库存费用为

$$C(Q) = C_1^s + K_s(Q-\theta^n ED) + C_2^s \theta^n E(D-S) + C_3^s \int_Q^{d+H}(x-Q)f(x)dx \quad (5\text{-}26)$$

综上所述，线下体验店的总期望库存费用为

$$C_3(S) = C_1^r + K_r\left[S-\theta^n E\min(D,S)\right] + C_2^r \theta^n E\min(D,S) + \\ C_2^r \int_{d_3+L}^{S}(S-x)f(x)dx + C_3^r \int_S^{d_3+H}(x-S)f(x)dx \quad (5\text{-}27)$$

供应商的总期望库存费用为

$$C_3(Q) = C_1^s + K_s(Q-\theta^n ED) + C_2^s \int_{d_3+L}^{Q}(Q-x)f(x)dx - (1-\theta^n)C_2^s \\ \int_{d_3+L}^{S}(S-x)f(x)dx + C_2^s E\theta^n(D-S) + C_3^s \int_Q^{d_3+H}(x-Q)f(x)dx \quad (5\text{-}28)$$

因此，$i=0$ 时零售商选择 ARR 策略时的目标函数为

$$\min C_3(Q)$$
$$\text{s.t.} \min C_3(S)$$

分别对式（5-27）求 S 的二阶偏导，对式（5-28）求 Q 的二阶偏导得 $\partial^2 C_3(S)/\partial S^2 > 0$，$\partial^2 C_3(Q)/\partial Q^2 > 0$。因此，根据一阶偏导条件 $\partial C_3(S)/\partial S = 0$，$\partial C_3(Q)/\partial Q = 0$ 可得到

$$S_3^* = \frac{\left[(1-\theta^n)C_2^r + C_3^r + \theta K_r\right]d_3 + (L+\theta^n H)C_2^r + HC_3^r + \theta^n HK_r - (H-L)K_r}{(1-\theta^n)C_2^r + C_3^r + \theta K_r} \quad (5\text{-}29)$$

$$Q_3^* = \frac{(C_2^s + C_3^s)d_3 + LC_2^s + HC_3^s - K_s(H-L)}{C_2^s + C_3^s} \quad (5\text{-}30)$$

结论5-3 当 $i=0$ 且零售商选择 ARR 策略时，线下体验店和供应商分别存在最优存储量 S_3^* 和 Q_3^*，使线下体验店和供应商的预期总库存费用最少；线下体验店的最优存储量与产品体验性成正相关；供应商的最优存储量与产品体验性成正相关。消费者退货率会影响线下体验店的最大存储量，但对供应商的最大存储量无影响。

结论5-3表明，如果市场中一种产品如新款色号的口红的体验性水平越高，完全线下体验偏好的消费者需求可能就会越大。在消费者退货率恒定时，消费者的退货总量相对可能会增多。如果零售商选择接受退货且再销售退货产品，产品损失风险虽然转移给了零售商，但在 n 次重复销售后会降低零售商的产品损失风险。零售商基于产品可再销售的信任，可能会有限条件下增加线下体验店的最大存储量以满足更多的完全线下体验偏好的消费者需求。由于零售商接受退货，完全线下体验偏好的消费者在试用满意但线下体验店缺少在存产品时，会更愿意转移到线上购买或者等待线下店到货邮寄。因为消费者即使买到不完全同款产品，也可通过零售商进行退货。消费者在双渠道购买意愿的增强，供应商为满足转移到线上旗舰店的购买需求以及来自线下体验店不断增长的订单量，较大可能选择扩大库存存储量。

四、数值分析

为了便于分析 $i=0$ 时产品体验性对线下体验店和供应商的最优存储量的影响，并进一步探讨产品体验性对线下体验店和供应商的预期总库存费用的影响，本小节借助算例分析探讨产品体验性系数在零售商选择三种不同的退货策略下对结果的影响。假定供应商一次订货费用为5，单位产品的订货成为60，单位储存费用为10，

单位缺失损失费用为20。零售商的线下体验店的一次订货费用为5，单位产品的订货成为70，单位储存费用为15，单位缺失损失费用为20，上述参数取值如表5-1所示。

表5-1 算例参数取值

L	H	C_1^s	C_2^s	C_3^s	K_s	C_1^r	C_2^r	C_3^r	K_r
−20	50	5	10	20	60	5	15	20	70

由于市场基本需求 $d = a - bp + e\beta s$，a、b、e 均为常数，当不同退货策略下零售商提供体验服务时的服务努力投入均为定值 s，相同的定价 p 时，市场基本需求 d 与产品体验性 β 成正相关。因此，为简便后续的分析，本节在进行算例分析时假定定价 p 相同并用市场基本需求 d 代指产品体验性 β 进行比较分析，可得出相同参考结论。为便于分析和探讨，本章另假设体验型产品的退货概率为0.3，零售商与供应商可重复再销售的次数均数 $n = 2$。影响市场总需求的随机变量 $\epsilon \in [-20, 50]$，表示基本市场需求向下向上变动的相对误差值。因此在后续的分析中，可能存在变量值为负数的情况，本书在此仅以负数表示相对值的结果。通过 Mathematica 9.0进行模拟，取 $d \in [0, 300]$ 与 $\beta \in [0, 1]$ 一一对应。

比较式（5-10）、式（5-20）和式（5-30），发现当 $i = 0$ 时，$Q_1^* = Q_2^* = Q_3^*$，且均随着 β 的增加而增加。可能的原因是产品体验性的提升促进了零售商服务努力投入增加，也促进了市场总需求的增加，使得零售商双渠道需求增多，为满足零售商更多的双渠道需求，供应商也会随之增加库存存储量。零售商的退货策略虽然影响到了零售商订货，但由于产品本身存在一定的次品率，供应商在考虑次品的影响下，依然还是会根据市场需求来调整库存最优存储量。

结论5-4 当消费者存在完全线下偏好时，供应商的最优存储量与零售商退货策略选择无关，仅与一定体验性水平的产品市场需求呈正相关。

结合式（5-9）、式（5-19）和式（5-29），通过 Mathematica 9.0可得图5-4，反映了消费者存在完全线下体验偏好时，产品体验性对零售商线下体验店存储量的影响。

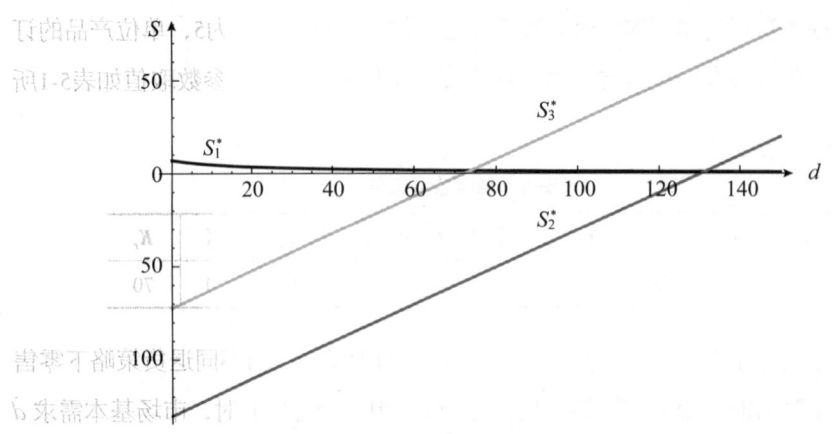

图5-4 产品体验性对零售商线下体验店存储量的影响趋势图

通过 Mathematica 9.0 模拟产品体验性对零售商线下体验店存储量的影响结果时发现，$d\in[130, 150]$ 的图形走势同 $d\in[150, 300]$ 的相同。为便于更清楚进行比较分析，图5-4中仅取 $d\in[0, 150]$ 进行讨论。

图5-4中，当零售商选择 NAR 策略时，零售商的线下体验店最优存储量随产品体验性的增加而反比减少；零售商选择 ARNR 策略和 ARR 策略时，零售商的线下体验店最优存储量随产品体验性的增加而增加。数值分析结果与结论5-1、5-2、5-3相一致。

此外，通过图5-4，还可以发现当 $d\in[0, 75]$，$S_1^* > S_3^* > S_2^*$；当 $d\in[75, 130]$ 时，$S_3^* > S_1^* > S_2^*$；当 $d\in[130, 150]$ 时，$S_3^* > S_2^* > S_1^*$；根据图5-4中三条曲线的走势，可得当 $d\in[150, 300]$ 时，$S_3^* > S_2^* > S_1^*$。据此可以得出：

（1）与 ARNR 策略相比，零售商选择 ARR 策略可以将非质量原因的退货产品再销售，可以减少退货积压造成的库存存储费用。因此，零售商选择 ARNR 策略时，为尽可能减少退货积压造成额外的库存存储费用，会减少线下体验店的最优存储量，即恒有 $S_3^* > S_2^*$。

（2）当 $\beta\in[0, 0.25]$ 时，即市场中一种产品的体验性水平低于市场整体体验性水平的1/4时，如果消费者存在线下完全体验偏好，则零售商选择 NAR 策略的线下最优存储量最大，选择 ARNR 策略的线下最优存储量最小。零售商选择 ARNR 策略或选择 ARR 策略时，很可能是因为零售商由于选择 NAR 策略，消费者需要承担产品购买的质量风险。尤其是当消费者对产品存在完全线下偏好时，一种产品的体验性水平相对整个市场体验性水平越低，消费者购买该产品的效用就越低，为规避风险，消费者会尽可能选择在线下试用后直接购买，而并不愿意在零售商的线上旗舰店购买。因此，相比于零售商选择 ARNR 策略或 ARR 策略，选择 NAR 策略的零售商为满足更多的线下需求，会倾向于更大的线下体验店库存存量。

（3）当 $\beta \in [0.25, 0.43]$ 时，即产品的体验性水平在市场整体体验性水平的1/4到0.43之间时，如果消费者存在线下完全体验偏好，则零售商选择 ARR 策略的线下最优存储量最大，选择 ARNR 策略的线下最优存储量最小。可能的原因是产品体验性水平虽然提升了，但还是处于市场中相对较低的一个水平。相较于零售商选择 ARNR 策略，如果零售商选择 NAR 策略，线下体验店依然有可能选择更大的库存存量以满足更多的线下需求。相比于另外两个策略，零售商选择 ARR 策略可以减少线下库存存储费用和市场机会损失风险。线下体验店为占据更多市场份额，并增强消费者购后体验，很大可能会设定尽可能最大的线下库存存储量。

（4）当 $\beta \in [0.43, 1]$ 时，即产品的体验性水平大于市场整体体验性水平的0.43以上时，如果消费者存在完全线下体验偏好，则零售商选择 ARR 策略的线下最优存储量最大，选择 NAR 策略的线下最优存储量最小。可能是由于产品体验性较高，如某系列球鞋等一些高端品牌商品，消费者因为对零售商品牌信任，在线下试用满意后，会愿意在线上旗舰店购买同款产品。因此，选择 NAR 策略的零售商不会考虑增加线下体验店库存存量。而当零售商接受退货时，由于消费者的退货不会立即被销售，此时选择接受退货的零售商可能会需要比不接受退货时更大的库存存储量。

综上所述，可得出如下结论。

结论5-5 零售商选择 ARR 策略的最优存储量总高于选择 ARNR 策略时的最优存储量。当产品体验性极低时，零售商选择 NAR 策略的线下最优存储量最大，选择 ARNR 策略的线下最优存储量最小。当产品体验性较低时，零售商选择 ARR 策略的线下最优存储量最大，选择 ARNR 策略的线下最优存储量最小。当产品体验性较高时，零售商选择 ARR 策略的线下最优存储量最大，选择 NAR 策略的线下最优存储量最小。

将式（5-9）代入式（5-7），将式（5-19）代入式（5-17），将式（5-29）代入式（5-27），通过 Mathematica 9.0可得图5-5，$C_1(S)$、$C_2(S)$、$C_3(S)$ 关于产品体验

性的函数图像。

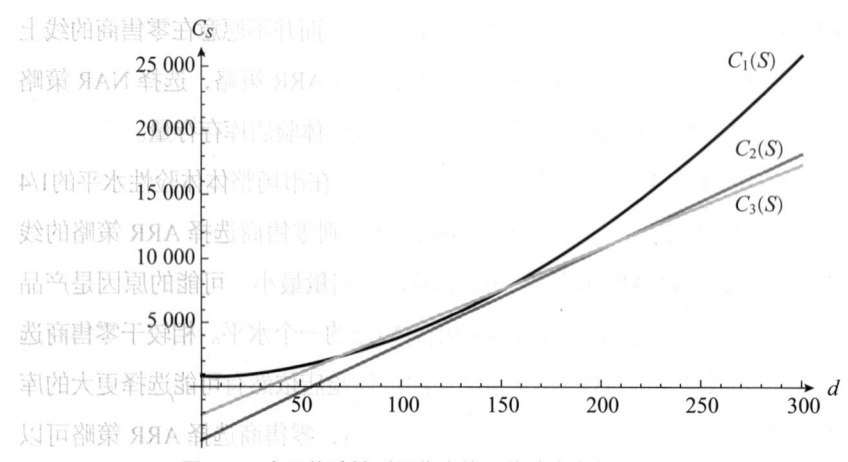

图5-5 产品体验性对零售商线下体验店库存费用的影响趋势图

在图5-5中，可以发现 $C_1(S)$、$C_2(S)$、$C_3(S)$ 均随 β 的增加而增加；当 $d \in [0, 75]$，$C_1(S) > C_3(S) > C_2(S)$；当 $d \in [75, 150]$ 时，$C_3(S) > C_1(S) > C_2(S)$；当 $d \in [150, 210]$ 时，$C_1(S) > C_3(S) > C_2(S)$；当 $d \in [210, 300]$ 时，$C_1(S) > C_2(S) > C_3(S)$。据此可以得出当 $i = 0$ 时，即消费者对线下完全体验偏好时：

（1）无论零售商选择何种退货策略，零售商的线下体验店的总库存费用都随着产品体验性水平的增加而增加。可能的原因是随着市场中一种产品体验性的提升，零售商的服务投入越大，市场需求也越大，零售商为减少机会成本损失，会扩大线下库存存储量，增大线下体验店库存存储费用。即使零售商选择 NAR 策略时库存存量会小幅减少，但零售商不接受退货会减少消费者的购买意愿，增加了更多的机会损失成本。

（2）当 $\beta \in [0, 0.25]$ 时，即市场中一种产品的体验性水平小于市场整体体验性水平的0.25时，零售商选择 NAR 策略的总库存费用最大，选择 ARNR 策略的总库存费用最小。可能的原因是消费者对体验性较低的产品具有较低的效用，消费者为规避质量风险，会更期望产品可以被退货。因此，相较于选择 ARNR 策略，零售商选择 NAR 策略可能会造成大量机会损失费用，零售商选择 ARR 策略在多次退货中可能投入了更多的库存存储费用。

（3）当 $\beta \in [0.25, 0.5]$ 时，即市场中一种产品的体验性水平大于市场整体体验性水平的0.25且小于0.5时，零售商选择 ARR 策略的总库存费用最大，选择 ARNR

策略的总库存费用最小。可能的原因是产品体验性提升，促进了消费者购买意愿的增强，并使得零售商的总库存费用增加。由于产品体验性的水平仍然不到市场体验性水平的一半，零售商选择 ARR 策略的总库存费用仍高于选择 ARNR 策略的。但相比于零售商不接受退货，如果零售商接受退货，消费者购买意愿增强的效果更强烈。这使得零售商选择 ARR 策略的总库存费用可能高于选择 NAR 策略的结果。

（4）当 $\beta \in [0.5, 0.7]$ 时，即市场中一种产品的体验性水平大于市场整体体验性水平的0.5且小于0.7时，零售商选择 NAR 策略的总库存费用最大，选择 ARNR 策略的总库存费用最小。可能的原因在于产品体验性水平超过市场体验性水平的一半，消费者在线下体验店可以获得对产品的较高体验感，消费者效用增加。即使零售商不接受退货，消费者的购买意愿也会随着产品体验性的提升而增强。为减少库存机会损失成本，零售商会增加线下体验店的总订货量，这使得零售商选择 NAR 策略的总库存费用可能再次高于选择 ARR 策略或选择 ARNR 策略的。

（5）当 $\beta \in [0.7, 1]$ 时，即市场中一种产品的体验性水平大于市场整体体验性水平的0.7时，零售商选择 NAR 策略的总库存费用最大，选择 ARR 策略的总库存费用最小。可能的原因是产品体验性较高，产品的价值较大，零售商选择 ARR 策略有利于降低零售商产品损失。因此，经营较高体验性的产品零售商往往会选择 ARR 策略，最大可能减少线下总库存费用。随着产品体验性的提升，消费者购买意愿的增强使得 NAR 策略的总库存费用在快速增长后一直高于选择 ARNR 策略的结果。

结论5-6 不同零售商退货策略下，线下体验店的库存费用均随产品体验性的增加而增加；零售商选择 NAR 策略的线下体验店库存费用成本最高；当产品体验性较低时，零售商选择 ARNR 策略的线下体验店库存费用成本最低；当产品体验性较高时，零售商选择 ARR 策略的线下体验店库存费用最低。

将式（5-9）、式（5-10）代入式（5-8），将式（5-19）、式（5-20）代入式（5-18），将式（5-29）、式（5-30）代入式（5-28），可得 $C_1(Q)$、$C_2(Q)$、$C_3(Q)$ 关于产品体验性的函数图像如图5-6所示。

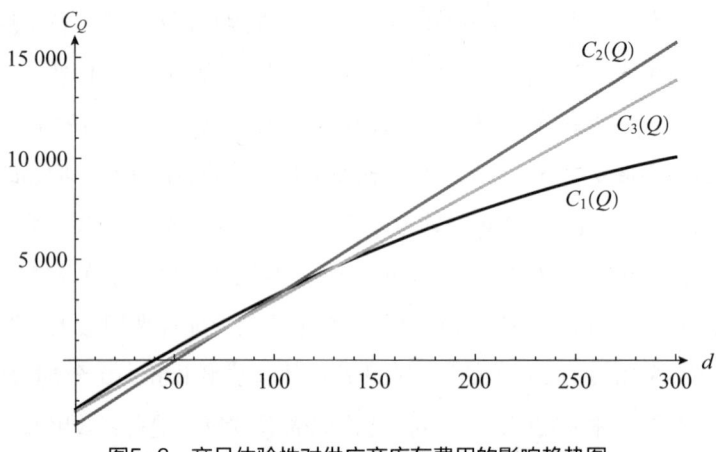

图5-6 产品体验性对供应商库存费用的影响趋势图

在图5-6中，可以发现当 $d\in[0, 75]$，有 $C_1(Q) > C_3(Q) > C_2(Q)$；当 $d\in[75, 105]$ 时，有 $C_1(Q) > C_2(Q) > C_3(Q)$；当 $d\in[105, 135]$，有 $C_2(Q) > C_1(Q) > C_3(Q)$；当 $d\in[135, 300]$ 时，有 $C_2(Q) > C_3(Q) > C_1(Q)$。据此可以得出：

（1）无论零售商选择何种退货策略，供应商的总库存费用都随着产品体验性水平的增加而增加。可能的原因在于产品体验性的提升促进了市场总需求的增加，供应商为减少市场产品机会损失也会随之增加库存存储量，这使得供应商总库存费用随着产品体验性的提升而不断提升。

（2）当 $\beta\in[0, 0.25]$ 时，即市场中一种产品的体验性水平小于市场整体体验性水平的0.25时，零售商选择 NAR 策略时的供应商总库存费用最大，选择 ARNR 策略的供应商总库存费用最小。可能的原因是产品体验性较低，消费者对服务的效用低，为规避产品质量风险，会更期望产品可以被退货。因此，零售商选择 NAR 策略可能会造成供应商机会损失，增加总库存费用。零售商选择 ARR 策略，在多次退货中可能需投入更多的存储成本，使得供应商的总库存费用大于选择 ARNR 策略的。

（3）当 $\beta\in[0.25, 0.35]$ 时，即市场中一种产品的体验性水平大于市场整体体验性水平的0.25且小于0.35时，零售商选择 NAR 策略时的供应商总库存费用最大，选择 ARR 策略的供应商总库存费用最小。可能的原因是产品体验性有小幅增加，消费者购买效用增强。相比于选择 ARNR 策略供应商会增加库存存储成本，零售商选择再销售退货会减少供应链的机会损失成本。在该产品体验性区间下，供应商减少的机会成本可能小于增加的库存存储成本。虽然产品体验性有所提升,但仍处于一个较低的水平。因此,零售商选择 NAR 策略造成的机会损失成本仍可能最大。

(4)当 $\beta \in [0.35, 0.45]$ 时,即市场中一种产品的体验性水平大于市场整体体验性水平的0.35且小于0.45时,零售商选择 ARNR 策略时的供应商总库存费用最大,选择 ARR 策略时的供应商总库存费用最小。可能的原因在于产品体验性水平进一步增加,但仍处于不到市场整体水平的一半,供应商的机会成本减少仍可能小于增加的库存存储成本,使得零售商选择 ARR 策略时仍有相对最小的供应商总库存费用。由于产品体验性的水平有超出市场整体水平的1/3,随着体验性的提升,零售商选择接受退货,消费者对零售商的品牌将更为信赖,供应商的总库存费用均会增加。在此阶段,零售商选择 ARNR 策略增加的供应商总库存费用可能会高于零售商选择 NAR 策略的,但可能还未高于选择 ARR 策略的。

(5)当 $\beta \in [0.45, 1]$ 时,即市场中一种产品的体验性水平大于市场整体体验性水平的0.45时,零售商选择 ARNR 策略时的供应商总库存费用最大,选择 NAR 策略的供应商总库存费用最小。可能的原因是产品体验性较高,产品的价值较大,消费者较易对零售商品牌信赖,消费者愿意在零售商的双渠道购买体验满意的产品。零售商无论接受退货与否,供应商的机会损失成本无差异。但相较于零售商接受退货,选择 NAR 策略时,供应商的平均库存水平较低,库存存储成本较低。随着产品体验性的提升,零售商再销售退货比不再销售退货可以尽可能降低供应商双渠道供应的产品损失。且产品体验性越是增大,供应商减少的损失就越多。

结论5-7 不同零售商退货策略下,供应商库存费用成本均随产品体验性的提升而提升;当市场中一种产品的体验性低于市场整体体验性水平的1/4时,零售商选择 NAR 策略时的供应商总库存费用最大,选择 ARNR 策略的供应商总库存费用最小;当市场中一种产品的体验性水平大于市场整体体验性水平的0.25且小于0.35时,零售商选择 NAR 策略时的供应商总库存费用最大,选择 ARR 策略的供应商总库存费用最小;当市场中一种产品的体验性水平大于市场整体体验性水平的0.35且小于0.45时,零售商选择 ARNR 策略时的供应商总库存费用最大,选择 ARR 策略时的供应商总库存费用最小;当市场中一种产品的体验性水平大于市场整体体验性水平的0.45时,零售商选择 ARNR 策略时的供应商总库存费用最大,选择 NAR 策略的供应商总库存费用最小。

综上所述,可得不同产品体验性区间下,零售商和供应商分别在总库存费用最低时的零售商退货策略选择结果,如表5-2所示。

表5-2 最优零售商退货策略选择结果

产品体验性	[0, 0.25)	[0.25, 0.35)	[0.35, 0.45)	[0.45, 0.5)	[0.5, 0.7)	[0.7, 1]
零售商(最低)	ARNR	ARNR	ARNR	ARNR	ARNR	ARR
供应商(最低)	ARNR	ARR	ARR	ARR	ARR	ARR
零售商(最高)	NAR	ARR	ARR	ARR	NAR	NAR
供应商(最高)	NAR	NAR	ARNR	ARNR	ARNR	ARNR

由上表可知,当产品体验性 $\beta \in [0, 0.25)$ 时,零售商采取 ARNR 策略,零售商和供应商均可分别有最低总库存费用。当产品体验性 $\beta \in [0.7, 1]$ 时,零售商采取 ARR 策略,零售商和供应商均可分别有最低总库存费用。当产品体验性 $\beta \in [0.25, 0.7)$ 时,如果零售商采取 ARNR 策略,零售商有最低总库存费用,但供应商有77.8%的可能会存在最高总库存费用;如果零售商采取 ARR 策略时,供应商有最低总库存费用,但零售商有55.6%的可能会存在最高总库存费用。因此,当产品体验性水平超出市场整体水平25%且小于70%的情况下,如果体验型产品供应链中零售商占主导的话,会建议零售商采取 ARNR 策略;如果供应商占主导的话,会更建议零售商采取 ARR 策略。

第四节 不完全线下体验偏好的双渠道供应链库存决策

本节主要考虑 $i \in (0, 1)$ 时消费者线上偏好程度对体验型消费者购买行为的影响角度出发,研究不同退货策略下不完全线下体验偏好对零售商和供应商的库存决策和总库存费用的影响。当 $i \in (0, 1)$ 时,消费者会受线上交互性的影响以 i 的概率选择直接在线上旗舰店购买体验型产品,对线下体验偏好的消费者以 $(1-i)$ 的可能选择先在线下体验店购买体验型产品。如果线下体验店没有消费者体验满意的产品库存,消费者会选择在零售商的线上旗舰店购买体验型产品,线上旗舰店会将消费者订单交付供应商完成并配送。该条件下,选择在线下购买体验型产品的完全线下体验偏好的消费需求由线下体验店的库存量满足,试用满意但未能成功在线下体验店购买的消费者会转移到线上旗舰店购买。

当线下消费者需求能在零售商的线下体验店被满足时，线下体验店向供应商批次订货，线上消费者需求由线上旗舰店交付订单给供应商完成。产品可从供应商直接销售给消费者，也可从供应商批发给线下体验店并销售给消费者，该产品的销售过程如图5-7所示。当线下消费者需求不能完全在零售商的线下体验店被满足时，考虑消费者转移到零售商的线上旗舰店下订单。线下体验店向供应商批次订货，转移到线上旗舰店购买的订单以及直接在线购买的订单将交付供应商完成配送，该产品的销售过程如图5-8所示。

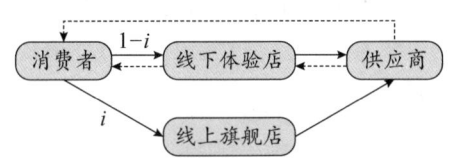

图5-7　无消费者转移的产品购买过程图　　图5-8　有消费者转移的产品购买过程图

一、零售商不接受退货策略

对于一些体验并试用过的体验型产品，如口红、香水等，在消费者使用后，零售商选择不接受退货策略，以规避故意退货损失。此时，在产品的购买销售过程中，可能不存在退货产品，市场基本需求 $d_4 = a - bp_4^* + e\beta s$。当 $i \in (0, 1)$ 时，对体验偏好的线下消费者需求是否超出线下体验店存储量以及市场总需求是否超出供应商存储量，可将零售商选择 NAR 策略分为如下三种情形探讨线下体验店的总期望库存费用和供应商的总期望库存费用：

当 $0 < (1-i)D \leq S$ 且 $D < Q$ 时，线下直接需求小于线下体验店库存，市场总需求量小于供应商库存存储量。线下体验偏好的消费者需求可由零售商的线下体验店满足，受线上体验偏好影响选择在线购买体验型产品的消费者需求直接由线上旗舰店将订单交付供应商完成，产品购买销售过程如图5-7所示。零售商的线下体验店向供应商订货，线下体验店需承担订货总费用以及超出线下需求的库存存储费用，供应商需承担批发费用以及超出线下体验店订货量和线上需求的库存存储费用。则线下体验店的总期望库存费用为

$$C(S) = C_1^r + K_r S + C_2^r \int_{(1-i)(d+L)}^{S} (S-x) f(x) \mathrm{d}x \quad (5\text{-}31)$$

供应商的总期望库存费用为

$$C(Q) = C_1^s + K_s Q_s + C_2^s \int_{i(d+L)}^{Q-S} (Q-S-x)f(x)\mathrm{d}x \qquad (5\text{-}32)$$

当 $S < (1-i)D$ 且 $D < Q$ 时，线下直接需求大于线下体验店库存存量，市场总需求量小于供应商库存存量。线下消费者需求先由零售商的线下体验店满足，未能在线下体验店满足的需求由线上旗舰店满足，线上直接消费者需求也由线上旗舰店满足，并立即将订单发送给供应商完成，产品购买销售过程如图5-8所示。该过程没有消费者退货行为发生，零售商的线下体验店向供应商订货。线下体验店需承担订货总费用以及超出线下体验店最大存储量的线下直接机会损失费用，供应商需承担订货费用以及未超出市场需求的库存存储成本。则线下体验店的总期望库存费用为

$$C(S) = C_1^r + K_r S + C_3^r \int_{S}^{(1-i)(d+H)} (x-S)f(x)\mathrm{d}x \qquad (5\text{-}33)$$

供应商的总期望库存费用为

$$C(Q) = C_1^s + K_s Q + C_2^s \int_{d+L}^{Q} (Q-x)f(x)\mathrm{d}x \qquad (5\text{-}34)$$

当 $S < (1-i)D$ 且 $D > Q$ 时，线下直接消费者需求大于线下体验店库存存储量，市场总需求量大于供应商库存存储量。产品购买销售过程同样如图5-8所示，该过程没有消费者退货。线下体验店需承担订货费用、超出线下体验店库存存量而转移到线上购买的机会损失费用，供应商需承担订货费用以及超出供应商库存存量的机会损失费用。则线下体验店的总期望库存费用成本为

$$C(S) = C_1^r + K_r S + C_3^r \int_{S}^{(1-i)(d+H)} (x-S)f(x)\mathrm{d}x \qquad (5\text{-}35)$$

供应商的总期望库存费用成本为

$$C(Q) = C_1^s + K_s Q + C_3^s \int_{Q}^{d+H} (x-Q)f(x)\mathrm{d}x \qquad (5\text{-}36)$$

综上所述，线下体验店的总期望库存费用成本为

$$\begin{aligned}C_4(S) = &\ C_1^r + K_r S + C_2^r \int_{(1-i)(d_4+L)}^{S} (S-x)f(x)\mathrm{d}x + \\ &\ C_3^r \int_{S}^{(1-i)(d_4+H)} (x-S)f(x)\mathrm{d}x\end{aligned} \qquad (5\text{-}37)$$

供应商的总期望库存费用成本为

$$\begin{aligned}C_4(Q) = &\ C_1^s + K_s Q + C_2^s \int_{d_4+L}^{Q} (Q-x)f(x)\mathrm{d}x - C_2^s \int_{(1-i)(d_4+L)}^{S} (S-x)f(x)\mathrm{d}x + \\ &\ C_3^s \int_{Q_S}^{d_4+H} (x-Q)f(x)\mathrm{d}x\end{aligned} \qquad (5\text{-}38)$$

因此，当 $i \in (0, 1)$ 时零售商选择 NAR 策略的最优存储模型为

$$\min C_4(Q)$$
$$\text{s.t.} \min C_4(S)$$

分别对式（5-37）求 S 的二阶偏导，对式（5-38）求 Q 的二阶偏导得 $\partial^2 C_4(S)/\partial S^2 > 0$，$\partial^2 C_4(Q)/\partial Q^2 > 0$。因此，根据一阶偏导条件 $\partial C_4(S)/\partial S = 0$ 和 $\partial C_4(Q)/\partial Q = 0$ 可得到

$$S_4^* = \frac{(1-i)\left[(C_2^r + C_3^r)d_4 + LC_2^r + HC_3^r\right] - (H-L)K_r}{C_2^r + C_3^r} \quad (5\text{-}39)$$

$$Q_4^* = \frac{(C_2^s + C_3^s)d_4 + LC_2^s + HC_3^s - K_s(H-L)}{C_2^s + C_3^s} \quad (5\text{-}40)$$

结论5-8 当消费者存在不完全线下体验偏好且零售商选择 NAR 策略时，线下体验店和供应商分别存在最优存储量 S_4^* 和 Q_4^*，使线下体验店和供应商的预期总库存费用最少；线下体验店的最优存储量与产品体验性成正相关，与消费线上偏好程度成反相关；供应商的最优存储量与产品体验性成正相关，与消费者线上偏好程度无关。

随着信息技术的发展，消费者在网购过程中也能通过图片、短视频等方式对产品感受体验后购买，这使得部分对线下无完全体验偏好的消费者可能愿意直接在零售商的线上旗舰店购买。消费者购买的一种产品的市场体验性水平越高，零售商付出的服务努力程度越大，消费者对产品品质更放心，购买意愿愈强。消费者对线上偏好程度越大，线下需求相对会越小，线下体验店则会相应减小库存存储量。即使部分消费者存在直接线上购买，但市场总需求增加，市场总需求在线下体验店增加的程度可能高于直接转移到线上旗舰店购买的消费者需求。即使零售商不接受退货，由于消费者存在不完全线下体验偏好，零售商仍愿意增加线下体验店库存以减少产品机会损失。因此，随着产品体验性的提升，线下体验店的最优存储量可能会随之增加。供应商为保证双渠道需求，减少机会成本损失，会增加库存存储量。无论消费者对线上偏好程度如何，供应商的库存存储量都与零售商的线上线下总需求相关。

二、零售商接受退货并不再销售策略

对于一些因产品质量问题以及超保质期错误销售的体验型产品，如生鲜类产品等，消费者在购买后存在退货可能。零售商为保证品牌效益，会选择接受退货且不

再销售退货策略,以增强消费者二次购买信心。消费者需承担退货过程成本,线下体验店不销售退货产品,并将退货退回给供应商。线下体验店的第二次订货量大小将仍为其存储量的值。为保证总需求能得以满足,供应商将退货产品退回给制造商后仍按其存储量订货。该策略下,市场基本需求 $d_5 = a - bp_5^* + e\beta s$。当 $i \in (0, 1)$ 时,根据线下直接消费者需求是否超出线下体验店存储量以及市场总需求是否超出供应商存储量,可将零售商选择 ARNR 策略分为如下三种情形分析线下体验店的总期望库存费用和供应商的总期望库存费用:

当 $0 < (1-i)D \leq S$ 且 $D < Q$ 时,线下直接需求小于线下体验店库存,市场总需求小于供应商库存存储量。不受线上体验偏好影响的消费者需求可由零售商的线下体验店满足,受线上体验偏好影响的消费者需求直接由线上旗舰店完成,产品的销售购买过程如图5-8所示。线下体验店因为产品原因不再销售退货产品,并将退货退回给供应商。线下体验店购买体验型产品并未退货的需求总量为 $(1-\theta)(1-i)D$,退货的总量为 $\theta(1-i)D$。直接在线上体验购买且未退货的需求总量为 $(1-\theta)iD$,退货的总量为 θiD。线下体验店需承担订货费用、超出线下直接需求未退货的库存存储费用,供应商需承担批次订货费用、线上旗舰店退货的库存存储费用以及线下旗舰店退回产品的库存存储费用。则线下体验店的总期望库存费用为

$$C(Q) = C_1^s + K_s Q + C_2^s \int_{(1-\theta)(d+L)}^{Q} (Q-x)f(x)\mathrm{d}x \quad (5\text{-}41)$$

供应商的总期望库存费用为

$$C(Q) = C_1^s + K_s Q + C_2^s E(Q - S - iD + \theta D) \quad (5\text{-}42)$$

当 $S < (1-i)D$ 且 $D < Q$ 时,选择直接在线下购买体验型产品的消费者需求由线下体验店的库存量满足,试用满意但未能成功在线下体验店购买的消费者会转移到线上旗舰店购买。消费者的直接线上需求也由线上旗舰店满足,并交付供应商完成。线上旗舰店接受直接在线上购买及转移到线上购买的订单,即时将订单发送给供应商,由供应商直接配送完成。由于零售商接受退货且不再销售退货产品,线下消费者退货将在下次订货时退回给供应商,线上消费者退货以及转移到线上的消费者退货直接退回给供应商,供应商统一退货给制造商。线下体验店购买体验型产品并未退货的需求总量为 $(1-\theta)S$,退货的总量为 θS。从线下转移到线上购买体验型产品并未退货的需求总量为 $(1-\theta)[(1-i)D-S]$,退货的总量为 $\theta[(1-i)D-S]$。直

接在线上体验购买且未退货的需求总量为 $(1-\theta)iD$，退货的总量为 θiD。线下体验店需承担订货费用、退货产品的存储费用以及超出线下存储量部分的机会损失成本。供应商需承担订货费用、线上旗舰店退货的存储费用以及线下旗舰店退货的存储费用。则线下体验店的总期望库存费用为

$$C(S) = C_1^r + K_r S + C_2^r \theta S + C_3^r \int_S^{(1-i)(d+H)} (x-S)f(x)\mathrm{d}x \tag{5-43}$$

供应商的总期望库存费用为

$$C(Q) = C_1^s + K_s Q + C_2^s \int_{(1-\theta)(d+L)}^Q (Q-x)f(x)\mathrm{d}x \tag{5-44}$$

当 $D > Q$ 时，线下直接消费者需求大于线下体验店库存存储量，市场总需求大于供应商库存存储量。产品购买销售过程同样如图5-8所示。零售商接受退货且不再销售退货，退货行为、线下体验店的需求总量、退货总量，供应商的需求总量、退货总量同 $S < (1-i)D$ 且 $D < Q$ 条件时相同，但供应商发生缺货损失。线下体验店需承担订货费用、线下体验店退货的存储成本、超出线下体验店库存存量而转移到线上购买的机会损失费用，供应商需承担订货费用、市场预期总退货的存储费用以及超出供应商库存存量的机会损失费用。则线下体验店的总期望库存费用为

$$C(S) = C_1^r + K_r S + C_2^r \theta S + C_3^r \int_S^{(1-i)(d+H)} (x-S)f(x)\mathrm{d}x \tag{5-45}$$

供应商的总期望库存费用为

$$C(Q) = C_1^s + K_s Q + C_2^s E\theta D + C_3^s \int_Q^{d+H} (x-Q)f(x)\mathrm{d}x \tag{5-46}$$

综上所述，线下体验店的总期望库存费用成本为

$$C_5(S) = C_1^r + K_r S + C_2^r \theta E \min[(1-i)D, S] + C_2^r \int_{(1-i)(d_5+L)}^S (S-x)f(x)\mathrm{d}x + C_3^r \int_S^{(1-i)(d_5+H)} (x-S)f(x)\mathrm{d}x \tag{5-47}$$

供应商的总期望库存费用成本为

$$C_5(Q) = C_1^s + K_s Q + C_2^s \int_{d_5+L}^Q (Q-x)f(x)\mathrm{d}x - C_2^s \int_{(1-i)(d_5+L)}^S (S-x)f(x)\mathrm{d}x + C_2^s E\theta D + C_3^s \int_{Q_S}^D (x-Q)f(x)\mathrm{d}x \tag{5-48}$$

因此，当 $i \in (0,1)$ 时零售商选择 ARNR 策略时的最优存储模型为

$$\min C_5(Q)$$
$$\text{s.t.} \min C_5(S)$$

分别对式（5-47）求 S 的二阶偏导，对式（5-48）求 Q 的二阶偏导得 $\partial^2 C_5(S)/\partial S^2 > 0$，$\partial^2 C_5(Q)/\partial Q^2 > 0$。因此，根据一阶偏导条件 $\partial C_5(S)/\partial S = 0$ 和 $\partial C_5(Q)/\partial Q = 0$ 可得到

$$S_5^* = \frac{(1-i)d_5\left[(1-\theta)C_2^r + C_3^r\right] + (1-i)(LC_2^r + HC_3^r - \theta HC_2^r) - (H-L)K_r}{(1-\theta)C_2^r + C_3^r} \quad (5\text{-}49)$$

$$Q_5^* = \frac{(C_2^s + C_3^s)d_5 + LC_2^s + HC_3^s - K_s(H-L)}{C_2^s + C_3^s} \quad (5\text{-}50)$$

结论5-9 当存在消费者对线下不完全体验偏好且零售商选择 NRAR 策略时，线下体验店和供应商分别存在最优存储量 S_5^* 和 Q_5^*，使线下体验店和供应商的预期总库存费用最少；线下体验店的最优存储量与产品体验性成正相关，与消费者线上体验偏好程度成反相关；供应商的最优存储量与产品体验性成正相关，与线上体验偏好程度无关。

对比结论5-8，零售商选择 ARNR 策略，产品无缺陷损失风险会从消费者转移到零售商，将有效提升消费者对产品体验的售后服务满意度，有利于零售商赢得消费者信任，扩大企业市场份额。因此，消费者购买的一种产品的市场体验性水平越高，消费者的满意度也会越高，市场需求也会越大。且当市场中消费者退货率一定时，消费者实际退货量会相对增多。零售商选择 ARNR 策略时，退货产品不再销售，并会在下一订货周期退货给供应商，为保证市场基本需求，减少市场机会损失，线下体验店会扩大最大库存存储量。且当零售商所售产品在市场中体验性水平越高时，线下体验店越会增大库存的最大存储。由于消费者对产品存在不完全线下体验偏好，消费者可能会直接选择到线上旗舰店购买。当消费者对线上偏好程度越大时，线下需求会相对越小，线下体验店则会相应减小库存存储量。当产品在市场中体验性水平越高时，消费者在双渠道购买意愿也会越强。即使零售商选择 ARNR 策略，供应商为满足双渠道的消费者需求，仍具有较大可能性选择扩大库存存储量。因此，供应商的库存存储量都与零售商的线上线下总需求相关，而与消费者对线上的偏好程度无关。

三、零售商接受退货并再销售策略

对于一些因冲动消费以及产品体验性差等原因退货的体验型产品，零售商因为

产品可再销售，会选择接受退货并再销售退货策略，可以在保证不影响售出的前提下增强消费者购后体验满意度。消费者需承担退货过程成本，线下体验店可以直接再销售退货产品，线上退货给供应商的产品也可由供应商再转售。本节同样以第二个订货周期为研究对象，在一个订货周期内消费者购买并退货体验型产品的次数为 n。该策略下，市场基本需求 $d_6 = a - bp_6^* + e\beta s$。当 $i \in (0,1)$ 时，根据线下消费者直接需求是否超出线下体验店存储量以及市场总需求是否超出供应商存储量，可将零售商选择 ARR 策略分为如下三种情形以分析线下体验店的总期望库存费用和供应商的总期望库存费用：

当 $0 < (1-i)D \leq S$ 且 $D < Q$ 时，线下的消费者直接需求可由零售商的线下体验店满足。受线上体验偏好影响的消费者需求由线上旗舰店满足，并将订单及时交付供应商完成，产品的销售购买过程如图5-8所示。由于退货会重复再销售，消费者的退货先退还给零售商的线下体验店，线下体验店会将产品再销售给消费者，并减少下一周期的订货量。线上的消费者退货会退还给供应商，并由供应商再销售。当消费者退货 n 次后，线下体验店的退货产品数量为 $\theta^n E(1-i)D$，未退货需求总量为 $(1-\theta^n)(1-i)D$。线上旗舰店的退货产品数量为 $\theta^n EiD$，未退货需求总量为 $(1-\theta^n)iD$。线下体验店需承担订货费用以及超出线下需求未退货的库存存储费用，供应商需承担订货费用以及超出线上线下需求未退货的库存存储费用。则线下体验店的总期望库存费用为

$$C(S) = C_1^r + K_r\left[S - \theta^n E(1-i)D\right] + C_2^r \int_{(1-\theta^n)(1-i)(d+L)}^{S} (S-x)f(x)\mathrm{d}x \quad (5\text{-}51)$$

供应商的总期望库存费用为

$$C(Q) = C_1^s + K_s(Q - \theta^n ED) + C_2^s(Q - S - iED + \theta^n ED) \quad (5\text{-}52)$$

当 $S < (1-i)D$ 且 $D < Q$ 时，线下消费者需求大于线下体验店库存存储量，市场总需求小于供应商库存。线下的消费者直接需求可先由零售商的线下体验店满足，超出线下体验店库存的需求会转移到线上旗舰店购买，受线上体验偏好影响的消费者需求由线上旗舰店满足，线上旗舰店的订单全部交付供应商完成，产品的销售购买过程如图5-8所示。由于退货会再销售，线下体验店的退货由线下体验店再销售，转移到线上购买的退货以及直接在线上旗舰店购买的退货均直接由供应商再销售。一次订货周期内消费者发生 n 次退货后，线下体验店的退货量为 $\theta^n S$，实际

售出量为 $(1-\theta^n)S$。然而，在线下体验店试用后转移到线上旗舰店的平均退货量为 $\theta^n E[(1-i)D-S]$，实际售出量为 $(1-\theta^n)E[(1-i)D-S]$。直接在线上旗舰店购买体验型产品后的平均退货量为 $\theta^n EiD$，平均售出量为 $(1-\theta^n)EiD$。线下体验店需承担的订货费用、退货存储费用以及线下超出体验店库存的机会损失费用，供应商需承担 n 次退货后的订货费用、超出总需求部分的存储费用、线上旗舰店退货的存储费用。则线下体验店的总期望库存费用为

$$C(S) = C_1^r + K_r(1-\theta^n)S + C_2^r\theta^n S + C_3^r \int_S^{(1-i)(d+H)} (x-S)f(x)\mathrm{d}x \quad (5\text{-}53)$$

供应商的总期望库存费用为

$$C(Q) = C_1^s + K_s(Q-\theta^n ED) + C_2^s\int_{d+L}^{Q} (Q-x)f(x)\mathrm{d}x + C_2^s\theta^n E(D-S) \quad (5\text{-}54)$$

当 $S < (1-i)D$ 且 $D > Q$ 时，仍愿意直接在实体店试用后购买的市场需求大于线下体验店存储量，市场需求大于供应商存储量，产品的购买销售过程同样如图5-8所示。当一次订货周期内消费者发生 n 次退货后，线下体验店的退货量为 $\theta^n S$，实际售出量为 $(1-\theta^n)S$，线上旗舰店的退货量为 $\theta^n E(D-S)$，实际售出量为 $(1-\theta^n)E(D-S)$。线下体验店需承担订货费用、退货产品的存储费用以及超出线下存储量部分的机会损失成本。供应商需承担订货费用、线上旗舰店退货产品的存储费用以及超出供应能力的机会损失成本。则线下体验店的总期望库存费用为

$$C(S) = C_1^r + K_r(1-\theta^n)S + C_2^r\theta^n S + C_3^r \int_S^{(1-i)(d+H)} (x-S)f(x)\mathrm{d}x \quad (5\text{-}55)$$

供应商的总期望库存费用为

$$C(Q) = C_1^s + K_s(Q-\theta^n ED) + C_2^s\theta^n E(D-S) + C_3^s \int_Q^{d+H} (x-Q)f(x)\mathrm{d}x \quad (5\text{-}56)$$

综上所述，线下体验店的总期望库存费用成本为

$$\begin{aligned}C_6(S) = &\ C_1^r + K_r\left[S-\theta^n E\min\left((1-i)D,S\right)\right] + C_2^r\theta^n E\min\left[(1-i)D,S\right] + \\ & C_2^r\int_{(1-i)(d_6+L)}^{S} (S-x)f(x)\mathrm{d}x + C_3^r\int_S^{(1-i)(d_6+H)} (x-S)f(x)\mathrm{d}x\end{aligned} \quad (5\text{-}57)$$

供应商的总期望库存费用成本为

$$\begin{aligned}C_6(Q) = &\ C_1^s + K_s(Q-\theta^n ED) + C_2^s\int_{d_6+L}^{Q} (Q-x)f(x)\mathrm{d}x - C_2^s\int_{(1-i)(d+L)}^{(1-\theta^n)S}\left[(1-\theta^n)s-x\right] \\ & f(x)\mathrm{d}x + C_2^s E\theta^n(D-S) + C_3^s\int_Q^{d_6+H}(x-Q)f(x)\mathrm{d}x\end{aligned} \quad (5\text{-}58)$$

因此，当 $i \in (0,1)$ 时零售商选择 ARR 策略时的最优存储模型为

$$\min C_6(Q)$$

$$\text{s.t.} \min C_6(S)$$

分别对式（5-57）求 S 的二阶偏导，对式（5-58）求 Q 的二阶偏导得 $\partial^2 C_6(S)/\partial S^2 > 0$，$\partial^2 C_6(Q)/\partial Q^2 > 0$。因此，根据一阶偏导条件 $\partial C_6(S)/\partial S = 0$ 和 $\partial C_6(Q)/\partial Q = 0$ 可得到

$$S_6^* = \frac{(1-i)d_6\left[(1-\theta^n)C_2^r + C_3^r + \theta^n K_r\right] + (1-i)\left[LC_2^r + HC_3^r + \theta^n H(K_r - C_2^r)\right] - (H-L)K_r}{(1-\theta^n)C_2^r + C_3^r + \theta^n K_r} \tag{5-59}$$

$$Q_6^* = \frac{(C_2^s + C_3^s)d_6 + LC_2^s + HC_3^s - K_s(H-L)}{C_2^s + C_3^s} \tag{5-60}$$

结论5-10 当存在消费者对线下不完全体验偏好，且零售商选择 ARR 策略时，线下体验店和供应商分别存在最优存储量 S_6^* 和 Q_6^*，使线下体验店和供应商的预期总库存费用最少；线下体验店的最优存储量与产品体验性成正相关，与消费者线上体验偏好程度成反相关；供应商的最优存储量与产品体验性成正相关，与线上体验偏好程度无关。

零售商选择 ARR 策略时，消费者可以直接在零售商的线上旗舰店体验并购买产品，也仍会有消费者选择先到线下体验店试用后再购买，线下体验店和供应商可以设计最优存储量平衡预期总库存费用。当市场中一种产品如新款色号的口红的体验性水平越高，消费者购买意愿越强，市场需求可能会随之增加，消费者在线上旗舰店和线下体验店购买的需求均有可能增加。在消费者退货率恒定时，消费者的退货总量相对可能会增多。如果零售商选择接受退货且再销售退货产品，产品损失风险虽然转移给了零售商，但在 n 次重复销售后会降低零售商的产品损失风险。因此，市场总需求在线下体验店增加的程度可能高于直接转移到线上旗舰店购买的消费者需求，使得零售商可能会增加线下体验店的最大储存量以满足更多的线下需求。随着产品体验性的增加，双渠道市场需求增多，供应商为满足零售商更多的供应需求，也会增加库存存储量。且无论消费者对线上偏好程度如何，仅会影响零售商的线上线下需求分配比，对供应商的库存存储量无影响。

四、数值分析

为了便于分析产品体验性以及消费者偏好对线下体验店和供应商的最优存储量的影响，并进一步探讨消费者偏好以及产品体验性对线下体验店和供应商的预期总

库存费用的影响，本小节借助算例分析探讨零售商选择三种不同的退货策略下产品体验性系数及消费者偏好程度对结果的影响。为便于分析，本节同样假定定价 p 相同并用市场基本需求 d 代指产品体验性 β 进行比较分析。参考表5-1算例参数取值，设 $\varepsilon \in [-20, 50]$，体验型产品的退货概率为0.3，零售商与供应商可重复再销售的次数均数 $n = 2$。

由式（5-40）、式（5-50）和式（5-60）知 $Q_4^* = Q_5^* = Q_6^*$，可得：

结论5-11 当 $i \in (0, 1)$ 时，无论采取何种退货策略，供应商的最优存储量均相同。

当消费者对线上具有不完全体验偏好时，消费者偏好程度将影响的是零售商线上线下的需求分配比，但消费者在双渠道的需求总量是一定的。零售商的退货策略虽然影响到了零售商订货，但由于产品本身存在一定的次品率，供应商在考虑次品的影响下，依然还是会根据市场需求来调整库存最优存储量，而与消费者的渠道选择无关。

对比结论5-4，发现 $Q_1^* = Q_2^* = Q_3^* = Q_4^* = Q_5^* = Q_6^*$，可得：

结论5-12 消费者对线上体验的偏好程度对供应商的最优存储量无影响，只与市场基本需求有关。

可能的原因在于当其他条件一致时，无论消费者是否具有完全线下体验偏好，消费者在零售商的双渠道购买需求是恒定的。供应链上游的供应商通过零售商面向市场需求供应产品，使得供应商的存储量与市场需求有关，而与消费者渠道购买方式无关。

由式（5-39）、式（5-49）、式（5-59）可得图5-9、图5-10和图5-11，产品体验性 β 与消费者线上偏好程度 i 对三种不同退货策略下线下体验店最优存储量的影响。

参考结论5-8、结论5-9、结论5-10，并对比图5-9、图5-10和图5-11，可得：

结论5-13 相同产品体验性和不完全线下体验偏好下，零售商选择 ARR 策略时，线下体验店最优存储量的值最高；零售商选择 ARNR 策略时，线下体验店最优存储量的值最低。相同退货策略下，当产品体验性较低时，线下体验店最优存储量随消费者线上偏好程度的变化相对较小；当产品体验性较高时，线下体验店最优存储量随消费者线上偏好程度的变化相对较大。当消费者线上偏好程度较低时，线下体验店最优存储量随产品体验性的变化相对较大；当消费者线上偏好程度较高

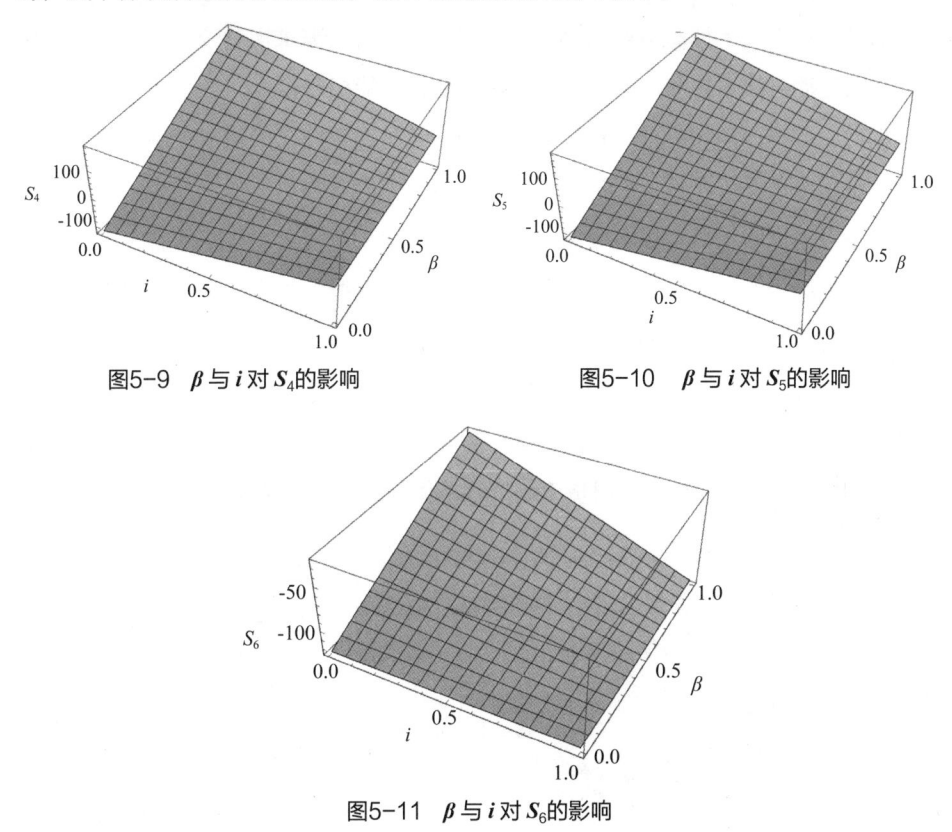

时，线下体验店最优存储量随产品体验性的变化相对较小。

图5-9　β 与 i 对 S_4 的影响

图5-10　β 与 i 对 S_5 的影响

图5-11　β 与 i 对 S_6 的影响

可能的原因是部分线上消费者存在不完全线下体验偏好，而线上体验性服务较弱，零售商不接受退货会降低消费者购买信心，更多消费者可能会考虑先线下体验后购买。因此，相较于零售商选择 ARNR 策略，如果零售商选择 NAR 策略时，线下体验店有较大可能增大库存存储量以满足更多的线下需求。相较于另外两个退货策略，零售商选择 ARR 策略可以增强消费者双渠道购买信心，线下体验店为减少机会成本损失，占据更多市场份额，也会尽可能增加线下库存存储量。产品的体验性水平比市场整体水平要高时，产品价值可能较大。零售商体验服务投入越大，消费者市场总需求越大，消费者对线上体验的偏好程度对线上线下的需求分配比影响越大。为减少机会成本损失，线下体验店的库存存储量的变化程度就越大。而当产品体验性水平较低时，线下体验店的库存存储量的变化程度可能就越小。消费者线上体验偏好程度较大时，线下体验店的市场需求可能相对较小。为控制库存存储成本，线下体验店可能会小幅度调动存储量水平以平衡产品体验性变动对需求的影响。而当消费者线上体验偏好较小时，消费者线下直接需求相对较大。此时，产品体验性的变动对线下体验店的库存存储量的变化可能相对较大。

据此，零售商可根据线下体验店存储容量及时调整经营策略：存储空间有限的线下体验店可选择优化线上服务水平以增强线上旗舰店购买选择，并经营体验性较低的产品以通过线上获取更多收益；存储空间容量相对较大的线下体验店可选择提升线下体验服务的相对独特性，以吸引消费者需要在线下体验才可能获得真实体验感，并以经营体验性较高的产品为主。

将式（5-39）代入式（5-37），将式（5-49）代入式（5-47），将式（5-59）代入式（5-57）可分别得图5-12、图5-13、图5-14。如图所示，产品体验性 β 与消费者线上偏好程度 i 对三种不同退货策略下线下体验店的最小预期总费用的影响。

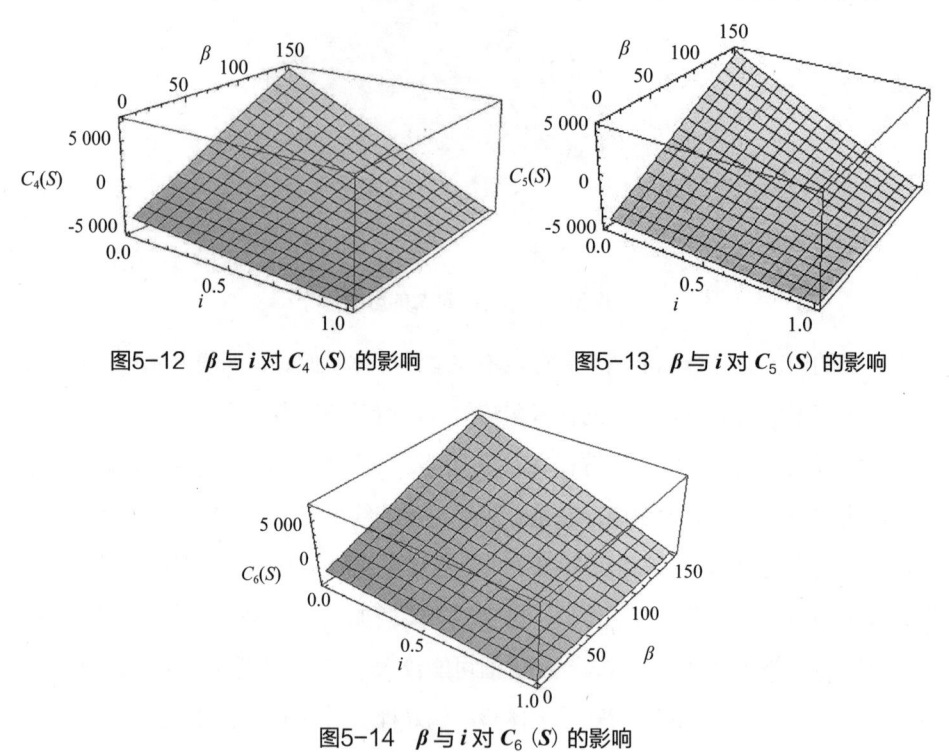

图5-12 β 与 i 对 $C_4(S)$ 的影响

图5-13 β 与 i 对 $C_5(S)$ 的影响

图5-14 β 与 i 对 $C_6(S)$ 的影响

对比图5-12、图5-13、图5-14，可得：

结论5-14 相同产品体验性和不完全线下体验偏好下，零售商选择 ARR 策略时，线下体验店的期望库存费用相对最多；零售商选择 ARNR 策略时，线下体验店的期望库存费用相对最少。同一零售商退货策略下，线下体验店的期望库存费用随产品体验性的增加而增加，随消费者线上偏好程度的增加而减少。当产品体验性较低时，线下体验店的期望库存费用随消费者线上偏好程度的变化相对较小；当产品体验性较高时，线下体验店的期望库存费用随消费者线上偏好程度的变化相对较大。当消费者线上偏好程度较低时，线下体验店的期望库存费用随产品体验性的变化相对较大；当消费者线上偏好程度较高时，线下体验店的期望库存费用随产品体验性的变化相对较小。

可能原因是库存存储成本对线下体验店的总库存费用占据主要影响作用。线下体验店的库存存储量越大，总库存费用越高，线下体验店的库存存储量越小，总库存费用越低。因此，线下体验店的总库存费用随产品体验性和消费者线上偏好程度的变化同库存存储量的变化相同。且线下体验店的总库存费用与产品体验性成正相关，与消费者线上偏好程度成负相关。

对成本风险偏好的零售商可选择经营体验性较高的产品，通过线上无法获得与线下相同的产品体验性水平以博取机会收益；对成本风险厌恶的零售商可选择经营体验性较低的产品，使得消费者对产品体验偏好较低进而选择在线上购买，以规避机会损失风险。

将式（5-39）和式（5-40）代入式（5-38），将式（5-49）和式（5-50）代入式（5-48），将式（5-59）和式（5-60）代入式（5-58）可分别得图5-13、图5-14、图5-15。如图5-17所示，为产品体验性 β 与消费者线上偏好程度 i 对三种不同退货策略下的供应商最小预期总费用的影响。

对比图5-15、图5-16、图5-17，可得：

结论5-15　相同产品体验性和不完全线下体验偏好下，零售商选择 ARNR 策略时，供应商的期望库存费用相对最多；零售商选择 ARR 策略时，供应商的期望库存费用相对最少。同一零售商退货策略下，供应商的期望库存费用随产品体验性的增加而增加，随消费者线上偏好程度的增加而平缓减少。当产品体验性较低时，供应商的期望库存费用随消费者线上偏好程度的变化相对较小；当产品体验性较高时，供应商的期望库存费用随消费者线上偏好程度的变化相对较大。无论消费者线上偏好程度大小如何，供应商的期望库存费用随产品体验性高低的变化相对较大。

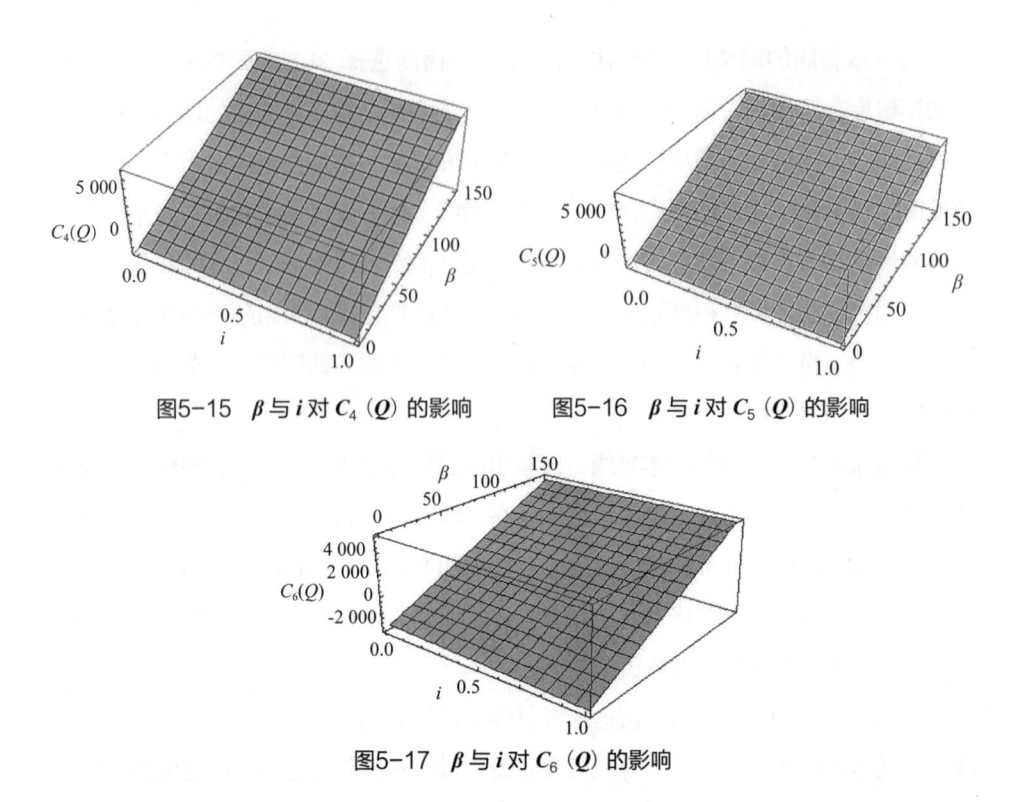

图5-15 β 与 i 对 $C_4(Q)$ 的影响　　图5-16 β 与 i 对 $C_5(Q)$ 的影响

图5-17 β 与 i 对 $C_6(Q)$ 的影响

可能的原因是零售商选择 ARNR 策略虽然会赢得消费者信任，增强品牌效用，但供应商需要承担消费者退货产品损失。零售商选择 NAR 策略虽然会将产品损失风险转移给消费者，但有可能降低消费者效用。当产品体验性和消费者线上偏好程度相同时，供应商的产品损失成本可能大于市场机会损失成本。因此，零售商选择 ARR 策略对供应商的总库存费用的内生影响最小，选择 ARNR 策略对供应商的总库存费用的内生影响最大。同一零售商退货策略下，供应商的供应能力与市场总需求有关，且产品体验性越高，零售商服务努力投入越大，消费者效用越高，市场需求越大。因此，供应商的总库存费用随产品体验性的增加而增加。消费者对线上体验偏好程度主要影响零售商的线上线下需求分配比，但仍有可能对线下体验店的订货量产生一定的影响。考虑单位订货成本，随着消费者线上偏好程度的增加，供应商的总库存仍有可能减小。由于在不同消费者线上偏好程度下，市场总需求相同，供应商的总库存费用可能随着消费者线上偏好程度的增加而平缓减少。且产品体验性越高时，供应商总库存费用随着消费者线上偏好程度减少的幅度也越大。由于消费者线上体验偏好程度对市场总需求影响微弱，且供应商的总库存费用随产品体验性的增加而增加，即当消费者线上偏好程度一定时，供应商的总库存费用随产品体验性的变化相对较大。

当供应链上游与下游进行协作经营时，零售商促进消费者选择直接在线上旗舰店购买体验型产品可以帮助供应商降低部分库存费用，但帮助程度较弱。供应商对于消费者选择行为保持中立态度，但会促进零售商经营体验性较低的产品。

第五节　本章小结

本章以消费者偏好选择行为为视角，基于消费者退货理论与供应链库存管理理论，从产品体验性出发，设计了三种零售商退货策略下线下体验店与供应商的不确定性梯次存储模型。通过对模型求解并分析产品体验性和消费者体验偏好程度对供应链中零售商和供应商的最优存储水平和预期库存费用决策的影响。

本章的研究结果表明：当消费者存在完全线下体验偏好时，零售商需要在不同产品体验性水平下设计不同的退货策略以优化零售商总库存费用，供应商需要根据零售商退货策略的选择经营不同体验性水平下的产品。当存在不完全线下体验偏好时，零售商为保证市场需求充分满足，且经营收益稳定，可以考虑经营体验性较低的产品以促进消费者选择在线上旗舰店购买体验型产品。对成本风险偏好的零售商可选择经营体验性较高的产品，通过线下体验店的较高体验程度占据市场，以博取更多机会收益；对成本风险厌恶的零售商可经营体验性较低的产品并促进消费者转移到线上旗舰店购买产品以规避风险。当供应链上游与下游进行协作经营时，零售商促进消费者选择直接在线上旗舰店购买体验型产品可以帮助供应商降低部分库存费用，但帮助程度较弱。供应商对于消费者选择行为保持中立态度，但会促进零售商经营体验性较低的产品。研究结果将有助于为经营体验型产品的零售商和供应商提供存储决策和建议。

第六章 体验型产品的双渠道供应链服务决策

随着互联网技术和电子商务的快速发展，双渠道的产品分销方式已经逐渐完善和成熟。网络直销渠道增强了购物的便利性，传统销售渠道保留了购物的切身体验，新时代的消费者更倾向于在具备网络直销渠道和传统销售渠道的双渠道供应链环境中购物。其中，服务作为吸引消费者的重要手段，正成为影响消费者进行渠道选择不可或缺的因素。

传统销售渠道通过与消费者面对面交流，提供产品展示与体验、送货上门、预约退换货等服务，帮助消费者降低购买风险，增强对商品的好感度，例如沃尔玛、家乐福等零售商会向消费者提供免费停车服务、免费班车服务，还会对店面进行装饰，增加购物的舒适度，并雇佣销售人员进行产品信息的详细介绍等。网络直销渠道通过展示产品图片、视频的方式为消费者提供产品信息，消费者可以通过浏览产品参数、历史消费评价或者咨询客服人员等方式来了解产品；网络渠道还通过提供价格透明、物流快速响应等服务来提升消费者对渠道的满意度，例如京东商城会将商品与同类平台进行价格对比，以实现较低价格出售，还提供送货上门以及7天无理由退货等服务，从而吸引消费者。因此，服务是消费者在进行渠道选择时考虑的一个重要因素，服务水平会影响渠道市场需求的大小。

本章首先对体验服务的形式和研究现状进行概述，其次提出体验型产品的双渠道供应链服务问题，再次通过比较双渠道之间消费者效用来对消费者渠道选择进行分析，然后分析集中决策与分散决策两种模式下产品体验服务的最优协调模式，最后得到产品体验性系数对渠道选择的影响以及制造商如何协调双渠道的服务策略。

第一节 体验服务

一、体验服务的形式

体验服务是指商家通过让顾客直接对服务或产品进行短期的体验，使其对服务水平或者产品的质量和性能有了全面的认识和了解，从而吸引体验顾客转变为常规顾客，提高企业的顾客群。体验服务主要通过挖掘消费者潜在需求和预期欲望，使消费者对产品良好的体验、愉悦的感受升华为客户的忠诚，通俗而言就是先体验再购买，让顾客切实感受到产品的优点及吸引力。

体验服务可分为线上网络渠道体验服务和线下传统渠道体验服务，两者的联动可以全方位满足消费者的体验需求，吸引对体验服务即时需求感到满足的消费者。网络渠道体验服务的一种典型是直播，直播可以通过为消费者提供产品的视觉体验来刺激购买欲望的产生。网络渠道受时间和空间约束小，可以为消费者提供随时随地的体验服务，消费者也可根据自身个性特点来寻找满足需求的服务。传统渠道体验服务，如超市定期开展的食品试吃、产品试用活动，可以使消费者直接感受产品本身的质量。此外，服务人员的专业素质对两类渠道体验服务都有着明显影响，如在汽车4S店的销售流程中，除了增加消费者在购买过程中的试驾体验外，还更多渗透到销售顾问与顾客的直接接触中，销售顾问的专业与否、带给客户的体验如何都会直接影响潜在顾客的购买行为。

二、体验服务的研究现状

随着服务经济的快速发展以及消费者服务需求的逐步增强，服务已成为提高企业核心竞争力和改善企业绩效的重要因素（WU，2020），Kurate等（2013）研究表明服务水平对企业绩效、客户关系及消费者满意度等具有正向影响。

近年来，体验服务对供应链运作的影响逐渐吸引了学术界的关注。但斌等（2013）的研究表明两部收费策略可以实现双渠道供应链的完美协调。当顾客在消费过程中的耐心程度较低时，零售商可以考虑引进线上下单服务。金亮等（2019）针对由一个线上零售商和一个线下实体端组成的线下体验线上购买的供应链，研究了零售商如何设计佣金契约并激励实体店付出体验服务努力这一问题。随着线上线下的快速融合，学者开始重点围绕 O2O 商业模式研究体验服务对供应链运作的影响。O2O 模式可以同时为线上、线下提供体验服务，范丹丹等（2017）设计了需求迁移情景下的集中式和分散式模型，得到 O2O 系统最优条件下的服务决策。刘灿等（2018）探讨了零售商线下渠道服务对制造商线上需求产生的溢出效应，研究了 O2O 线上与线下渠道合作机制的设计问题，发现服务溢出效应具有调节价格竞争的作用。

有关体验服务对企业的影响，许多学者从企业对具有实物形态的产品的定价机制和销售策略方面进行研究。王海平等（2018）针对软件产品，通过构建 Hotelling 模型研究双寡头企业免费增值策略博弈均衡及影响因素，研究结果说明企业可以根据网络效应的相对强弱来合理采用免费增值策略，进而获得更大利润。陈啟（2018）研究了线下体验服务努力和服务时尚度两者影响下，销售期不打折和打折时服装零售商的体验服务努力对库存和利润的影响。陈小艳等（2019）在网络外部性强度和免费体验产品质量确定的情况下，研究免费增值商业模式中的最优定价策略和产品优化设计问题。此外，针对服务资源有限的服务型企业研究，相关学者主要通过借鉴经济学领域知识，结合排队理论模型来研究服务型企业的体验服务机制设置的问题。Zhou 等（2014）考虑带有体验服务的非强占优先权排队系统来研究服务型企业体验服务机制的设计，通过构造忠实顾客在提供体验服务和不提供体验服务两种服务机制下的服务效用函数以及服务提供商服务收益函数，进而确定企业的最优服务策略。Lian 等（2016）利用排队博弈理论研究带有免费体验服务的服务系统优化设计研究，研究表明经过免费体验服务之后，如果越多的潜在顾客选择付费服务，系统需要降低体验服务的服务速率来缓解服务系统拥堵情况。

对于企业来说，设置体验服务是企业吸引潜在顾客扩大忠实顾客规模的最有效策略之一。研究体验服务对消费者的影响，可以帮助企业更好制定策略以挖掘潜在顾客。Adhikari（2013）从消费者效用出发，指出了产品体验度的评估对体验型产品的定价及产品销售具有重要作用，因此利用体验服务提升消费者的产品体验度成为产品销售的一种手段。Dan 等（2017）研究了免费增值服务对制造商和零售商组成的双渠道供应链决策的影响，发现保修和增值服务都会影响顾客的购买行为。此外，消费者对评判标准的选择也会对渠道选择产生影响，企业可以根据评判标准更好的决定提供体验服务的渠道。Alba（1987）指出，消费者如果以视觉作为评判信息的标准，则网络所提供的信息会占绝对优势，即搜索型产品适宜网络渠道；消费者如果通过味觉和触觉来判断网上所提供的信息，那么网络所提供的信息就不如传统的零售渠道所提供的信息，即体验型产品更适宜实体渠道。

第二节　体验型产品的双渠道供应链服务问题

一、问题提出

网络渠道能够随时随地的向消费者提供服务，但只能通过文字、图片、视频等方式对产品进行描述，其虚拟性造成消费者对产品价值评估的偏差。实体渠道尽管受到时间和地域的限制，但能够向消费者提供全方位的体验，让消费者感受到真实的产品价值。例如网络渠道客服人员的服务态度以及网络直播的卖力推广，传统渠道服务人员的专业知识以及服务态度可全方位地满足消费者的体验需求，吸引对体验服务有即时需求满足的消费者。但体验服务产出界限模糊，服务产出具有很强的交叉性，线上和线下服务人员均存在搭对方便车的行为。如何协调制造商的产品体验服务是双渠道下制造商亟须解决的一个问题。

通过以上文献的回顾，可以看出服务作为一种非价格影响因素是双渠道研究的热点，但研究集中在双渠道是服务合作还是服务竞争上。上述的研究都将产品看成一类产品，其实不同的产品特性对渠道的选择是不同的，对服务的要求也存在区别，根据产品的特性来研究渠道服务的文献还较少，因此是本章的一个创新点。下面研究产品的体验特性对渠道服务的影响以及对制造商收益的影响。

二、问题描述及基本假设

（一）问题描述

考虑一个制造商具备线上销售渠道与线下销售渠道（线下销售渠道的拓展有加盟和自营两种模式，本章只考虑加盟模式），线上销售渠道与线下销售渠道双方作为独立实体进行产品销售，如图6-1所示。线上销售渠道的产品体验服务包括信息的检索、产品视频展示、免费试用等，再加上现在流行的让消费者身临其境的虚拟现实技术；线下销售渠道提供产品体验服务包括产品的试用、食品的试吃、服装的试穿、服务的热情等。产品体验服务可以让消费者在没做出购买决策之前，对产品的体验程度加深，以此达到吸引消费者、提升消费者认同感的目的，如图6-1所示。

第六章 体验型产品的双渠道供应链服务决策

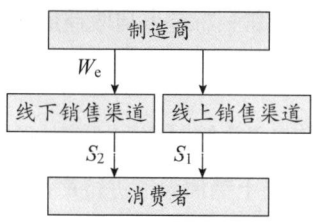

图6-1 电商企业双渠道结构图

在双渠道供应链环境下,基于各自渠道权力的不同,决策模式可以分为集中决策模式和分散决策模式。在集中决策模式下制造商将线上销售渠道与线下销售渠道作为整体,统一集中决策;在分散决策模式下制造商只开辟线上销售渠道,线下销售渠道交由代理商负责,此时线上销售渠道与线下销售渠道是制造商主导的Stackelberg博弈。

产品的体验性指数 $\beta \in (0, 1)$,β 越接近于1,消费者就越能凭借文字图片等信息判断产品的真实价值,则该产品更适宜线上渠道销售,例如标准型的圆珠笔;β 越接近于0,消费者越希望通过切身体验判断产品的真实价值,该产品在目前技术下更适宜线下渠道销售,例如刚推出的新品香水或者需试穿的鞋子。

其余使用的模型符号及定义如表6-1所示。

表6-1 模型符号及定义表

符号	定义	符号	定义
w_e	制造商将产品批发给线下销售渠道的批发价	U_1	线上销售渠道消费者所获得的效用
k	消费者线上线下渠道的转移系数	U_2	线下销售渠道消费者所获得的效用
P	双渠道产品定价	D_1	线上销售渠道的产品需求量
s_1	线上销售渠道的产品体验服务水平	D_2	线下销售渠道的产品需求量
s_2	线下销售渠道的产品体验服务水平	π_1	线上销售渠道收益
η_1	线上销售渠道服务成本系数,$\eta_1 > 0$	π_2	线下销售渠道收益
η_2	线下销售渠道服务成本系数,$\eta_2 > 0$	π_e	线上线下双渠道总收益
$C(s)$	产品体验服务成本		

其中上标"*"表示最优决策,上标"c"表示集中决策模式,上标"d"表示分散决策模式。在集中决策模式下,双渠道作为统一整体集中决策,其决策目标是线上线下双渠道总收益最大化。在分散决策模式下,线上销售渠道和线下销售渠道

作为独立部门进行分散决策，决策目标是各自收益最大化。

（二）基本假设

假设6-1 消费者在做出购买决策时存在线下体验线上购买的行为，存在搭便车行为，同时消费者也会通过线上销售渠道进行产品比价、咨询等行为，然后通过线下销售渠道购买产品，也存在一定的搭便车现象。

假设6-2 根据 Tsay A（2004）提出的服务成本函数，可假设服务成本函数 $C(s) = \eta s^2/2$，产品的服务成本系数 η 越大，表示销售商为了达到某一产品体验服务水平的成本越高。

假设6-3 需求市场为单位市场，不存在产品缺货导致的需求转移。

第三节 基于消费者效用的渠道需求分析

双渠道供应链研究中通过比较双渠道之间消费者效用 U 大小的方式来确定消费者的渠道需求。消费者通过线上销售渠道购买产品时，由于对产品体验度不同，消费者对产品的价值评估或多或少都受到一定的影响。比如消费者通过线上销售渠道购买产品只能借助图文介绍了解产品，对产品的价值评估就存在或高或低的情况，因此当消费者通过线上销售渠道购买产品时，所获得的产品价值为 βv。

当消费者通过线下销售渠道购买产品时，可亲自体验产品，对产品的质地、形状、颜色等属性有更加真实的感受，通过体验后能够获得产品的全部价值 v。当线上销售渠道与线下销售渠道存在搭便车行为时，消费者会通过线下销售渠道享受产品体验服务，再转移到线上销售渠道，其需求转移量为 ks_2；同理，由线上向线下销售渠道的需求转移量为 ks_1。由上述内容可以得出：消费者通过线上销售渠道购买产品所获得的效用为 $U_1 = \beta v - P + ks_2 + (1-k)s_1$，消费者通过线下销售渠道购买产品所获得的效用为 $U_2 = v - P + (1-k)s_2 + ks_1$，消费者会通过比较线上线下双渠道之间的消费者效用大小的方式做出购买决策。

根据上述可得：当 $U_1 = 0$ 时，存在临界值 $v_1 = (P - s_1 + ks_1 - ks_2)/\beta$，则当 $v \geq v_1$，使得 $U_1 \geq 0$，消费者会选择通过线上销售渠道购买产品；当 $U_2 = 0$，存在临界值 $v_2 = P - ks_1 - s_2 + ks_2$，则当 $v \geq v_2$，使得 $U_2 \geq 0$ 时，消费者会选择通过线下销售渠道

购买产品；当 $U_1 = U_2$ 时，存在临界值 $v_{12} = (2ks_1+s_2-s_1-2ks_2)/(\beta-1)$，则当 $v = v_{12}$ 时，线上销售渠道和线下销售渠道之间无差异，消费者可以选择其中任一渠道购买产品。通过比较消费者在不同渠道购买产品时对产品评估价值的临界值（v_1、v_2 及 v_{12}）可知，当 $v_1 > v_2$ 时，$v_1 > v_2 > v_{12}$，在此情况下，当消费者对产品的评估价值处于区间 $[v_2, 1]$ 时，消费者会选择通过线下销售渠道进行产品购买，即当 $P > [s_1+ks_2-ks_1-\beta(ks_1+s_2-ks_2)]/(1-\beta)$ 时，所有消费者会选择通过线下销售渠道购买产品，制造商不存在线上线下双渠道。当 $v_2 > v_1$ 时，$v_{12} > v_2 > v_1$，在此情况下，当消费者对产品的评估价值处于区间 $[v_{12}, 1]$ 时，消费者会选择通过线下销售渠道购买产品。当消费者对产品的评估价值处于区间 $[v_1, v_{12}]$ 时，消费者会选择通过线上渠道购买产品。当消费者对产品的估值处于区间 $[0, v_1]$ 时，消费者则不会选择任何渠道购买产品。即当 $P < [s_1+ks_2-ks_1-\beta(s_1+s_2-ks_2)]/(1-\beta)$ 时，制造商才会存在双渠道的情形。因此本书只讨论制造商存在线上线下双渠道共存的情况下，制造商双渠道之间的产品定价策略以及服务策略。通过以上分析，可以得到制造商线上线下双渠道销售模式下的需求函数。

线上渠道的需求函数为

$$D_1 = \frac{2ks_1+s_2-s_1-2ks_2}{\beta-1} - \frac{P-s_1+ks_1-ks_2}{\beta} \tag{6-1}$$

线下销售渠道的需求函数为

$$D_2 = 1 - \frac{2ks_1+s_2-s_1-2ks_2}{\beta-1} \tag{6-2}$$

因此可得线上销售渠道和线下销售渠道的渠道收益以及双渠道整体收益分别为：

$$\pi_1 = PD_1 + w_e D_2 - \frac{\eta_1 s_1^2}{2} \tag{6-3}$$

$$\pi_2 = (P-w_e)D_2 - \frac{\eta_2 s_2^2}{2} \tag{6-4}$$

$$\pi_e = \pi_1 + \pi_2 = PD_1 + PD_2^c - \frac{\eta_1 s_1^2}{2} - \frac{\eta_2 s_2^2}{2} \tag{6-5}$$

第四节 双渠道供应链产品体验服务最优协调模式分析

一、集中决策模式下产品体验服务协调分析

当线上线下双渠道采用集中决策模式时,线上线下双渠道供应链总收益为

$$\pi_e^c = \pi_1^c + \pi_2^c = P^c D_1^c - \frac{\eta_1 s_1^{c2}}{2} + P^c D_2^c - \frac{\eta_2 s_2^{c2}}{2} \quad (6-6)$$

将式(6-1)和式(6-2)代入式(6-5)中可得:

$$\pi_e^c = P^c \left(\frac{2ks_1^c + s_2^c - s_1^c - 2ks_2^c}{\beta - 1} - \frac{P^c - s_1^c + ks_1^c - ks_2^c}{\beta} \right) + \\ P^c \left(1 - \frac{2ks_1^c + s_2^c - s_1^c - 2ks_2^c}{\beta - 1} \right) - \frac{\eta_1 s_1^{c2}}{2} - \frac{\eta_2 s_2^{c2}}{2} \quad (6-7)$$

设 $(k-1)^2 \eta_2 + \eta_1(k^2 - 2\beta\eta_2) > 0$,为了使 π_s^c 最大,求解 $\frac{\partial \pi_e^c}{\partial P^c} = 0$、$\frac{\partial \pi_e^c}{\partial s_1^c} = 0$ 和 $\frac{\partial \pi_e^c}{\partial s_2^c} = 0$,可得如下结果。

$$\frac{\partial \pi_e^c}{\partial P^c} = \frac{\beta - (k-1)s_1^c + ks_2^c - 2P^c}{\beta} = 0 \quad (6-8)$$

$$\frac{\partial \pi_e^c}{\partial s_1^c} = \frac{P^c - kP^c - \beta s_1^c \eta_1}{\beta} = 0 \quad (6-9)$$

$$\frac{\partial \pi_e^c}{\partial s_2^c} = \frac{kP^c}{\beta} - s_2^c \eta_2 = 0 \quad (6-10)$$

联立式(6-8)、式(6-9)和式(6-10)可得集中决策模式下线上线下最优产品价格和产品体验服务水平及其相关函数表达式如表6-2所示。

二、分散决策模式下产品体验服务协调分析

当线上线下双渠道采用分散决策模式时,线上销售渠道零售商作为供应链的主导者,线下销售渠道零售商作为跟随者。制造商首先制定其线上销售渠道的产品价格 P^d,线下销售渠道的产品批发价格 w_e^d,以及自身渠道的服务水平 s_1^d,以自身渠道收益最大化为目标制定其最佳决策。然后线下销售渠道商依据线上销售渠道的策略,制定自身渠道的服务水平 s_2^d。采用逆向归纳法求解,得到线上销售渠道收益函数和线下销售渠道的收益函数分别为:

表6-2 集中决策模式下双渠道模型参数最优决策结果

双渠道最优定价 P^{c*}	$\dfrac{\beta^2\eta_1\eta_2}{2k\eta_2-k^2\eta_2+2\beta\eta_1\eta_2-k^2\eta_1-\eta_2}$
线上销售渠道最优服务水平 s_1^{c*}	$\dfrac{(1-k)\beta\eta_2}{2k\eta_2-k^2\eta_2+2\beta\eta_1\eta_2-k^2\eta_1-\eta_2}$
线下销售渠道最优服务水平 s_2^{c*}	$\dfrac{k\beta\eta_1}{2k\eta_2-k^2\eta_2+2\beta\eta_1\eta_2-k^2\eta_1-\eta_2}$
双渠道供应链总需求 D^{c*}	$\dfrac{-\beta\eta_1\eta_2}{(k-1)^2\eta_2+\eta_1(k^2-2\beta\eta_2)}$
双渠道供应链总收益 π_e^c	$\dfrac{-\beta^2\eta_1\eta_2}{2(k-1)^2\eta_2+\eta_1(k^2-2\beta\eta_2)}$

$$\pi_1^d = P^d D_1^d + w_e^d D_2^d - \frac{\eta_1 s_1^{d2}}{2} \quad (6\text{-}11)$$

$$\pi_2^d = (P^d - w^d)D_2^d - \frac{\eta_2 s_2^{d2}}{2} \quad (6\text{-}12)$$

对 π_2^d 分别求 s_2^d 一阶偏导数，根据一阶偏导条件 $\partial \pi_2^d / \partial s_2^d = 0$，可得

$$s_2^d = \frac{(2k-1)(P^d - w_e^d)}{(\beta-1)\eta_2} \quad (6\text{-}13)$$

将公式（6-13）代入线上销售渠道收益函数公式即式（6-11）中，设 P^d、w_e^d 和 s_1^d 为决策变量，并对 P^d、w_e^d 和 s_1^d 求导，令其为零可得：

$$\frac{\partial \pi_1^d}{\partial P^d} = \frac{(1-2k)[2(w_e^d - P^d)\beta + k(2P^d + 2P^d\beta - w_e^d - 3w_e^d\beta)] +}{(\beta-1)^2\beta\eta_2}$$
$$\frac{(1-\beta)\eta_2[2P^d(\beta-1) - (k\beta + k - 1)s_1^d]}{(\beta-1)^2\beta\eta_2} = 0 \quad (6\text{-}14)$$

$$\frac{\partial \pi_1^d}{\partial s_1^d} = \frac{P^d(k\beta + k - 1) + \beta w_e^d(1-2k)}{(\beta-1)\beta} - s_1^d\eta_1 = 0 \quad (6\text{-}15)$$

$$\frac{\partial \pi_1^d}{\partial w_e^d} = \frac{(2k-1)[2(w_e^d - P^d)\beta + k(P^d + 3P^d\beta - 4w_e^d\beta)]}{(\beta-1)^2\beta\eta_2} + \frac{\beta\eta_2(\beta-1)[\beta - 1 + (1-2k)s_1^d]}{(\beta-1)^2\beta\eta_2} = 0$$
$$(6\text{-}16)$$

联立式（6-14）、式（6-15）和式（6-16）可得线上销售渠道的最优产品定价、最优服务水平以及最优批发价：

$$P^{d*} = \frac{\beta\eta_2[(k\beta+k-1)\eta_2 - (3k\beta-2\beta+k)]}{(2k-1)[\eta_1(k^2-4\beta\eta_2) + 2\eta_2(\beta\eta_2-k+1)]} \quad (6\text{-}17)$$

$$s_1^{d*} = \frac{\eta_2[2\beta + k(k\beta-4\beta+k-1) + 2(\beta-1)\beta\eta_2]}{(2k-1)[\eta_1(k^2-4\beta\eta_2) + 2\eta_2(\beta\eta_2-k+1)]} \quad (6\text{-}18)$$

$$w_e^{d*} = \frac{2\beta\eta_1\eta_2(k-2k^2-\beta+3k\beta-2k^2\beta-\eta_2+2\beta\eta_2-\beta^2\eta_2)}{(2k-1)^2[\eta_1(k^2-4\beta\eta_2) + 2\eta_2(\beta\eta_2-k+1)]} + \frac{\eta_2^2(k\beta+k-1)^2}{(2k-1)^2[\eta_1(k^2-4\beta\eta_2) + 2\eta_2(\beta\eta_2-k+1)]} \quad (6\text{-}19)$$

设 $F = (2k-1)[\eta_1(k^2-4\beta\eta_2) + 2\eta_2(\beta\eta_2-k+1)] > 0$,由此可得线上线下双渠道的最优产品定价以及相关函数表达式,见表6-3。

表6-3 分散决策模式下双渠道模型参数最优决策结果

双渠道最优定价 P^{d*}	$\dfrac{\beta\eta_2[(k\beta+k-1)\eta_2 - (3k\beta-2\beta+k)]}{F}$
线上销售渠道最优服务水 s_1^{d*}	$\dfrac{\eta_2[2\beta + k(k\beta-4\beta+k-1) + 2(\beta-1)\beta\eta_2]}{F}$
线下销售渠道最优服务水 s_2^{d*}	$\dfrac{(k-1)(k\beta+k-1)\eta_2 + \beta\eta_1[k-2k^2+2(\beta-1)\eta_2]}{F}$
最优批发价格 w_e^d	$\dfrac{2\beta\eta_1\eta_2(2k^2-k+\beta-3k\beta+2k^2\beta+\eta_2-2\beta\eta_2+\beta^2\eta_2)}{(1-2k)F} + \dfrac{(k\beta+k-1)^2\eta_2^2}{(2k-1)F}$
线上销售渠道最优需求量 D_1^{d*}	$\dfrac{\eta_2(k\beta+k-1)(1-2k+\beta\eta_2-\eta_2)}{(\beta-1)F} + \dfrac{k\eta_1[(2k-1)(k+k\beta-\beta) + (\beta-1)^2\eta_2]}{(\beta-1)F}$
线下销售渠道最优需求量 D_2^{d*}	$\dfrac{k\eta_1(2k-1)(k+k\beta-\beta)}{(1-\beta)F} - \dfrac{\eta_2(2k-1)(k\beta-1+2\beta\eta_1-2\beta^2\eta_1)}{(1-\beta)F}$
双渠道供应链总需求 D_s^{d*}	$\dfrac{\eta_2[(k\beta+k-1)\eta_2 - (k-2\beta+3k\beta)]}{F}$
线上销售渠道最优收益 π_1^{d*}	$\dfrac{(k\beta+k-1)^2\eta_2^2 - 2\beta\eta_1\eta_2[(2k-1)(k+k\beta-\beta) + (\beta-1)^2\eta_2]}{2(2k-1)F}$
线下销售渠道最优收益 π_2^{d*}	$\dfrac{-\eta_2\{(k-1)(k\beta+k-1)\eta_2 + \beta\eta_1[k-2k^2+2(\beta-1)\eta_2]\}}{2F^2}$ $\times \dfrac{[(k-3)(k\beta+k-1)\eta_2 + \eta_1(2k^2-\beta k+6\beta^2\eta_2-6\beta\eta_2)]}{2F^2}$
双渠道供应链总收益 π_e^{d*}	$\pi_1^{d*} + \pi_2^{d*}$

三、数值分析

(一) 产品体验性系数 β 的影响

分析不同决策模式下产品体验性系数 β 对线上线下双渠道的产品价格、产品体验服务水平、总需求以及渠道收益之间的关系，分别将不同产品体验系数下的集中决策模型与分散决策模型进行对比分析。

线上服务主要是对产品信息的介绍，如果需要更高层次提高消费者的体验度，则需要满足触觉、味觉等方面的需求，而线下服务则可以通过服务人员的更热情服务达到要求，因此，将线上服务成本系数设置的高于线下服务成本系数。令 $\eta_1=8$，$\eta_2=3$，$k=0.6$，消费者在购买产品之前对产品的信息有一定的了解，故 $\beta\in(0.1, 0.8)$，即忽略边界误差的影响。

在集中决策模式与分散决策模式下双渠道产品价格 P，线上销售渠道产品体验服务水平 s_1，线下销售渠道产品体验服务水平 s_2，制造商双渠道总收益 π_3 的变化趋势如图6-2、图6-3、图6-4所示。

结论1 从图6-2和图6-3中可以看到，在集中决策和分散决策模型中，线上销售渠道和线下销售渠道的产品体验服务水平随着产品体验性系数的增加而下降，也就是产品越能让消费者直观地感受到价值，则线上线下提供的服务水平均可降低，甚至不需要线下体验的服务水平，例如标准化的文具等产品。

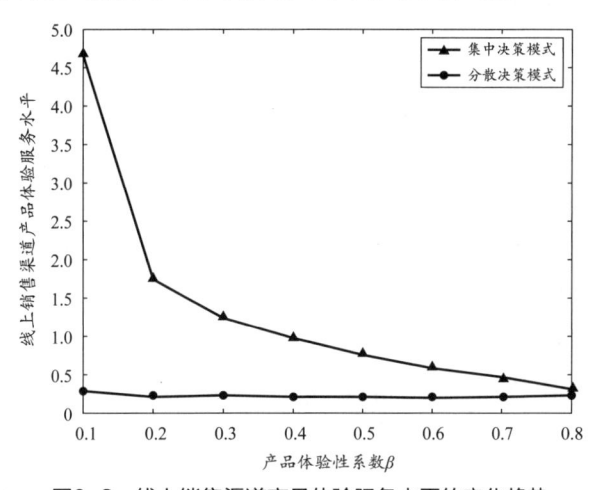

图6-2 线上销售渠道产品体验服务水平的变化趋势

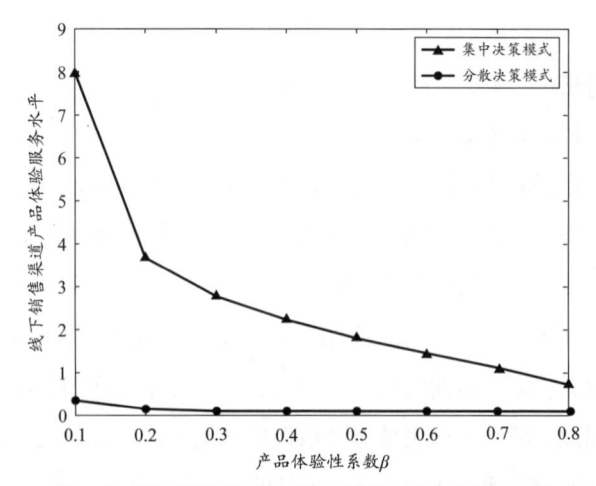

图6-3 线下销售渠道产品体验服务水平的变化趋势

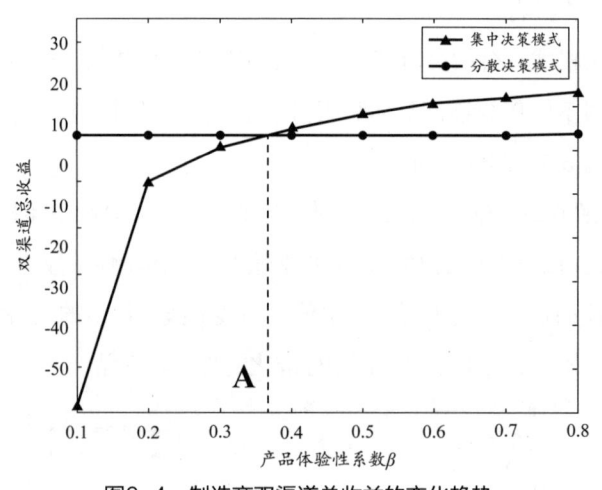

图6-4 制造商双渠道总收益的变化趋势

结论2 从图6-2和图6-3中还可以看到,集中决策下的服务水平要低于分散决策下的服务水平,即 $s^{c*} < s^{d*}$。这是因为集中决策下线上渠道可利用线下服务的溢出效应,进而更进一步提高制造商的收益。

结论3 分析图6-4,可以看到:如果产品的体验性系数越大,则产品越不需要消费者的体验。在这种情况下,即体验性系数＞A点的体验性系数,制造商更适合线上线下渠道分散决策模式,例如标准化的文具产品。当产品的体验性系数＜A点的体验性系数,则制造商更适合采用线上线下集中决策模式,例如高档服装。主要原因是线上线下会采取各种措施来避免服务的溢出效应,最终导致了制造商的受损。

(二)产品体验性系数和搭便车系数联合影响

下面分析产品体验性系数和产品体验服务搭便车系数对服务水平决策结果的影响。令 $\eta_1=8$,$\eta_2=3$,$k\in(0,1)$,由于消费者在购买产品之前对产品的信息有一定的了解故 $\beta\in(0.15,1)$,即忽略边界误差的影响,可得在集中决策模式下双渠道的决策变化如图6-5、6-6所示,分散决策模式下双渠道的决策变化如图6-7、图6-8所示。

1. 在集中决策模式下双渠道服务决策的变化趋势

由图6-5可以看出,服务搭便车系数与产品体验性系数都会对线上服务水平产生影响。尤其是在产品的体验性系数小的时候,服务搭便车系数对线上服务水平的影响较大。线上销售渠道服务水平是消费者搭便车系数 k 的凹函数。这表明随着消费者搭便车系数 k 的变化,消费者通过搭便车行为会从线下销售渠道体验产品。随着消费者搭便车系数 k 的增加,线上销售渠道接收由线下实体转移到线上的消费者数量逐渐增多,由于这部分消费者通过线下销售渠道亲身体验过产品,对产品的真实属性有了更加全面的了解,消费需求更加确定,线上销售渠道所提供的服务水平会逐步降低。当消费者搭便车系数 k 达到某个最低值时,消费者也开始注重线上销售渠道的服务水平,以此来确定自己购买产品的渠道,因此线上销售渠道便需要提升自身渠道的服务水平,以此刺激从线下销售渠道转移的消费者选择通过线上销售渠道购买产品。线上销售渠道服务水平随着产品体验性系数 β 的增加而降低,随着消费者搭便车系数 k 的增加先降低然后上升。

从图6-6可知,线下销售渠道产品体验服务水平随着产品体验性系数 β 的增加而降低,随着消费者搭便车系数 k 的增加而上升。这表明随着产品体验性系数 β 的增加,消费者对产品的体验程度在逐渐降低,消费者会更加倾向于购买产品体验程度较高的产品,获得更高的产品体验程度,因此线下销售渠道便会付出更多的服务,提供更高的服务水平,以满足消费者的需求。随着消费者搭便车系数 k 的增加,线下销售渠道的服务水平会逐渐上升,这主要是因为消费者通过搭便车行为,从线上销售渠道咨询产品的信息,然后对线下销售渠道的服务水平便会有新的要求,希望线下销售渠道提供更多的产品服务。比如消费者在进入实体店购买产品时,已经咨询了线上销售渠道,对产品的价格、功能有一部分的了解,线下销售渠道仅仅提供产品的信息服务已经不能满足消费者的实际需求,必须提供更高水平的服务来满足消费者的购物需求。因此随着线下销售渠道产品体验服务水平与产品体验性系数 β 的呈负相关，与产品体验服务搭便车系数 k 呈正相关。

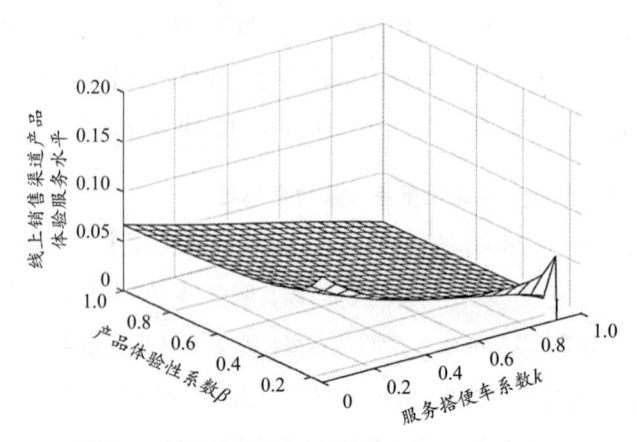

图6-5　线上销售渠道产品体验服务水平的变化趋势

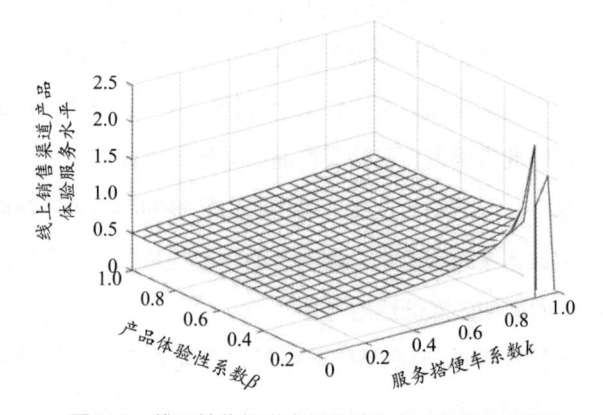

图6-6　线下销售渠道产品体验服务水平的变化趋势

2. 在分散决策模式下双渠道产品体验服务水平决策的变化趋势

从图6-7、图6-8可知，线上线下双渠道服务水平随着消费者搭便车系数 k 的增加并不具备连续单调性。当 $0<k<0.45$ 时，线上销售渠道和线下销售渠道的产品体验服务水平随着产品体验性系数 β 的增加而上升，随着消费者搭便车系数 k 的增加下降；当 $0.55<k<1$ 时，线上销售渠道和线下销售渠道的产品体验服务水平随着产品体验性系数 β 的增加而下降，线上销售渠道和线下销售渠道的产品体验服务水平是消费者搭便车系数 k 的凹函数。

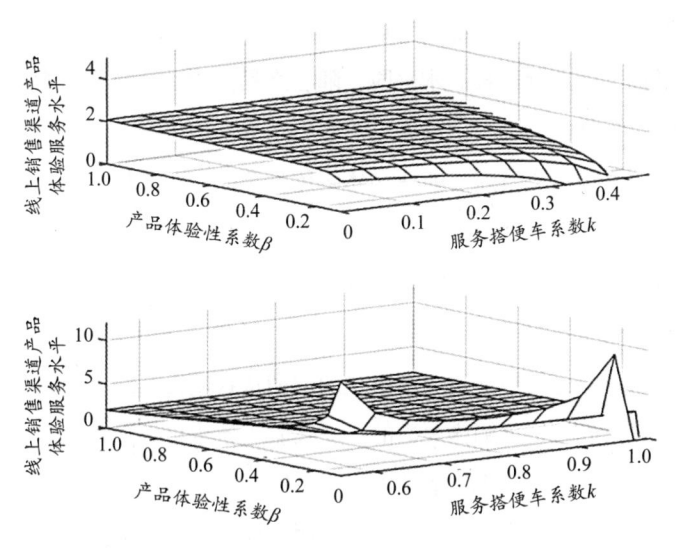

图6-7　线上销售渠道产品体验服务水平的变化趋势

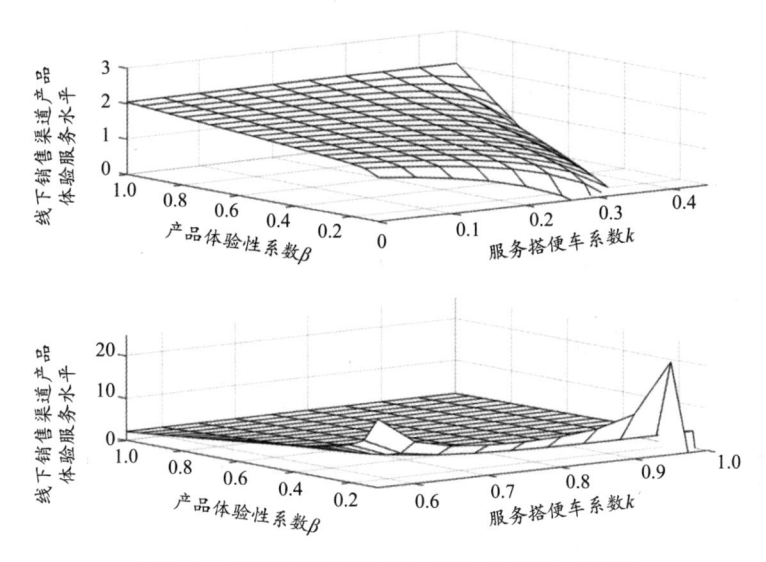

图6-8　线下销售渠道产品体验服务水平的变化趋势

这表明当消费搭便车行为处于较低水平时，随着产品体验性系数 β 的增加，消费者的产品体验程度逐渐降低，线上销售渠道的服务水平便要逐步提高。当产品体验性较高时，消费者在做出购买决策前会前往实体店体验产品，对产品的体验程度较高，线下销售渠道承担了大部分的售前服务。消费者通过线上销售渠道购买产品时，线上销售渠道承担了较少的售前服务，因此，随着消费者搭便车系数 k 的增加，线上销售渠道的产品体验服务水平会有所降低。

当消费搭便车行为处于较高水平时，随着产品体验性系数 β 的增加，消费者的产品体验程度逐渐降低，线上销售渠道的服务水平也逐步降低。当产品体验性较高时，消费者在做出购买决策前会前往实体店体验产品，对产品的体验程度较高，线下销售渠道承担了大部分的售前服务。当消费者通过线上销售渠道购买产品时，线上销售渠道承担了较少的售前服务，因此随着消费者搭便车系数 k 的增加，线上销售渠道的产品体验服务水平会有所降低；但是当消费者搭便车系数 k 达到某个最低值时，由线下销售渠道转移到线上销售渠道的消费者便会对线上销售渠道的服务水平提出新要求，因此，线上销售渠道的产品体验服务水平先随着消费者搭便车系数 k 的增加而降低，然后随着消费者搭便车系数 k 的增加而增加。

当制造商同时开辟线上线下双渠道模式时，作为零售商要协调双渠道之间的产品服务问题。由于消费者在购买产品时对产品体验不足，便会产生搭便车行为，当消费者通过平台购买产品时，搭便车行为更为突出，因此作为零售商和制造商，要结合产品体验性系数以及消费者搭便车系数的不同，为消费者提供针对性的产品定价以及服务策略。

第五节　本章小结

当产品体验性系数较低时，即消费者对产品体验程度的要求较高，比如美妆、香水等产品，考虑到制造商线上销售渠道无法满足消费者对于产品体验的需求，消费者无法对产品进行试用体验或者线上试用成本较高等因素，此时消费者会倾向于通过线下销售渠道购买产品或者通过线下销售渠道体验产品；消费者也会通过线上销售渠道收集产品信息进行比价、信息咨询等活动，由此便会产生搭便车行为。这种情况下，制造商在开辟线上线下双渠道时，应促使线上销售渠道与线下销售渠道进行合作，将线上销售渠道的产品信息咨询等服务与线下销售渠道的产品体验、退换货等服务相融合，双渠道成为一个统一整体，采取集中决策模式，以使得双渠道总收益达到最大值。

当产品体验性系数较高时，即消费者对产品的体验程度的要求较低，比如玩具、书籍等产品，随着电子商务的发展，消费者更倾向于通过线上销售渠道购买此类产品，会更加注重购买产品的便捷性以及产品的物流服务水平。为了满足消费者的需求，制造商在实行双渠道策略时可以采取分散决策模式，使得线上销售渠道与线下销售渠道各自发挥其优势，根据自身渠道的特点提供针对性的服务，针对体验性较低的产品设置相应的产品定价以及相对应的服务水平。在分散决策模式时，随着产品体验性系数的增加，双渠道投入的服务成本随之减小，使得双渠道总收益逐步增加。

制造商在采取线上线下双渠道时，也要结合消费者搭便车行为来协调双渠道的服务策略。消费者对产品体验程度的需求有所不同，由此便会在线上销售渠道与线下销售渠道之间产生搭便车行为。线上销售渠道产品种类以及产品信息的收集更为便捷，消费者在购买产品时会通过线上销售渠道收集产品的价格、售后服务等信息以此与线下销售渠道进行对比，无形中会增加各自渠道的服务成本并对各自渠道的收益以及双渠道总收益产生影响。制造商有必要根据产品体验性的差异对产品进行分类销售，同时结合消费者搭便车系数的变动调整各自渠道的服务水平，为消费者在各自渠道购买产品时提供个性化的服务。比如消费者对产品体验性要求较高时，线上销售渠道无法满足消费者对产品体验的需求，并可以与线下销售渠道合作，实行集中决策，对产品体验性较低的产品，制造商可采取分散决策模式进行产品销售。

第七章 体验型产品的双渠道供应链服务时间决策

时间是形成竞争优势的一种新资源,当价格成本降低到一定的程度后,供应链逐渐致力于不断缩短其服务时间以赢得更大市场份额。随着消费者对产品服务质量的重视,双渠道供应链之间的服务竞争正在逐步细化,其中基于服务时间的竞争,逐步成为双渠道供应链的一个竞争热点。在新零售商业思维的影响下,线上线下双渠道进一步融合,在增强消费者购物体验的同时,对于服务的时效也提出了更高的要求,快速的服务响应成为企业竞争的关键因素,如阿里巴巴通过收购饿了么,完成"最后一公里"物流配送系统,使本地化快速配送成为阿里巴巴的优势所在。

服务时间是影响消费者购买决策的一个关键因素,较长的服务时间会降低消费者对渠道的接受度和忠诚度。因此,当传统电商在制定自身的双渠道策略时,提高物流效率、缩短服务时间不失为一种强有力的竞争手段,例如京东、苏宁易购等电商企业在开展线上线下销售时,推出了各种即时配送服务,如当日达甚至30分钟必达。对于双渠道供应链,特别是对网上渠道而言,缩短服务时间既能快速满足消费者需求,也能提升消费者的购物体验,在减少因服务时间过长而导致客源流失的同时,使自身优势得到加强。

本章首先阐述了时间竞争的概念与研究现状,其次提出体验型产品的双渠道供应链服务时间问题,再次分析消费者在零售商双渠道之间通过时间竞争获得效用的大小对其购买决策的影响,然后对供应商主导、零售商主导和权力均衡三种权力结构下供应链服务时间决策进行分析,最后得到产品体验性对零售商决策模式的影响以及三种权利结构下针对产品体验性的线上最优交货时间决策。

第一节　时间竞争

一、时间竞争概念

时间竞争是一种以市场为导向，以时间为基础的竞争战略。20世纪80年代以来，在由卖方市场转变为买方市场和消费需求个性化的市场环境背景下，Stalk 等（1990）首次提出时间竞争。他指出，时间是企业的秘密武器，时间竞争（Time-Based Competition）是指产品被生产出来，运到市场，并提供给顾客的速度上的竞争。

为适应竞争日益激烈的市场，时间竞争旨在对一系列如计划、产品研发、创新、生产供应、市场营销和分销等业务活动的时间压缩进行规划和布局。从缩短工作流程的角度对时间竞争进行研究，可将时间竞争划分为缩短工作流程中非必须时间阶段和快速决策阶段。作为一种压缩产品计划、开发、制造、营运和运输时间的竞争战略，根据产品的价值流动过程，可将时间竞争分为基于时间创新、基于时间制造、基于时间销售、基于时间服务四个部分。从供应链管理环境角度出发，可以将时间竞争理解为企业通过缩短产品开发、加工制造、销售配送等时间从而赢得竞争优势的策略，时间竞争优势的获得源于供应链的优化和运行过程的一体化，通过实现同步化供应链运作，以此提高整个供应链性能。时间竞争的成功模式在于，它具有将产品的最大价值提供给客户或在最短的时间内以最小的成本提供服务的特点。

因此，时间竞争的实质是企业运用"时间"作为建立竞争优势的价值源泉，企业通过缩短产品生产制造时间长度及减少它们的波动幅度来参与竞争以实现在精确的数量、质量和时间要求的条件下为顾客提供产品，并通过产品和流程的标准化与加速物流和信息流的流动来缩短产品制造时间、减少非增值环节，从而实现供应链的整合。

二、研究现状

时间竞争从一开始就被提升到战略的高度，它被学者认为是具有竞争力的新典范。现有学者对时间竞争战略所带来的竞争力意义进行了研究。他们发现，通过优化流程、压缩时间的企业能比同行更及时地抢占市场以获得竞争优势（Meyer，2001）。Stalk（1988）认为时间是企业进行商业竞争的重要武器，时间等同于金钱、生产力、质量，甚至与创新一样重要，较短的反应时间可以为企业在市场竞争中带来更多优势，同时其也会带动其他各种竞争优势。Tucker（1991）强调基于时间竞争的企业更应关注时间、柔性和响应性，通过减少浮动时间，提高产品和服务的提供速度以适应快变、多变的市场环境。杨瑾（2016）针对组织流程与时间的关系，提出时间竞争要求企业首先致力于更快地满足客户需求，然后通过重组业务流程以实现这一目标，是积极地完善组织，而非消极缩减规模。此外，Tammela等（2008）研究发现时间竞争战略与物流及多元文化意识的结合，有助于组织对全球范围内顾客的不同需求和期望作出更快的反应。

Bozarth等（1996）研究发现，时间竞争战略应用范围广，其中包括提高顾客利益，例如缩短产品或服务从下订单到配送的时间。消费者作为市场需求的重要创造者，如何吸引消费者以赢得市场竞争成为企业成功的关键所在。Stalk等（1990）明确指出影响消费者做出购买决策的三大要素：时间、成本和产品质量，因此新兴的时基消费者以及与此相适应的时间竞争正在形成。在此思想的影响下金开好（2007）认为速度越来越影响市场营销，冲击着传统营销组合方式，提高反应能力，这是赢得市场竞争胜利的关键。晁纲令等（2003）进一步发现服务顾客的速度已经成为企业在市场竞争中的关键因素。Christopher（2016）也认为谁能够对市场的变化快速做出反应，以最快的速度满足消费者的交货时间和消费者需求的产品，谁就能在市场中处于优势地位。付秋芳等（2005）提出在面对时间竞争的市场环境时，通过即时顾客化定制供应链管理可以对供应链中的物流、信息流、资金流、工作流进行合理的计划、协调、调度与控制，将产品在尽可能短的时间内直接送到顾客手上，从而迅速满足客户的个性化需求，获取市场竞争优势。

时间竞争的特点在于提高企业对市场的敏感性和反应能力，利用速度获取竞争优势。因而，时间竞争要求企业要比竞争对手更迅速和更准确地做出决策，以更快的速度引进新产品（杨瑾，2006）。姬晓辉等（2016）从跨境电商的角度开展研究，认为消费者不仅要求产品有好的质量、低廉的价格、良好的客户服务，还要求供应链能迅速地将产品送到自己手中。如果企业不能及时地将满足客户需求的产品送达客户，非忠诚客户就会转向其他竞争者来购买替代产品。企业通过建立快速的分销渠道，用最快的时间交货，从而满足消费者的需求。因此从企业经营系统来看，企业应该重视快速的销售和配送（Stalk G，1988）。

第二节 体验型产品的双渠道供应链服务时间问题

一、问题的提出

近些年，线上销售渠道的开辟已成为企业争夺市场的重要途径和手段，而随着人们生活节奏的加快以及物流行业的蓬勃发展，如今的消费者已经不仅仅满足于线上购买产品所带来的便捷，进而对线上购买后的产品交货时间有了更高的要求。因此，交货时间与价格一样成为零售商取得竞争优势的重要因素，众多零售商均开始在产品交货时间上发力。例如，天猫平台推出了"天猫直送"服务、盒马鲜生做出了"门店3公里范围内，30分钟送货上门"的承诺。然而，零售商在市场中的主导地位千差万别，应该如何根据自身的市场地位制定最优的线上产品交货时间，成为零售商亟须解决的一个问题。

此外，市场中的产品纷繁多元，不同的产品具有不同的属性，不能一概而论。Nelson（1970）首先从信息经济学的视角将产品划分为搜索型产品和体验型产品。对于汽车配件、U盘等搜索型产品，消费者在使用前便知道其特征和属性；对于餐饮美食、彩妆等体验型产品，消费者需要经过考察与体验之后才能做出购买决定。Alba（1983）又进一步指出消费者如果以视觉作为评判信息的标准，网络所提供的信息则会占绝对优势，但如果通过味觉和触觉来判断信息，网上渠道就不如传统的零售渠道，所以搜索型产品更适宜线上渠道销售，体验型产品更适宜线下渠道销售。产品的体验性决定了产品更适合的销售渠道，那么对于体验性不同的产品，其交货时间会有着怎样的差别？这一问题的研究对于供应链企业经营而言有着重要的参考价值。

由于供应链中各成员的权力结构不同，供应链成员的决策行为会发生显著的变化。针对在不同渠道权力结构下供应链最优策略的研究，主要侧重于在制造商主导、零售商主导和权力均衡三种权力结构下的供应链产品定价策略，进而分析对供应链利润的影响，如Zhang等（2012）、王旭坪等（2017）、赵静等（2018）。也有一些学者探讨了不同权力结构下的供应链企业服务决策问题：易余胤等（2015）研究了在制造商主导和零售商主导的两种情形下，消费者对延保服务的需求程度以及延保服务成本大小对供应链企业服务延保模式选择的影响；范建昌等（2019）通过构建由一个制造商和一个零售商共同履行社会责任的供应链博弈模型，发现减小渠道权力差距有利于整个供应链的发展，并且在渠道权力相当的情形下供应链企业的社会责任程度最大；杨艳等（2019）则在供应商主导和零售商主导这两种权力结构下，研究了收入共享契约和成本共担契约对供应商和零售商履行社会责任的激励效果。此外，还有部分文献涉及了渠道权力结构与销售模式的匹配关系（2019）。而随着供应链系统成员的增加，权力结构也变得更加复杂：杨天剑等（2019）在单制造商和两竞争零售商组成的绿色供应链中，研究了在制造商与两零售商权力均等（NN）、制造商领导—两零售商权力均等（SN）及制造商领导—其中一个零售商主导（SS）下，产品的绿色创新效率和渠道交叉价格弹性对供应链利润的影响；黄帅等（2020）则针对由供应商、第三方物流（3PL）企业和资金约束零售商组成的供应链，研究了在供应商主导、3PL企业主导、供应商和3PL企业同时主导三种渠道权力结构以及两种融资模式下零售商的采购和融资策略。

针对供应链产品交货时间的研究中，学者们主要考虑的是具有某一特性的产品，特别是易腐的生鲜农产品，如林略等（2011）、Xu等（2006）、吴忠和等（2014）、Cai等（2010）。谢祥添（2015）等虽然在考虑需求对交货时间敏感的前提下建立了交货时间与产能决策之间关系的决策模型，但也未突破单一产品的局限。事实上，产品之间具有明显的差异性，目前已有研究根据产品体验性对产品进行区分并探讨供应链的决策与协调问题，比如周建亨等（2017b）讨论了基于产品体验性的零售商和供应商的渠道运营组合及合作条件，发现合理地设计加盟合约可以协调渠道冲突，并又进一步研究了在零售商运营线下渠道、制造商开辟线上渠道情形下，产品体验性对市场需求、定价决策和产品质量选择决策的影响；王长军等（2018）则发现对于体验性低的产品，O2O管理重点在于构建高效物流功能，而对于体验性高的产品，重点是降低消费者因为体验性高而产生的购买门槛。那么产品体验性的不同对产品交货时间有着怎样的影响？针对此类问题的研究还相当罕见。

如今的消费者对于产品的交货时间非常敏感，消费者购买产品时已经不只是关注价格。产品交货时间作为与价格同样甚至更加重要的竞争要素已经引起了企业的高度重视，所以很多文献都讨论了这个问题，如Stalk等（1988）、苏菊宁等（2010）、董毓芬等（2011）。尤其是在供应链企业的市场主导能力不同的情况下，产品交货时间对企业的竞争发展起着举足轻重的作用。因此本书从产品体验性的角度出发，通过比较分析不同权力结构下零售商的产品交货时间决策得到有价值的结论，进而为供应链企业提供一些管理启示。

二、问题描述与基本假设

本书考虑由一个供应商和一个零售商组成的供应链，制造商首先将产品以批发价卖给零售商，零售商同时开辟线上线下渠道进行产品销售，并且可以采取集中决策模式或者分散决策模式，如图7-1所示。同时考虑三种权力结构：一是以供应商为主导者、零售商为跟随者的 S 权力结构；二是以零售商为主导者、供应商为跟随者的 R 权力结构；三是供应商和零售商共同主导的 N 权力结构。

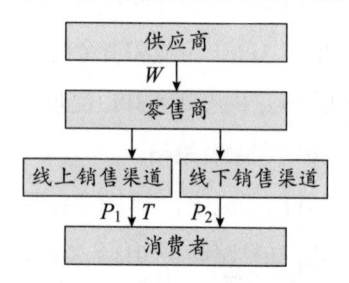

图7-1 供应链产品销售流程图

为了便于更清楚地描述问题，下面将本书中涉及的符号进行定义和说明。w：供应商的产品批发价格；T：零售商线上渠道的交货时间；t：消费者实际收货时间；μ：消费者的不便成本；s：零售商产品的单位时间延迟惩罚成本，$s \geq 0$；h：零售商产品的单位时间存储成本，由于零售商不会因为送货延迟而选择继续储存产品，故 $h > s \geq 0$；ρ：产品配送成本系数，$\rho > 0$，由产品重量、形状、易碎程度等因素决定，产品越重、形状越不规则、运送中越易碎，则 ρ 越大，表示将产品配送到消费者手中的成本越大；v：消费者对产品的价值评估，且 $v \in (0, 1)$ 均匀分布；β：产品体验性系数，表示产品体验性对消费者的产品感知价值的影响，与产品体验性成反比，服从 $(0, 1)$ 均匀分布；θ：消费者对产品交货时间的敏感性，θ 越大，消费者对交货时间越敏感，且服从 $(0, 1)$ 均匀分布；c：供应商的产品销售成本；c_i：零售商的产品交付成本；P_i：零售商的产品销售价格；D_i：零售商的产品需求量；U_i：消费者效用；π_i：零售商的渠道收益；π_r：零售商总收益；π_s：供应商总收益；π：供应链总收益。

这里，$i=1,2$ 分别表示线上渠道和线下渠道。根据 Ye 等（2016）的研究可知，零售商线上的产品交付成本包括两部分，即计划交货时间大于实际交货时间造成的储存成本 $(T-t)h$ 和实际交货时间大于计划交货时间造成的延迟惩罚成本 $(t-T)s$，所以 $c_1=(T-t)h+(t-T)s$。参考 Tsay AA 等（2004）提出的服务成本函数可假设 $c_2=(\rho\mu^2)/2$，产品配送成本系数越大、消费者购买商品越不方便，则零售商线下的产品交付成本越高。本书后面出现的变量符号中，下标"r"表示零售商，"s"表示供应商；上标"*"表示各个变量的最优决策，"c"表示集中决策模式，"d"表示分散决策模式。

第三节　基于消费者效用的渠道需求分析

消费者通过零售商线上渠道购买产品时，由于产品体验度不同，消费者对产品的价值评估会受到一定的影响，所获得的产品价值评估为 βv。而且产品的交货时间也会影响消费者获得的效用，θT 表示产品交货时间的影响强度，因此消费者通过线上渠道获得的效用函数为 $U_1=\beta v-P_1-\theta T$。消费者通过线下渠道购买产品时可亲自体验产品，对产品的价值评估为 v。但是线下购买产品会带来由于交通、时间等造成的不便成本，因此消费者通过线下渠道获得的效用函数为 $U_2=v-P_2-\mu$。令 $U_1=0$，$U_2=0$，$U_1=U_2$ 可分别得到对应的三个临界值 $v_1=(P_1+\theta T)/\beta$，$v_2=P_2+\mu$，$v_{12}=(P_2+\mu-P_1-\theta T)/(1-\beta)$。

消费者会通过比较零售商线上线下双渠道之间获得效用的大小做出购买决策（Chiang et al., 2003a；Yan, 2016）。当 $U_1\geq 0$，即 $v\geq v_1$ 时，消费者会考虑选择通过线上销售渠道购买产品；当 $U_2\geq 0$，即 $v\geq v_2$ 时，消费者会考虑选择通过线下销售渠道购买产品；当 $U_1=U_2$，即 $v=v_{12}$ 时，线上销售渠道和线下销售渠道之间无差异，消费者可以考虑选择其中任一渠道购买产品。

通过比较消费者在不同渠道购买产品时对产品评估价值的临界值（v_1、v_2、v_{12}），可得到如下命题：

命题7-1　当 $v_1>v_2$ 时，必有 $v_1>v_2>v_{12}$。

证明：由上述分析可知，当 $v<v_{12}$ 时，$U_1>U_2$。因为 $v>v_1$ 时，$U_1>0$；$v>v_2$ 时，$U_2>0$，假设 $v_{12}>v_1>v_2$，则当 $v_2<v<v_1<v_{12}$ 时，$U_1<0$，$U_2>0$，

必有 $U_1 < U_2$，与分析所得矛盾。同理亦可得假设 $v_1 > v_{12} > v_2$ 与分析所得矛盾。故必有 $v_1 > v_2$ 时，$v_1 > v_2 > v_{12}$。证毕。

推理7-1 当 $v_1 > v_2$ 时，不存在双渠道销售。

证明：由命题7-1可知，当 $v_1 > v_2$ 时，必有 $v_1 > v_2 > v_{12}$，所以当 $v_{12} < v_2 < v < 1$ 时，$U_1 < U_2$。消费者均只选择通过线下渠道购买产品，此时不存在双渠道销售。证毕。

命题7-2 当 $v_2 > v_1$ 时，必有 $v_{12} > v_2 > v_1$。

证明：与命题7-1证明过程类似，不再赘述。

推理7-2 若 $v_2 > v_1$，只有当 $1 > v > v_1$ 时存在双渠道销售。

证明：若 $v_2 > v_1$，当 $v_1 > v > 0$ 时，$U_1 < 0$，$U_2 < 0$，消费者通过双渠道购买产品获得的效用均小于零，所以不会选择任何渠道购买；当 $v_{12} > v > v_1$ 时，$U_1 > U_2$，消费者在线上购买的效用大于线下，只会选择线上渠道购买；当 $1 > v > v_{12}$ 时，$U_1 < U_2$，消费者在线下购买的效用大于线上，只会选择线下渠道购买。所以只有当消费者对产品的价值评估处于区间 $(v_1, 1)$ 时才会存在双渠道销售。证毕。

为确保零售商双渠道销售模式存在，在 $v_2 > v_1$ 且 $1 > v > v_1$ 的前提下得到零售商两种渠道的需求函数分别为：

$$D_1 = \frac{P_1 + \theta T - \beta(P_2 + \mu)}{\beta(\beta - 1)} \tag{7-1}$$

$$D_2 = \frac{P_2 + \mu - P_1 - \theta T + \beta - 1}{\beta - 1} \tag{7-2}$$

一、集中决策模式下的交货时间和效益分析

在集中决策模式下，零售商以线上线下双渠道整体收益最大为目标，零售商整体收益函数为：

$$\pi_r^c = (P_1 - w - c_1)D_1 + (P_2 - w - c_2)D_2 = \left[P_1 - w - (T-t)h - (t-T)s\right] \left[\frac{P_2 + \mu - P_1 + \theta T + \beta - 1}{\beta(\beta - 1)}\right] + \left(P_2 - w - \frac{\rho\mu^2}{2}\right)\left(\frac{P_2 + \mu - P_1 - \theta T + \beta - 1}{\beta - 1}\right) \tag{7-3}$$

对 π_r^c 分别求关于 P_1、P_2、T 的一阶偏导并令其为零，联立求解可得线上渠道产品交货时间为：

$$T^c = \frac{2t(h-s) + 2w(\beta-1) + 2\beta\mu + \beta\rho\mu^2}{2(h-s+\theta)} \quad (7\text{-}4)$$

命题7-3 集中决策模式下，零售商线上产品交货时间随产品体验性降低而延长。

证明：$\frac{\partial T^c}{\partial \beta} = \frac{2w + 2\mu + \rho\mu^2}{2(h-s+\theta)} > 0$，$T^c$ 是关于 β 的增函数，所以线上产品交货时间随产品体验性的降低（产品体验性系数增大）而延长。证毕。

化简后的集中决策模式下零售商双渠道整体收益为：

$$\pi_r^c = \frac{(2w - 2 + 2\mu + \rho\mu^2)^2}{16} \quad (7\text{-}5)$$

显然，集中决策模式下的零售商整体收益不受产品体验性的影响。

二、分散决策模式下的交货时间和效益分析

在分散决策模式下，零售商线上渠道与线下渠道各自以自身渠道收益最大化为目标，零售商渠道收益函数分别为：

$$\pi_1^d = (P_1 - w - c_1)D_1 = \left[P_1 - w - (T-t)h - (t-T)s\right]\left[\frac{P_1 + \theta T - \beta(P_2 + \mu)}{\beta(\beta-1)}\right] \quad (7\text{-}6)$$

$$\pi_2^d = (P_2 - w - c_2)D_2 = \left(P_2 - w - \frac{\rho\mu^2}{2}\right)\left(\frac{P_2 + \mu - P_1 - \theta T + \beta - 1}{\beta - 1}\right) \quad (7\text{-}7)$$

分别求 π_1^d 关于 P_1、T，π_2^d 关于 P_2 的一阶偏导并令其为零，联立求解可得线上渠道产品交货时间为：

$$T^d = \frac{2\beta^2 + \beta\left[2t(h-s) - 2\mu - \rho\mu^2 - 4w - 2\right] + 4[t(h-s) + w]}{2(\beta-2)(h-s+\theta)} \quad (7\text{-}8)$$

命题7-4 令 $\Delta = 4t(h-s) - 2\mu - \rho\mu^2 - 2w$，当 $\Delta \geq 2$ 时，分散决策模式下零售商线上产品交货时间随产品体验性升高而延长；当 $\Delta \leq 1$ 时，交货时间随产品体验性升高而缩短；当 $-1 < \Delta < 2$ 时，令 $\beta_0 = 2 - \sqrt{\Delta + 2}$，若 $0 \leq \beta < \beta_0$，产品交货时间随产品体验性升高而缩短，若 $\beta_0 \leq \beta \leq 1$，产品交货时间随产品体验性升高而延长。

证明：$\frac{\partial T^d}{\partial \beta} = \frac{2 - 4\beta + \beta^2 - 4t(h-s) + 2\mu + \rho\mu^2 + 2w}{(\beta-2)^2(h-s+\theta)}$，令 $f = 2 - 4\beta + \beta^2 - 4t(h-s) + 2\mu + \rho\mu^2 + 2w$，$f'_\beta = 2\beta - 4 = 0$ 得，$\beta = 2$。所以当 $\beta \in [0,1]$ 时，f 单调递减。$f_{\max}$，$f_{\min}$。

当 $f_{\max}$，即 $\Delta \geq 2$ 时，$f \leq 0$，$\partial T^d/\partial \beta \leq 0$，$T^d$ 是关于 β 的减函数，产品交货时间随产品体验性系数减小（产品体验性升高）而延长。同理可得当 $f_{\min}$，即 $\Delta \leq -1$ 时，产品交货时间随产品体验性系数减小（产品体验性升高）而缩短。当 $-1 < \Delta < 2$ 时，令 $f=0$ 解得 $\beta_0 = 2-\sqrt{\Delta+2}$，当 $\beta \in [0, \beta_0]$ 时，$f>0$，$\partial T^d/\partial \beta >0$，$T^d$ 是关于 β 的增函数，产品交货时间随产品体验性系数减小（产品体验性升高）而缩短；当 $\beta \in [\beta_0, 1]$ 时，T^d 是关于 β 的减函数，产品交货时间随产品体验性系数减小（产品体验性升高）而延长。证毕。

化简后的分散决策模式下零售商整体收益为：

$$\pi_r^d = \pi_1^d + \pi_2^d = \frac{(1-\beta)[2w-2+\mu(2+\rho\mu)]^2}{4(\beta-2)^2} \tag{7-9}$$

命题7-5 分散决策模式下零售商整体收益随产品体验性升高而增加。

证明：$\dfrac{\partial \pi_r^d}{\partial \beta} = \dfrac{\beta(2\mu+\rho\mu^2+2w-2)^2}{4(\beta-2)^3}$，$\dfrac{\partial}{\partial \beta}\left(\dfrac{\partial \pi_r^d}{\partial \beta}\right) = -\dfrac{(\beta+1)(2\mu+\rho\mu^2+2w-2)^2}{2(\beta-2)^4} < 0$，

则 $\partial \pi_r^d/\partial \beta$ 关于 β 单调递减且在 $\beta=0$ 处取到最大值0，所以 $\partial \pi_r^d/\partial \beta <0$，$\pi_r^d$ 随着产品体验性系数 β 减小（产品体验性升高）而增加。证毕。

三、两种决策模式下的交货时间和效益对比分析

依据上述分析可以得出以下命题：

命题7-6 集中决策模式下零售商的双渠道整体收益大于分散模式。

证明：$\pi_r^c - \pi_r^d = \dfrac{[2\beta(w+\mu-1)+\beta\rho\mu^2]^2}{16(\beta-2)^2} > 0$，即 $\pi_r^c > \pi_r^d$。证毕。

命题7-7 令 $\Gamma = \mu+w+\rho\mu^2/2$，当 $\Gamma > 1$ 时，集中决策模式下零售商产品交货时间大于分散决策模式；当 $\Gamma < 1$ 时，集中决策模式下零售商产品交货时间小于分散决策模式；当 $\Gamma = 1$ 时，集中决策模式零售商产品交货时间等于分散决策模式。

证明：$T^c - T^d = \dfrac{\beta(\beta-1)\left(\mu+w+\dfrac{\rho\mu^2}{2}-1\right)}{(\beta-2)(h-s+\theta)}$，显然，当 $\mu+w+\rho\mu^2/2 > 1$ 时，

$T^c - T^d > 0$，$T^c > T^d$；当 $\mu+w+\rho\mu^2/2 < 1$ 时，$T^c - T^d < 0$，$T^c < T^d$；当 $\mu+w+\rho\mu^2/2 = 1$ 时，$T^c - T^d = 0$，$T^c = T^d$。证毕。

从收益最大化的角度看，集中决策模式无疑是零售商的首选。从交货时间的角

度看，集中决策模式对于零售商而言也是非常有利的。因为相对较长的产品交货时间能为零售商的送货提供缓冲空间，节省快速配送带来的成本，而在消费者不便成本、产品批发价和产品配送成本这些因素的作用下，$\mu+w+\rho\mu^2/2>1$的关系很容易成立，所以集中决策模式是零售商所应采取的最优决策模式。

第四节　不同权力结构下供应链服务时间决策

通过前面的分析可知，集中决策模式为零售商所采取的最优决策模式。下面分析在三种权力结构（供应商主导、零售商主导和权力均衡）下，零售商采取集中决策模式时，线上渠道的产品交货时间决策。

一、供应商主导下零售商线上渠道产品交货时间决策分析

在 S 权力结构下，供应商先确定自身的批发价，然后零售商根据供应商的决策，确定其线上产品的价格、交货时间以及线下产品的价格。供应商收益函数为：

$$\pi_s^S = (w-c)(D_1+D_2) = (w-c)\left(1 - \frac{P_1+\theta T}{\beta}\right) \quad (7\text{-}10)$$

将零售商集中决策模式下的线上最优产品定价和产品交货时间代入 π_s^S，求 π_s^S 关于 w 的一阶偏导并令其为零可得到 w^{S*} 的表达式，从而得到 S 权力结构下零售商线上最优交货时间、供应商和零售商的最优收益以及供应链整体收益如表7-1所示。

表7-1　S 权力结构下供应链模型参数最优决策结果

零售商线上最优交货时间 T^S	$\dfrac{\beta\mu+\beta+\mu+c(\beta-1)+2t(h-s)-1}{2(h-s+\theta)}+\dfrac{(1+\beta)\rho\mu^2}{4(h-s+\theta)}$
零售商的最优收益 π_r^{S*}	$\dfrac{(2c-2+2\mu+\rho\mu^2)^2}{64}$
供应商的最优收益 π_s^{S*}	$\dfrac{(2c-2+2\mu+\rho\mu^2)^2}{32}$
供应链整体最优收益 π^S	$\dfrac{3(2c-2+2\mu+\rho\mu^2)^2}{64}$

命题7-8　在 S 权力结构下，随着产品体验性降低，零售商应成比例延长产品

交货时间，时间延长的幅度为 $\dfrac{2(\mu+c+1)+\rho\mu^2}{4(h-s+\theta)}$。

证明：$\dfrac{\partial T^{s*}}{\partial \beta} = \dfrac{2(\mu+c+1)+\rho\mu^2}{4(h-s+\theta)} > 0$，$\dfrac{\partial}{\partial \beta}\left(\dfrac{\partial T^{s*}}{\partial \beta}\right) = 0$。证毕。

二、零售商主导下零售商线上渠道产品交货时间决策分析

在 R 权力结构下，零售商首先确定其线上线下的产品定价、线上渠道的产品交货时间，供应商再根据零售商的决策确定其产品批发价。假设零售商线上渠道的产品单位收益为 $m_1 = P_1 - w$，供应商收益函数为：

$$\pi_s^R = (w-c)(D_1 + D_2) = (w-c)\left(1 - \dfrac{m_1 + w + \theta T}{\beta}\right) \quad (7\text{-}11)$$

求 π_s^R 关于 w 的一阶偏导并令其为零可得到 w^{R*} 的表达式，并将 w^{R*} 代入零售商的有关函数表达式，从而得到 R 权力结构下零售商线上最优交货时间、供应商和零售商的最优收益以及供应链整体收益如表7-2所示。

表7-2　R 权力结构下供应链模型参数最优决策结果

零售商线上最优交货时间 T^{R*}	$\dfrac{t(\beta+1)(h-s)+(\beta+c)(\beta-1)+\beta\mu(2+\rho\mu)}{(h-s+\theta)(\beta+\ )}$
零售商的最优收益 π_r^{R*}	$\dfrac{(2c-2+2\mu+\rho\mu^2)^2}{16(\beta+1)}$
供应商的最优收益 π_s^{R*}	$\dfrac{\beta(2c-2+2\mu+\rho\mu^2)^2}{16(\beta+1)^2}$
供应链整体最优收益 π^{R*}	$\dfrac{(2\beta+1)(2c-2+2\mu+\rho\mu^2)^2}{16(\beta+1)^2}$

命题7-9　在 R 权力结构下，令 $\Lambda = \mu + c + \rho\mu^2/2$，当 $\Lambda = 1$ 时，零售商的产品交货时间应随产品体验性降低而成比例延长，时间延长幅度为 $1/(h-s+\theta)$。当 $\Lambda > 1$ 时，产品交货时间应随产品体验性降低而延长，时间延长幅度逐渐减小。当 $1/2 \leq \Lambda < 1$ 时，产品交货时间应随产品体验性降低而延长。当 $\Lambda \leq -1$ 时，产品交货时间应随产品体验性降低而缩短。当 $-1 < \Lambda < 1/2$ 时，令 $\beta_1 = -1 + \sqrt{2(1-\Lambda)}$，当 $\beta \in [0, \beta_1)$ 时，产品交货时间应随产品体验性降低而缩短；当 $\beta \in [\beta_1, 1]$ 时，产品交货时间应随产品体验性降低而延长。而且在 $\Lambda < 1$ 情形下，时间延长幅度均逐渐增大。

证明：$\dfrac{\partial T^{R*}}{\partial \beta} = y = \dfrac{(\beta+1)^2 + 2\left(\mu+c+\dfrac{\rho\mu^2}{2}-1\right)}{(\beta+1)^2(h-s+\theta)}$，$\dfrac{\partial}{\partial \beta}\left(\dfrac{\partial T^{R*}}{\partial \beta}\right) = k = -\dfrac{4\left(\mu+c+\dfrac{\rho\mu^2}{2}-1\right)}{(\beta+1)^3(h-s+\theta)}$，

当 $\Lambda=1$ 时，$y=1/(h-s+\theta)>0$，$k=0$。当 $\Lambda>1$ 时，$y>0$，$k<0$。当 $\Lambda<1$ 时，$k>0$，y 单调递增，$y\dfrac{1+2(\Lambda-1)}{(h-s+\theta)_{\min}}$，$y\dfrac{4+2(\Lambda-1)}{4(h-s+\theta)_{\max}}$。当 $y_{\min}$ 即 $1/2 \leqslant \Lambda<1$ 时，$y \geqslant 0$。当 $y_{\max}$ 即 $\Lambda \leqslant -1$ 时，$y \leqslant 0$。当 $-1<\Lambda<1/2$ 时，令 $y=0$ 得，$\beta_1 = -1+\sqrt{2(1-\Lambda)}$，当 $\beta \in [0, \beta_1)$ 时，$y<0$；当 $\beta \in [\beta_1, 1]$ 时，$y>0$。证毕。

三、权力均衡下零售商线上渠道产品交货时间决策分析

在 N 权力结构下，零售商假定供应商批发价已确定来制定自己的双渠道产品定价和线上产品交货时间，同时供应商假定零售商的双渠道产品定价和线上产品交货时间已确定来制定自身的批发价。

$$\pi_s^N = \pi_s^S = (w-c)\left(1-\dfrac{P_1+\theta T}{\beta}\right) \tag{7-12}$$

$$\pi_r^N = \pi_r^c = \left[P_1-w-(T-t)h-(t-T)s\right]\left[\dfrac{P_1+\theta T-\beta(P_2+\mu)}{\beta(\beta-1)}\right] + \left(P_2-w-\dfrac{\rho\mu^2}{2}\right)\left(\dfrac{P_2+\mu-P_1-\theta T+\beta-1}{\beta-1}\right) \tag{7-13}$$

分别求 π_s^N 关于 w、π_r^N 关于 T、P_1、P_2 的一阶偏导并令其为零，联立求解得到 N 权力结构下零售商线上最优交货时间、供应商和零售商的最优收益以及供应链整体收益如表7-3所示。

表7-3　N 权力结构下供应链模型参数最优决策结果

零售商线上最优交货时间 T^{N*}	$\dfrac{4t(h-s)+4c(\beta-1)-2\beta+\beta(2th-2ts+2\beta+6\mu+3\rho\mu^2)}{2(\beta+2)(h-s+\theta)}$
零售商的最优收益 π_r^{N*}	$\dfrac{(2c-2+2\mu+\rho\mu^2)^2}{4(\beta+2)^2}$
供应商的最优收益 π_s^{N*}	$\dfrac{\beta(2c-2+2\mu+\rho\mu^2)^2}{4(\beta+2)^2}$
供应链整体最优收益 π^{N*}	$\dfrac{(\beta+1)(2c-2+2\mu+\rho\mu^2)^2}{4(\beta+2)^2}$

命题7-10 在 N 权力结构下，当 $\Lambda = 1$ 时，零售商的产品交货时间应随产品体验性降低而成比例延长，时间延长幅度为 $1/(h-s+\theta)$。当 $\Lambda > 1$ 时，产品交货时间应随产品体验性降低而延长，时间延长幅度逐渐减小。当 $1/3 \leqslant \Lambda < 1$ 时，产品交货时间应随产品体验性降低而延长。当 $\Lambda \leqslant -1/2$ 时，产品交货时间应随产品体验性降低而缩短。当 $-1/2 < \Lambda < 1/3$ 时，令 $\beta_2 = -2 + \sqrt{6(1-\Lambda)}$，当 $\beta \in [0, \beta_2)$ 时，产品交货时间应随产品体验性降低而缩短；当 $\beta \in [\beta_2, 1]$ 时，产品交货时间应随产品体验性降低而延长。而且在 $\Lambda < 1$ 情形下，时间延长幅度均逐渐增大。

证明：与命题7-9证明过程类似，不再赘述。

四、不同权力结构下的均衡结果比较分析

依据表7-1—表7-3得到的不同权力结构下的均衡结果，可以得出以下命题：

命题7-11 零售商线上渠道产品的交货时间在 N 权力结构下最短，在 S 结构权力下最长，即 $T^{N*} < T^{R*} < T^{S*}$。

证明：因为 $1 > \beta > 0, h > s \geqslant 0, 1 > \theta > 0, \rho > 0, \mu > 0$，则 $\sigma = 2c - 2 + \mu(2+\rho\mu) > 0$，$\xi = h - s + \theta > 0$。所以 $T^{R*} - T^{N*} = \dfrac{\beta(\beta-1)\sigma}{2(\beta+1)(\beta+2)\xi} > 0$，$T^{S*} - T^{R*} = \dfrac{(\beta-1)^2 \sigma}{4(\beta+1)\xi} > 0$，则 $T^{N*} < T^{R*} < T^{S*}$。证毕。

命题7-11表明在 N 权力结构下，由于供应商与零售商博弈最为激烈，所以零售商会努力缩短线上产品的交货时间来满足消费者需求，争取市场的主导权，从而使自身获益最大。在 S 结构权力下，由于供应商处于主导地位，零售商不具备与供应商的议价能力，所以为获得更多收益只能减少销售成本，从而会尽量延长线上产品交货时间。在 R 权力结构下，零售商处于主导地位，与供应商的议价能力可以使自己获得较低的产品批发价，以此可以补贴由于缩短线上产品交货时间带来的成本增加，所以线上产品交货时间会减少。

命题7-12 供应商和零售商均在各自主导的权力结构下交货后的收益最大，在对方主导的权力结构下交货后的收益最小，即 $\pi_s^{R*} < \pi_s^{N*} < \pi_s^{S*}$，$\pi_r^{S*} < \pi_r^{N*} < \pi_r^{R*}$。

证明：$\pi_s^{S*} - \pi_s^{N*} = \dfrac{(\beta-2)^2 \sigma^2}{32(\beta+2)^2} > 0$，$\pi_s^{N*} - \pi_s^{R*} = \dfrac{\beta^2(3\beta+4)\sigma^2}{16(\beta+1)^2(\beta+2)^2} > 0$，则 $\pi_s^{R*} < \pi_s^{N*} < \pi_s^{S*}$。$\pi_r^{R*} - \pi_r^{N*} = \dfrac{\beta^2 \sigma^2}{16(\beta+1)(\beta+2)^2} > 0$，$\pi_e^{N*} - \pi_e^{S*} = \dfrac{\sigma^2}{64}\left[\dfrac{16}{(\beta+2)^2} - 1\right] > 0$，则

$\pi_r^{S*} < \pi_r^{N*} < \pi_r^{R*}$。证毕。

命题7-12与人们的直观感觉一致，供应商或者零售商在自己主导的权力结构下处于强势地位，获益最大；在对方主导的权力结构中处于弱势地位，获益最小。

命题7-13 交货后的供应链整体收益在 R 权力结构权力下最小，在 N 权力结构下最大，即 $\pi^{N*} > \pi^{R*} > \pi^{S*}$。

证明：$\pi^{N*} - \pi^{R*} = [\frac{\beta(2\beta+3)\sigma}{4(\beta+1)(\beta+2)}]^2 > 0$，$\pi^{R*} - \pi^{S*} = \frac{(1-\beta)(3\beta+1)\sigma^2}{[8(\beta+1)]^2} > 0$，则 $\pi^{N*} > \pi^{R*} > \pi^{S*}$。证毕。

命题7-13表明在供应商和零售商共同主导的 N 权力结构下，由于对方相对于自己不处于市场主导地位，自身利益均不会受到损害，交货后的供应链整体收益达到最大。同时也说明供应商处于主导地位时，相比于零售商处于主导地位，对交货后供应链整体收益的损害更大。

五、数值分析

本节通过算例，进一步验证决策模型和结论的有效性。为了简化分析，各模型参数赋值分别为：$\theta=0.1$，$t=10$，$h=65$，$s=60$，$\rho=0.2$，$\mu=15$，$c=80$，分析结果如图7-2、图7-3、图7-4、图7-5所示。

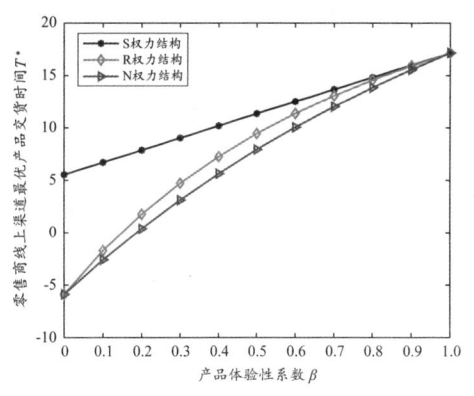

图7-2 产品体验性系数对零售商线上产品交货时间的影响

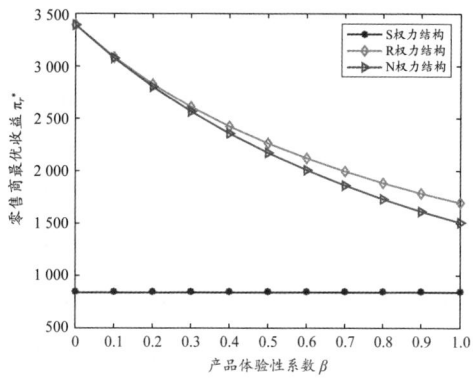

图7-3 产品体验性系数对零售商最优收益的影响

图7-4　产品体验性系数对供应商总收益的影响图

7-5　产品体验性系数对供应链总收益的影响

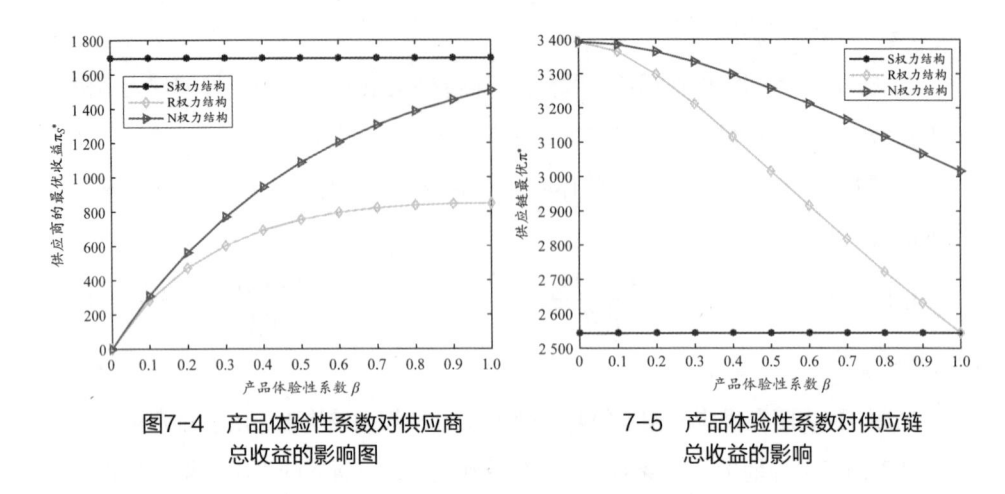

从图7-2可以看出不同权力结构下零售商线上产品交货时间的大小关系，验证了命题7-11的结论。同时我们也可以看到，对于体验性较低（体验性系数较大）的产品，零售商会延长线上产品交货时间。比如，作业本等体验性较低的产品相对于住宅家具、童装等体验性较高的产品，线上送货时间会更长。这是因为零售商深刻知道，消费者对于体验性较低产品的信息了解比较全面，不会轻易改变购买决定，所以可以延长交货时间，降低配送成本。图7-2中需要特别指出的是，当产品体验性系数相当小的时候，R权力结构和N权力结构下的线上产品送货时间出现了小于零的情况，这是因为当产品体验性非常高（体验性系数相当小）时，消费者为了更好地体验产品、了解产品的更多信息，几乎都会选择通过线下渠道购买，对于零售商而言就是节省了线上产品的交货时间。

从图7-3、图7-4、如7-5可以看出不同权力结构下交货后的零售商最优总收益、供应商最优总收益、供应链总收益的大小关系，验证了命题7-12、命题7-13的结论。同时我们也能看到，产品体验性对S结构权力下交货后的各方总收益以及供应链总收益没有影响，这是因为产品体验性直接对零售商产生影响，当供应商处于主导地位时，无论产品体验如何都不会改变供应商的定价决策，零售商被迫忽视产品体验性对自己的影响。此外，随着产品体验性降低，在R结构权力下的供应商总收益与N权力结构下相比分化程度显著增大，说明当零售商处于主导地位时，产品体验性对供应商的影响较为明显。

第五节　本章小结

本书针对由供应商和零售商组成的供应链，研究了产品体验性对零售商决策模式选择的影响，并分析了三种权力结构下针对产品体验性的线上最优交货时间决策，以及产品体验性对交货后的零售商、供应商和供应链总收益的影响。通过研究，得到的重要结论是：

（1）产品体验性对零售商的决策模式选择没有影响，零售商选择集中决策模式对自己交货时间更有利。

（2）零售商线上最优产品交货时间在供应商主导下最长，在零售商主导下最短。而且在任意一种权力结构下，零售商线上最优产品交货时间均会随着产品体验性降低而延长。

（3）产品体验性对供应商主导下交货后的各方总收益以及供应链总收益没有影响，对零售商主导下供应商总收益的影响较为明显。

基于本书得到的研究结论，可为现实中的供应商和零售商提供如下管理启示：

（1）不需要考虑产品体验性，零售商始终应选择集中决策模式。当产品的体验性较高时，零售商应缩短线上产品交货时间，以满足消费者需求从而获得最大收益。

（2）在不同权力结构下，市场主导者都更占优势，可以获得更高利润，因此供应商和零售商应当在供应链中争取市场主导权。

第八章　总结与展望

一、全书总结

产品体验性会引起消费者网络渠道价值评估的差异，因而带来渠道供应链中一系列连锁反应，本书就是从体验型产品的属性出发，探讨产品体验性给双渠道供应链带来的长期战略、中期决策和短期行为的系列影响。

（1）消费升级已促使制造商采取体验拉动消费的营销战略，面对传统与数字双重体验冲击，制造商必须对线上体验服务给予关注，尤其是 VR 技术对体验服务的影响。针对网络渠道和传统渠道在产品体验性上的差异，研究双渠道是竞争还是合作战略，以及如何竞争、如何合作是体验型产品制造商在新技术和新时代背景下急需解决而暂未解决的一个问题。

本书针对体验型产品在实体渠道与网络渠道给予消费者的产品体验不同，基于产品体验性视角研究实体渠道与网络渠道的竞争战略、合作战略以及战略选择方法，并将时下应用越来越普遍的虚拟购物技术考虑进来，分析了虚拟技术的交互性水平对双渠道供应链战略选择的影响。研究结论可为产品制造商以及零售商提供渠道战略决策支持，在一定程度上丰富了渠道供应链的研究。

（2）由于消费者对体验型产品的体验差异，零售商面临着体验型产品退货严重的现象，该现象同时导致了体验型产品供应链库存成本居高不下的难题。而有关退货与库存的研究较少考虑消费者购买行为，尤其是缺少考虑体验型产品的属性导致的消费者购买行为以及退货行为的相关研究。本书按照对产品属性的感知对消费者进行细分，尝试探讨产品属性以及消费者的感知对零售商以及体验型产品制造商和零售商的退货策略和库存策略的影响。

本书根据消费者的体验偏好分类，分析了不接受退货策略、接受退货且不再销售退货产品策略、接受退货并再销售退货产品策略这三种退货策略下的渠道供应链主体利润。进一步探讨了不同退货策略下，渠道供应链中零售商与供应商的最优存储决策问题。研究结论对于全渠道的退货管理和库存成本管理具有积极的指导意义，拓展了库存管理的研究场景。

（3）在价格日益透明的电子商务时代，交货时间已经成为商家重要的竞争要素，尤其是消费者期待的体验感强的产品。本书既关注网上体验服务对传统体验服务的搭便车行为，同时也考虑传统体验服务对网络体验服务的溢出效应。

本书针对体验型产品的交货时间以及体验服务两大行为问题进行分析。在由供应商、具有线上和线下渠道的电商组成的渠道供应链中，结合供应链成员之间不同议价能力与产品体验性的差异，探讨体验型产品的交货时间协调问题。也研究了在渠道供应链中，集中决策与分散决策情况下，产品体验性与消费者服务搭便车行为对线上线下双渠道成员的产品体验服务水平以及双渠道的收益影响。研究结论对销售体验型产品的渠道供应链成员的行为进行了深入分析，深化了体验型产品的销售行为研究。

二、展望

（1）随着全渠道的不断普及，为了减少消费者对线上线下产品体验性的差异，企业采取了直播等方式加强消费者的体验感，还有运费险、无条件退货等手段来保障消费者线上购买体验型产品的安全感。也产生了大量针对直播如何提升消费者的购买欲望等的研究成果，以及关于运费险等的研究论文，但是针对体验型产品在这些方式和手段中的特性还极少涉及，产品特性的不同是否对直播方式和运费险等方面产生差异，是消费行为研究中一个值得探索的问题。

（2）在渠道供应链的退货管理研究中，为了简化分析，在模型中加入了几个基本假设条件：体验产品零售商同时经营线上线下零售店，市场需求服从均匀分布，供应商有满足市场需求最大的供应能力。后续研究可以在完全随机情景下通过计算机模拟更具信度的市场需求分布函数，以更形象和贴切地探讨渠道供应链的退货管理问题。

(3)在研究体验型产品属性上，本书只用了一个产品体验性这个总体特征进行表示。产品体验性可从消费者的感受上进行多维度分析，这样对体验型产品的线上营销内容和方式有更细致的现实意义。虚拟现实技术（VR）是增强线上体验感的一种方式，同时也会对渠道供应链中的库存策略和退货策略产生影响，这是未来营销方式的改变给供应链管理带来的新挑战。

参考文献

◎ 艾兴政，马建华，陈忠，等，2011. 服务搭便车的电子渠道与传统渠道协调机制 [J]. 系统工程学报 (4): 507-514.

◎ 蔡书堂，2001. 企业战略管理 [M]. 北京：石油工业出版社，2001.

◎ 晁纲令，马勇，2003. 速度竞争战略 [J]. 经济理论与经济管理 (12): 46-49.

◎ 陈洁，王一，王方华，2014. 品牌态度对不同产品类别消费者购买意愿影响的差异研究 [J]. 现代管理科学 (2): 12-14.

◎ 陈启，徐琪，2018. 体验服务努力下时尚服装零售商库存与定价优化决策 [J]. 管理学报，15 (10): 1089-1097.

◎ 陈小艳，耿维，2020. 免费增值模式中的最优定价与产品设计优化 [J]. 工业工程与管理，25 (4): 115-121+130.

◎ 陈远高，刘南，2011. 存在差异性产品的双渠道供应链协调研究 [J]. 管理工程学报，25 (2): 239-244.

◎ 代建生，孟卫东，2014. 风险规避下具有促销效应的收益共享契约 [J]. 管理科学学报，17 (5): 25-34.

◎ 但斌，王瑶，王磊，等，2013. 考虑制造商服务努力的异质产品双渠道供应链协调 [J]. 系统管理学报，22 (6): 835-840.

◎ 董毓芬，何平，徐晓燕，2011. 时间价格敏感型需求下的二阶段供应链协调模型 [J]. 中国管理科学，19 (4): 93-97.

◎ 董志刚，徐庆，马骋，2015. 电子商务环境下双渠道供应链的制造商分销渠道选择 [J]. 系统工程 (6): 26-33.

◎ 杜嘉忠，徐健，刘颖，2014. 网络商品评论的特征——情感词本体构建与情感分析方法研究 [J]. 现代图书情报技术 (5): 74-82.

◎ 段侃侃，2017. 基于C2B的我国航空公司机票交易模式 [J]. 空运商务 (7): 38-40.

◎ 段乐平, 2016. B2C 电子商务环境下网站特性对购买意愿的影响研究: 产品类别的调节作用 [D]. 杭州: 浙江工商大学.

◎ 范丹丹, 徐琪, 王文杰, 2017. 考虑线上线下需求迁移下的供应链 O2O 最优服务决策研究 [J]. 中国管理科学, 25 (11): 22-32.

◎ 范建昌, 梁旭晖, 倪得兵, 2019. 不同渠道权利结构下的供应链企业社会责任与产品质量研究 [J]. 管理学报, 16 (5): 754-764.

◎ 范莎莎, 李慧菁, 胡佩媛, 等, 2017. VR 背景下网店与实体店消费选择影响因素研究 [J]. 中南财经政法大学研究生学报 (4): 36-39.

◎ 范小军, 刘艳, 2016. 制造商引入在线渠道的双渠道价格与服务竞争策略 [J]. 中国管理科学, 24 (7): 143-148.

◎ 付秋芳, 马士华, 林勇, 2005. 基于时间竞争的即时顾客化定制供应链管理模式研究 [J]. 企业经济 (2): 37-38.

◎ 高海霞, 2006. 消费者购买耐用品的感知风险分析 [J]. 商场现代化 (28): 71-73.

◎ 郭亚军, 2015. 需求不确定且依赖于价格下全球供应链数量折扣及其组合契约 [J]. 管理工程学报, 29 (3): 90-99.

◎ 何有世, 何述芳, 2018. 基于领域本体的产品网络口碑信息多层次细粒度情感挖掘 [J]. 数据分析与知识发现, 2 (8): 60-68.

◎ 何桢, 赵有, 马彦辉, 2008. 模糊 QFD 中技术特性重要度排序方法 [J]. 天津大学学报, 41 (5): 631-634.

◎ 赫尔曼·哈肯, 2005. 协同学: 大自然构成的奥秘 [M]. 凌复华, 译. 上海: 上海世纪出版集团.

◎ 侯泽敏, 綦勇, 李文龙. 考虑消费者配送时间敏感度的外卖平台盈利模式选择 [J]. 管理评论, 2023(5): 172-182.

◎ 黄甫, 宋华明, 杨慧, 等, 2019. 退款保证对供应链产品质量和服务的影响 [J]. 工业工程与管理, 24 (4): 45-42.

◎ 黄趋庭, 谭润香, 侯科宇, 等, 2020. BWM-RST 方法计算实体门店鞋类产品最优属性组合 [J]. 皮革科学与工程, 30 (2): 81-84.

◎ 黄帅, 樊治平, 2020. 不同渠道权力结构下资金约束零售商的采购和融资策略 [J]. 中国管理科学, 28 (1): 79-88.

参考文献

◎ 姬晓辉, 张蒙, 2016. 基于时间竞争的供应链管理 [J]. 科教导刊: 电子版 (21): 137-138.

◎ 蒋玉, 于海龙, 丁玉莲, 等, 2021. 电子商务对绿色农产品消费溢价的影响分析: 基于产品展示机制和声誉激励机制 [J]. 中国农村经济 (10): 44-63.

◎ 金开好, 2007. 基于时间竞争的速度营销 [J]. 安徽师范大学学报 (人文社会科学版), 35 (4): 385-389.

◎ 金磊, 陈伯成, 肖勇波, 2013. 双渠道下库存与定价策略的研究 [J]. 中国管理科学, 21 (3): 104-112.

◎ 金亮, 2019. 线下到线上O2O供应链线上推荐策略及激励机制设计 [J]. 管理评论, 31 (5): 242-253.

◎ 金亮, 朱莉, 郑本荣, 2019. 退款保证对品牌差异化竞争供应链的影响研究 [J]. 管理学报, 16 (12): 1864-1872+1879.

◎ 晋盛武, 罗海丹, 2013. 基于消费者渠道偏好的供应链决策模型 [J]. 合肥工业大学学报 (自然科学版), 36 (6): 755-759.

◎ 孔造杰, 赵啸天, 孙可远, 等, 2020. 基于可创新度的产品属性重要度计算方法 [J]. 现代制造工程 (4): 83-89.

◎ 李德辉, 陈国平, 梁鹏, 2013. 基于类别调节的品牌信任对产品涉入影响分析 [J]. 商业时代 (22): 41-43.

◎ 李豪, 彭庆, 2016. 竞争环境下基于乘客分类的航空客运机票控制和动态定价综合模型 [J]. 数学的实践与认识, 46 (22): 1-12.

◎ 李贺, 张玉林, 仲伟俊, 2012. 考虑战略消费者行为风险的动态定价策略 [J]. 管理科学学报, 15 (10): 11-25.

◎ 李金海, 何有世, 马云蕾, 等, 2016. 基于在线评论信息挖掘的动态用户偏好模型构建 [J]. 情报杂志, 35 (9): 192-198.

◎ 李敏, 石旭光, 2007. 基于时间竞争的服装生产工艺与组织方式 [J]. 纺织学报 (6): 123-127.

◎ 李书娟, 张子刚, 2010. 电子商务环境下双渠道供应链价格竞争与协调机制研究综述 [J]. 图书情报工作, 54 (18): 126-129.

◎ 李永立, 刘欣, 曲昱晓, 等, 2018. 考虑网络外部性和先行消费者效应的生产商最

◎ 优定价模型 [J]. 系统工程理论与实践, 38 (3): 665-676.

◎ 李勇建, 许磊, 杨晓丽, 2012. 产品预售、退货策略和消费者无缺陷退货行为 [J]. 南开管理评论, 15 (5): 105-114.

◎ 林略, 杨书萍, 但斌, 2011. 时间约束下鲜活农产品三级供应链协调 [J]. 中国管理科学, 19 (3): 55-62.

◎ 林亚, 2014. 体验经济与电子商务发展 [J]. 中国流通经济, 28 (1): 87-91.

◎ 刘灿, 但斌, 张羽, 2018. 考虑服务溢出与竞争效应的O2O渠道合作机制研究 [J]. 重庆大学学报(社会科学版)(1): 58-70.

◎ 刘丛, 黄卫来, 郑本荣, 等, 2017. 考虑零售商公平偏好的促销努力激励机制设计 [J]. 系统工程理论与实践, 37 (12): 3040-3051.

◎ 刘家国, 周笛, 刘咏梅, 等, 2014. 搭便车行为影响下制造商渠道选择研究 [J]. 系统工程学报, 29 (6): 813-823.

◎ 刘凯, 2022. 政府干预下考虑渠道入侵与合作的动力电池闭环供应链回收策略研究 [D]. 上海: 上海海事大学.

◎ 卢蔵朵, 2017. 网络购物平台上的虚拟现实技术研究 [J]. 计算机工程应用技术 (2): 48-49.

◎ 鲁芳, 陈正雄, 何波. 考虑产品体验性的零售商最优退货策略决策 [J]. 管理工程学报, 2023 (4): 135-143.

◎ 鲁芳, 陈正雄, 王晶. 基于产品体验性和退货策略的供应链最优存储决策研究 [J]. 运筹与管理, 2023(8): 9-15.

◎ 鲁芳, 吴健, 罗定提. 考虑产品体验性和营销努力的分销渠道合作策略研究 [J]. 中国管理科学, 2020 (10): 144-155.

◎ 吕红, 2013. 政府管制下我国医药商业供应链合作机制研究 [D]. 重庆: 重庆大学.

◎ 马士华, 林勇, 2010. 供应链管理 [M]. 北京: 机械工业出版社.

◎ 明茨伯格, 兰佩尔, 奎因, 等, 2005. 战略过程: 概念、情境、案例: 第四版 [M]. 徐二明, 译. 北京: 中国人民大学出版社.

◎ 牟博佼, 肖勇波, 陈剑, 2010. 基于MNL选择模型的替代产品定价和库存决策研究 [J]. 中国管理科学, 18 (3): 25-32.

参考文献

◎ 倪娜, 2006. 营销学产品分类研究综述 [J]. 外国经济与管理 (9): 31-37.

◎ 聂文静, 李太平, 华树春, 2016. 消费者对生鲜农产品质量属性的偏好及影响因素分析: 苹果的案例 [J]. 农业技术经济 (9): 60-71.

◎ 浦徐进, 龚磊, 2016. 消费者"搭便车"行为影响下的双渠道供应链定价和促销策略研究 [J]. 中国管理科学, 24 (10): 86-94.

◎ 浦徐进, 李栋栋, 孙书省, 2018. 考虑实体店服务效应的双渠道供应链协调机制 [J]. 系统管理学报, 27 (4): 761-768.

◎ 齐源, 2012. 收益共享契约下供应链渠道协调研究 [D]. 上海: 东华大学.

◎ 钱德勒, 2002. 战略与结构 [M]. 昆明: 云南人民出版社.

◎ 宋远征, 2016. 网络负面评论对消费者购买意愿影响: 产品类型调节作用 [D]. 哈尔滨: 哈尔滨工业大学.

◎ 苏菊宁, 任娟娟, 陈菊红, 2010. 时间敏感需求下的制造供应链研发协调研究 [J]. 工业工程与管理, 15 (2): 12-16.

◎ 孙道银, 2016. 面向产品创新的供应链协同 [M]. 北京: 知识产权出版社.

◎ 孙书省, 浦徐进, 韩广华, 2019. 考虑线下权利结构的制造商线上销售模式选择研究 [J]. 中国管理科学, 27 (5): 119-129.

◎ 孙心玥, 周诗媛, 吴梦思, 2018. 消费者对电子产品线上线下渠道选择的影响因素研究 [J]. 市场周刊 (理论研究) (1): 81-82.

◎ 孙燕红, 涂燚鑑, 徐晓燕, 2011. 基于顾客渠道偏好的服务竞争模型 [J]. 管理科学, 24 (4): 62-70.

◎ 唐晓波, 兰玉婷, 2016. 基于特征本体的微博产品评论情感分析 [J]. 图书情报工作, 60 (16): 121-127+136.

◎ 唐跃武, 范体军, 刘莎, 2018. 考虑策略性消费者的生鲜农产品定价和库存决策 [J]. 中国管理科学, 26 (11): 105-113.

◎ 陶靖天, 李波, 2018. 线上平台搭便车效应下O2O渠道供应链定价策略研究 [J]. 工业工程与管理, 23 (1): 38-44.

◎ 滕文波, 庄贵军, 2011. 基于电子渠道需求预测的渠道模式选择 [J]. 中国管理科学, 19 (5): 71-78.

◎ 田巍, 葛兵, 2019. 制造商服务努力下竞争与合作的双渠道供应链微分博弈分析 [J].

工业工程与管理 (1): 136-143.

◎ 王铎, 2020. 虚拟现实环境下阅读用户交互行为研究 [D]. 长春: 吉林大学.

◎ 王桂花, 2015. 基于企业社会责任的供应链合作关系与利益分配研究 [D]. 南京: 南京航空航天大学.

◎ 王海龙, 2018. 虚拟现实技术行业的发展前景 [J]. 电子技术与软件工程 (1): 122-122.

◎ 王海平, 刘树林, 林军, 2018. 基于 Hotelling 模型的双寡头免费增值策略竞争分析 [J]. 运筹与管理, 27 (4): 15-21.

◎ 王虹, 周晶, 2009. 不同价格模式下的双渠道供应链决策研究 [J]. 中国管理科学, 17 (6): 84-90.

◎ 王华, 2007. 基于时间竞争的供应链成本控制的延迟策略 [J]. 中南财经政法大学学报 (1): 91-94+98+144.

◎ 王婧宇, 庄贵军, 吴廉洁, 2018. 在线购物中情境因素对顾客线上抱怨方式的影响 [J]. 管理评论, 30 (12): 89-98.

◎ 王磊, 但斌, 2015. 考虑消费者效用的生鲜农产品供应链保鲜激励机制研究 [J]. 管理工程学报, 29 (1): 200-206.

◎ 王美琪, 2022. B2C 背景下多渠道供应链的渠道选择与定价策略研究 [D]. 大连: 大连理工大学.

◎ 王滔, 颜波, 2017. 考虑消费者偏好和参与者权力的在线渠道决策分析 [J]. 计算机集成制造系统, 23 (9): 2040-2057.

◎ 王旭坪, 孙自来, 詹红鑫, 2017. 不同权利结构对跨境零售商双渠道供应链的影响 [J]. 系统工程学报, 32 (3): 385-396.

◎ 王宣涛, 周国林, 张玉林, 2019. 考虑策略型消费者损失厌恶下的新产品预售与退货策略研究 [J]. 系统工程理论与实践, 39 (6): 1479-1486.

◎ 王叶峰, 田中俊, 谢家平, 2020. 基于策略型消费者的预售退货策略研究 [J]. 管理工程学报, 1 (9): 1-7.

◎ 王玉荣, 李宗洁, 2017. 互联网+场景模式下反向驱动创新研究 [J]. 科技进步与对策, 34 (20): 7-14.

◎ 王增强, 李延来, 蒲云, 2013. 质量功能展开中顾客需求与工程特性的关联度确定方法 [J]. 计算机集成制造系统, 19 (8): 2066-2074.

· 参考文献 ·

◎ 王长军, 王葛格, 邓欣蕾, 2018. 考虑产品体验性和渠道整合的实物型产品 O2O 演化仿真研究 [J]. 预测, 37 (3): 75-80.

◎ 魏航, 2018. 分销, 平台还是混合? 零售商经营模式选择研究 [J]. 管理科学学报, 21 (9): 50-75.

◎ 吴长亮, 2011. 消费者决策角度下的产品属性分类体系研究 [J]. 商业时代 (19): 24-25.

◎ 吴忠和, 陈宏, 赵千, 等, 2014. 时间约束下鲜活农产品供应链应急协调契约 [J]. 系统管理学报, 23 (1): 49-61.

◎ 肖剑, 但斌, 张旭梅, 2009. 双渠道供应链电子渠道与零售商合作策略研究 [J]. 系统工程学报, 24 (6): 673-679.

◎ 谢文澜, 汪祚军, 王霏, 等, 2013. 合作行为的产生机制及影响因素: 基于进化心理学视角下的探讨 [J]. 心理科学进展, 21 (11): 2057-2063.

◎ 谢祥添, 张毕西, 2015. 基于需求交货时间敏感性交货时间与产能决策 [J]. 系统工程理论与实践, 35 (9): 2242-2250.

◎ 邢根上, 鲁芳, 李书山, 等. 基于产品体验性的供应链交货模型与仿真研究 [J]. 系统仿真学报, 2022, 34(5): 1064-1075.

◎ 徐广业, 但斌, 2012. 电子商务环境下双渠道供应链协调的价格折扣模型 [J]. 系统工程学报, 27 (3): 344-350.

◎ 徐琪, 高晓晴. 共享库存下双渠道零售商最优订购与转运价格决策 [J]. 工业工程与管理, 2020, 25 (1): 110-117+126.

◎ 徐贤浩, 李锐娟, 2005. 基于时间竞争环境下即时定制生产模式的生产能力分析 [J]. 管理学报 (3): 352-357.

◎ 严正峰, 程伟平, 2017. 基于改进风险顺序数的产品质量功能展开方法 [J]. 合肥工业大学学报 (自然科学版), 40 (5): 582-588+632.

◎ 杨光勇, 计国君, 2014. 存在战略顾客的退货策略研究 [J]. 管理科学学报, 17 (8): 24-44+94.

◎ 杨浩雄, 孙丽君, 孙红霞, 等, 2017. 服务合作双渠道供应链中的价格和服务策略 [J]. 管理评论, 29 (5): 183-191.

◎ 杨慧, 2005. 流通渠道电子化评价模型的建立 [J]. 当代财经 (11): 60-63.

◎ 杨家权, 张旭梅, 2020. 考虑零售商策略性库存的双渠道供应链定价及协调 [J]. 系统管理学报, 29 (1): 176-184.

◎ 杨瑾, 尤建新, 蔡依平, 2006. 产业集群与供应链系统一体化效应分析: 一个理论的框架 [J]. 管理评论 (9): 41-45+64.

◎ 杨天剑, 田建改, 2019. 不同渠道权力结构下供应链定价及绿色创新策略 [J]. 软科学, 33 (12): 127-132.

◎ 杨艳, 程燕培, 陈收, 2019. 不同权利结构下供应链企业社会责任激励 [J]. 中国管理科学, 27 (3): 144-156.

◎ 姚建宇, 邓少灵, 2015. 消费者渠道选择行为研究 [J]. 对外经贸 (6): 131-136.

◎ 姚卿, 陈荣, 段苏桓, 2013. 产品类型对购物冲量效应的调节作用分析 [J]. 心理学报, 45 (2): 206-216.

◎ 易余胤, 姚俊江, 2015. 考虑渠道权力结构的供应链延保服务模式 [J]. 计算机集成制造系统, 21 (12): 3292-3302.

◎ 余伟萍, 祖旭, 孙阳波, 2016. 不同产品类别在线评论对异质性消费者购买意愿影响 [J]. 大连理工大学学报 (社会科学版), 37 (1): 1-5.

◎ 余伟萍, 祖旭, 赵占恒, 等, 2015. 产品类别视角企业微博互动内容策略的差异性研究 [J]. 财经论丛 (2): 76-83.

◎ 岳建建, 2019. 互联网＋虚拟现实对房地产销售模式的变迁和影响 [D]. 北京: 北京邮电大学.

◎ 张爱凤, 经有国, 2019. 独立随机需求下共享剩余库存的双渠道订货与定价模型 [J]. 工业工程与管理, 24 (1): 45-53.

◎ 张超, 刘夫云, 贾焕香, 2010. 一种客户需求向工程技术特性映射的方法 [J]. 微电子学与计算机 (6): 208-211.

◎ 张福利, 张燕, 徐小林, 2017. 基于战略顾客行为的零售商退货策略研究 [J]. 管理科学学报, 20 (11): 100-114.

◎ 张国兴, 方帅, 2015. 基于服务搭便车行为的双渠道供应链博弈分析 [J]. 统计与决策 (20): 43-47.

◎ 张辉, 2014. 消费者渠道选择与双渠道供应链定价 [D]. 南京: 南京大学.

◎ 张晓燕, 张淘, 2016. 来源国信息和产品类别对消费者购买意愿的影响: 基于购买

风险的视角 [J]. 商业经济研究 (22): 53-55.

◎ 张学龙, 覃滢樾, 王军进, 等, 2018. 考虑价格和服务水平竞争的垂直双渠道供应链决策模型 [J]. 控制与决策 (4): 687-697.

◎ 张元鸣, 肖刚, 单继宏, 等, 2003. 产品分类的自组织模型研究及应用 [J]. 机械设计 (5): 12-14.

◎ 张震芳, 2021. 基于演化博弈的农产品双渠道供应链合作机制研究 [D]. 大连: 大连交通大学.

◎ 赵静, 朱昆, 2018. 制造商和零售商同时开辟在线渠道下渠道竞争与定价决策 [J]. 系统工程学报, 33 (6): 834-844.

◎ 赵秋红, 朱少楠, 李安楠, 2014. 存在顾客购买转移的双分销渠道订货与库存转运策略 [J]. 系统工程理论与实践, 34 (6): 1453-1461.

◎ 郑宜恒, 2019. 随机需求下"新零售"双渠道供应链库存 — 配送联合优化研究 [D]. 北京: 北京交通大学.

◎ 郑宇婷, 李建斌, 陈植元, 等, 2019. 不确定需求下的冷链分销商最优决策 [J]. 管理科学学, 22 (1): 94-106.

◎ 周爱炯, 2018. 双渠道零售下的库存分配策略研究 [D]. 北京: 北京交通大学, 2018.

◎ 周建亨, 王琦, 2017. 基于产品体验性的双渠道供应链协调 [J]. 系统工程学报, 32 (1): 66-77.

◎ 周建亨, 张志芳, 2017. 渠道差异下的双渠道水平竞争决策 [J]. 东华大学学报 (6): 923-928.

◎ 周瑛, 张晓宇, 虞小芳, 2022. 基于产品评论挖掘的消费者偏好分析 [J]. 情报科学, 40 (1): 58-65.

◎ ADHIKARI A, BASU A, RAJ S P, 2013. Pricing of experience products under consumer heterogeneity[J]. International journal of hospitality management, 33 (6): 6-18.

◎ AILAWADI K L, NESLIN S A, GEDENK K, 2001. Pursuing the value-conscious consumer:store brands versus national brand promotions[J]. Journal of marketing, 65 (1): 71-89.

◎ AKTER S, HOSSAIN M I, ADITYA S, et al., 2018. Does service quality perception in omnichannel retailing matter? A systematic review and agenda for future research[J].

Exploring omnichannel retailing, 11(5): 71-97.

◎ ALAWNEH F, ZHANG G, 2018. Dual-channel warehouse and inventory management with stochastic demand[J]. Transportation research part e: logistics and transportation review, 112: 84-106.

◎ ALBA J W, HASHER L, 1983. Is memory schematic?[J]. Psychological bulletin, 93: 203-231.

◎ ALBA J W, HUTCHINSON J W, 1987. Dimensions of consumer expertise[J]. Journal of consumer research, 13(4): 411-454.

◎ ANUPINDI R, 2011. Managing business process flows[M]. 3e. Upper Saddle River: Prentice Hall:10-13.

◎ BANDYOPADHYAY S, PAUL A A, 2010. Equilibrium returns policies in the presence of supplier competition[J]. Marketing science, 29(5): 846-857.

◎ BANGSA A B, SCHLEGELMILCH B B, 2020. Linking sustainable product attributes and consumer decision-making: insights from a systematic review[J]. Journal of cleaner production, 245: 118902.

◎ BATRA R, AHTOLA O T, 1991. Measuring the hedonic and utilitarian sources of consumer attitudes[J]. Marketing letters, 2(2): 159-170.

◎ BATT P J, 2003. Building trust between growers and market agents[J]. Supply chain management, 8(1): 65-78.

◎ BELL D R, GALLINO S, MORENO A, 2014. How to win in an omnichannel world[J]. MIT Sloan management review, 56(1): 45.

◎ BOGERT R V D, 2010. The role of product type and country-of-origin in decisions about choice of endorser ethnicity in advertising[J]. Psychology & marketing, 23(6): 487-513.

◎ BOTD D E, KOLES B, 2019. Virtual reality and its impact on B2B marketing: a value-in-use perspective[J]. Journal of business research, 100: 590-598.

◎ BOZARTH C, CHAPMAN S, 1996. A contingency view of time-based competition for manufacturers[J]. International journal of operations & production management, 16(6): 56-67

◎ BRYNJOLFSSON E, YU J, RAHMAN M S, 2013. Competing in the age of omnichannel

参考文献

retailing[J]. MIT Sloan management review, 54(4): 23-29, 91.

◎ BUCKLIN L P, 1963. Retail strategy and the classification of consumer goods[J]. Journal of marketing, 27(1): 50-55.

◎ BUURMAN J, 2002. Supply chain logistics management[M]. New York: McGraw-Hill Irwin.

◎ CACHON G P, Kök A G, 2010. Competing manufacturers in a retail supply chain: on contractual form and coordination[J]. Management science, 56(4): 571-589.

◎ CAI G G, ZHANG Z G, ZHANG M, 2009. Game theoretical perspectives on dual-channel supply chain competition with price discounts and pricing schemes[J]. International journal of production economics, 117(1): 80-96.

◎ CAI X Q, CHEN J, XIAO Y B, et al., 2010. Optimization and coordination of fresh product supply chains with freshness keeping effort[J]. Production and operations management, 19(3): 261-278.

◎ CATTANI K, GILLAND W, HEESE H S, et al., 2006. Abstract boiling frogs: pricing strategies for a manufacturer adding a direct channel that competes with the traditional channel[J]. Production & operations management, 15(1): 40-56.

◎ CHAO N, LIU Y K, XIA H, et al., 2017. A sampling-based method with virtual reality technology to provide minimum dose path navigation for occupational workers in nuclear facilities[J]. Progress in nuclear energy, 100: 22-32.

◎ CHEN B, CHEN J, 2017a. compete in price or service? A study of personalized pricing and money back guarantees[J]. Journal of retailing, 94(2): 154-171.

◎ CHEN B, CHEN J, 2017b. When to introduce an online channel, and offer money back guarantees and personalized pricing?[J]. European journal of operational research, 257(2): 614-624.

◎ CHEN J, CHEN B, 2015. Competing with Customer Returns Policies[J]. International journal of production research, 54(7): 2094-2107.

◎ CHIANG K P, DHOLAKIA R R, 2003. Factors driving consumer intention to shop online: an empirical investigation[J]. Journal of consumer psychology, 13(1-2): 177-183.

◎ CHIANG W K, CHHAJED D, HESS J D, 2003. Direct marketing, indirect profits: a strategic analysis of dual-channel supply-chain design[J]. Management science, 49(1):

1-20.

◎ CHIANG W, MONAHAN G, 2005. Managing inventories in a two-echelon dual-channel supply chain[J]. European journal of operational research, 162(2): 325-341.

◎ CHOUDHARY V, GHOSE A, MUKHOPADHYAY T, et al., 2005. Personalized pricing and quality differentiation[J]. Management science, 51(7): 1120-1130.

◎ Christopher M, 2016. Logistics & supply chain management[M]. London: Pearson UK.

◎ CHUN Y H, SUMICHRAST R T, 2017. Estimating the market shares of stores based on the shopper's search and purchase behavior[J]. European journal of operational research, 166(2): 576-592.

◎ COPELAND M T, 1923. The relation of consumer's buying habits to marketing methods[J]. Harvard business review, 1(3): 282-289.

◎ COUGHLAN A T, SOBERMAN D A, 2005. Strategic segmentation using outlet malls[J]. International journal of research in marketing, 22(1): 61-86.

◎ CRESSMAN R, 1995. Evolutionary game theory with two groups of individuals[J]. Games & conomic behavior, 11(2): 237-253.

◎ DAN B, XU G, LIU C, 2012. Pricing policies in a dual-channel supply chain with retail services[J]. International journal of production economics, 139(1): 312-320.

◎ DAN B, ZHANG S, ZHOU M, 2017. Strategies for warranty service in a dual-channel supply chain with value-added service competition[J]. International journal of production research, 5:1-23.

◎ DE FIGUEIREDO J M, 2000. Finding sustainable profitability in electronic commerce[J]. MIT Sloan management review, 41(4): 41.

◎ DENG Z, WANG Z, 2016. Early-mover advantages at cross-border business-to-business e-commerce portals[J]. Journal of business research, 69(12): 6002-6011.

◎ DESMET P M A, HEKKERT P, 2007. Framework of product experience[J]. International journal of design, 1(1): 57-66.

◎ DHAR R, WERTENBROCH K, 2000. Consumer choice between hedonic and utilitarian goods[J]. Journal of marketing research, 37(1): 60-71.

◎ DRAGANSKA M, JAIN D C, 2015. Product-line length as a competitive tool[J]. Journal of economics & management strategy, 14(1): 1-28.

◎ DU S, WANG L, HU L, 2019. Omnichannel management with consumer disappointment aversion[J]. International journal of production economics, 215: 84-101.

◎ EMMONS H, GILBERT S M, 1998.. The role of returns policies in pricing and inventory decisions for catalogue goods[J]. Management science, 44(2): 276-283.

◎ ETZION H, PINKER E, SEIDMANN A, 2016. Analyzing the simultaneous use of auctions and posted prices for online selling[M]. [s.l.]: INFORMS.

◎ FLYNN F J, 2005. Identity orientations and forms of social exchange in organizations[J]. Academy of management review, 30(4): 737-750.

◎ GALLINO S, MORENO A, STAMATOPOULOS I, 2016. Channel integration, sales dispersion, and inventory management[J]. Management science, 63(9): 2813-2831.

◎ GAO F, SU X M, 2017. Online and offline information for omnichannel retailing[J]. Manufacturing& service operations management, 19(1): 84-98.

◎ GENG X, CHU X, XUE D, 2010. An integrated approach for ratingengineering characteristics' final importance in product-service system development[J]. Computers & industrial engineering, 59(4): 585-594.

◎ GHASEMAGHAEI M, HASSANEIN K, BENBASAT I, 2019. Assessing the design choices for online recommendation agents for older adults: older does not always mean simpler information technology[J]. Management information systems quarterly, 43(1): 329-346.

◎ GHOSH D, SHAH J, 2015. Supply chain analysis under green sensitive consumer demand and cost sharing contract[J]. International journal of production economics, 164: 319-329.

◎ GIANNOCCARO I, PONTRANDOLFO P, 2004. Supply chain coordination by revenue sharing contracts[J]. International journal of production economics, 89(2): 131-139.

◎ GOLDSTEIN N J, GRISKEVICIUS V, CIALDINI R B, 2011. Reciprocity by proxy: a novel influence strategy for stimulating cooperation[J]. Administrative science quarterly, 56(3): 441-473.

◎ GREWAL D, JANAKIRAMAN R, KALYANAM K, et al., 2010. Strategic online and offline retail pricing: a review and research agenda [J]. Journal of interactive marketing,

24(2): 138-154.

◎ HA A Y, 2015. Supplier-buyer contracting: asymmetric cost information and cutoff level policy for policy for buyer participation[J]. Naval research logistics, 48(1): 41-64.

◎ HARRISON F, 2001. Supply chain management workbook[M]. Oxford: Butterworth-Heinemann: 13-14.

◎ HE Y, HUANG H, LI D, 2018. Inventory and pricing decisions for a dual-channel supply chain with deteriorating products[J]. Operational research, 3: 1-43.

◎ HEKKERT P, LEDER H, 2008. Product aesthetics[M]. Elsevier: Product experience: 259-285.

◎ HERSLETH M, MONTELEONE E, SEGTNAN A, et al., 2015. Effects of evoked meal contexts on consumers' responses to intrinsic and extrinsic product attributes in drycured ham[J]. Food quality & preference, 40:191-198.

◎ HIRSCHMAN E C, HOLBROOK M B, 1982. Hedonic consumption: emerging concepts, methods and propositions[J]. Journal of marketing, 46(3): 92-101.

◎ HORVATH L, 2001. Collaboration: the key to value creation in supply chain management [J]. Supply chain management, 6(5): 205-207.

◎ HSIAO L, CHEN Y J, 2015. Retailer's rationale to refuse consumer returns in supply chains[J]. Naval research logistics, 62(8): 686-701.

◎ HUANG S, YANG C, LIU H, 2013. Pricing and production decisions in a dual-channel supply chain when production costs are disrupted[J]. Economic modelling, 30(1): 521-538.

◎ HUANG Y, CHEN C H, KHOO L P, 2012. Products classification in emotional design using a basic-emotion based semantic differential method[J]. International journal of industrial ergonomics, 42(6): 569-580.

◎ INGENE C A, PARRY M E, 2007. Bilateral monopoly, identical distributors, and game-theoretic analyses of distribution channels[J]. Journal of the academy of marketing science, 35(4): 586-602.

◎ JAMES P, 1973. Estimation of product attributes and their importances[M]. New York: Springer-Verlag: 1-8.

·参考文献·

◎ JIANG Z, BENBOAST I, 2007. The effects of presentation formats and task complexity on online consumers' product understanding[J]. MIS quarterly, 31 (3): 475-500.

◎ JIN M, LI G, CHENG T C E, 2018. Buy online and pick up in-store: design of the service area[J]. European journal of operational research, 268 (2): 613-623.

◎ JUAN Y K, CHEN H H, CHI H Y, 2018. Developing and evaluating a virtual reality-based navigation system for pre-sale housing sales[J]. Applied sciences-basel, 8 (6).

◎ KELLE P, SILVER E A, 1989. Purchasing policy of new containers considering the random returns of previously issued containers[J]. IIE transactions, 21 (4): 449-454.

◎ KERREBROECK H V, BRENGMAN M, WILLEMS K, 2017. When brands come to life: experimental research on the vividness effect of Virtual Reality in transformational marketing communications[J]. Virtual reality, 21 (4): 177-191.

◎ KIM D, KO Y J, 2019. The impact of virtual reality (VR) technology on sport spectators' flow experience and satisfaction[J]. Computers in human behavior, 93: 346-356.

◎ KIM J J, SONG H, CHOI J, et al., 2019. Channel stickiness in the shopping journey for electronics: evidence from China and South Korea[J]. Journal of business research, 11 (15): 1-12.

◎ KIM K, CHHAJED D, 2017. Commonality in product design: cost saving, valuation change and cannibalization[J]. European journal of operational research, 125 (3): 602-621.

◎ KIM Y, KRISHNAN R, 2015. On product-level uncertainty and online purchase behavior: an empirical analysis[J]. Management science, 61 (10): 2449-2467.

◎ KUMAR N, RUAN R, 2006. On manufacturers complementing the traditional retail channel with a direct online channel[J]. Quantitative marketing & economics, 4 (3): 289-323.

◎ KURATA H, NAM S H, 2013. After-sales service competition in a supply chain: does uncertainty affect the conflict between profit maximization and customer satisfaction?[J]. International journal of production economics, 144 (1): 268-280.

◎ LANCASTER K J, 1966. A new approach to consumer theory[J]. Journal of political economy, 74 (2): 132-157.

◎ LEE J, KIM J, CHOI J Y, 2019. The adoption of virtual reality devices: the technology acceptance model integrating enjoyment, social interaction, and strength of the social ties[J]. Telematics and informatics, 39: 37-48.

◎ LEE K C, CHUNG N, 2008. Empirical analysis of consumer reaction to the virtual reality shopping mall[J]. Computers in human behavior, 24(1): 88-104.

◎ LEVIN Y, MCGILL J, NEDIAK M, 2009. Dynamic pricing in the presence of strategic consumers and oligopolistic competition[J]. Management science, 55(1): 32-46.

◎ LI W, CHEN J, LIANG G, et al., 2018. Money back guarantee and personalized pricing in a Stackelberg manufacturer's Dual-Channel supply chain[J]. International journal of production economics, 197: 84-98.

◎ LI Y, XU L, LI D, 2014. Examining relationships between the return policy, product quality, and pricing strategy in online direct selling[J]. International journal of production economics, 144(2): 451-460.

◎ LI Z G, GERY N, 2000. E-tailing for all products?[J]. Business horizons, 43(6): 49-49.

◎ LIAN Z, GU X, WU J, 2016. A re-examination of experience service offering and regular service pricing under profit maximization[J]. European journal of operational research, 254(3): 907-915.

◎ LIU Y, DING C, FAN C, et al., 2014. Pricing decision under dual-channel structure considering fairness and free-riding behavior[J]. Discrete dynamics in nature & society, 4: 1-10.

◎ MA W, ZHAO C, KE H, et al., 2020. Retailer's return policy in the presence of P2P secondary market[J]. Electronic commerce research and applications, 49(10): 1-11.

◎ MANTHOU V, VLACHOPOULOU M, FOLINAS D, 2004. Virtual e-Chain (VeC) model for supply chain collaboration[J]. International journal of production economics, 87(3): 241-250.

◎ MARK Y C, SHU C C, SAUER P L, 2017. Is augmented reality technology an effective tool for e-commerce? An interactivity and vividness perspective[J]. Journal of interactive marketing, 39: 89-103.

◎ MARKOPOULOS P M, ARON R, UNGAR L, 2010. Information markets for product attributes: a game theoretic, dual pricing mechanism[J]. Decision support systems, 49(2): 187-199.

- 参考文献 -

◎ MAYER M L, MASON J B, GEE M, 1998. A Reconceptualization of store classification as related to retail strategy formulation[J]. Journal of clinical endocrinology & metabolism, 83(3):1849-1851.

◎ MCKNIGHT D H, CHOUDHURY V, KACMAR C, 2002. Developing and validating trust measures for e-commerce: an integrative typology[J]. Information systems research, 13(3): 334-359.

◎ MENA C, BOURLAKIS M, ISHFAQ R, et al., 2016. Realignment of the physical distribution process in omni-channel fulfillment[J]. International journal of physical distribution & logistics management, 46(6): 543-561.

◎ MEYER C, 2001. The second generation of speed[J]. Harvard business review, 79(4): 24-25.

◎ MIA L, BANGCHOKDEE S, 2013. Competitive strategy, MAS information and organizational performance: evidence from a developing economy[J]. International journal of business research, 13(1): 95-106

◎ MOON K, BIMPIKIS K, MENDELSON H, 2017. Randomized markdowns and online monitoring[J]. Management science, 64(3): 1271-1290.

◎ NAH F F H, ESCHENBRENNER B, DEWESTER D, 2010. Enhancing brand equity through flow: comparison of 2D versus 3D virtual world[J]. ICIS 2010 proceedings: 731-747.

◎ NELSON P, 1970. Information and consumer behavior[J]. Journal of political economy, 78(2): 311-329.

◎ PADMANABHAN V, PNG I P L, 1997. Manufacturer's return policies and retail competition[J]. Marketing science, 16(1): 81-94.

◎ PADMANABHAN V, PNG I P L, 2004. Reply to "Do returns policies intensify retail competition?"[J]. Marketing science, 24(4): 614-618.

◎ PAPAGIANNIDIS S, PANTANO E, SEETO E W K, et al., 2013. Modelling the determinantsof a simulated experience in a virtual retail store and users[J]. Journal of marketing management, 29: 1462-1492.

◎ PARK S Y, KEH H T, 2003. Modelling hybrid distribution channels: a game-theoretic analysis[J]. Journal of retailing & consumer services, 10(3): 155-167.

◎ PERRY G L W, 2004. SpPack: spatial point pattern analysis in Excel using Visual Basic for Applications（VBA）[J]. Environmental modelling & software, 19（6）: 559-569.

◎ PETERSON H C, ANDERSON B L, 1996. Cooperative strategy: theory and practice[J]. Agribusiness, 12（4）: 371-383.

◎ PIZZI G, SCARPI D, PICHIERRI M, et al., 2019. Virtual reality, real reactions? Comparing consumers' perceptions and shopping orientation across physical and virtual-reality retail stores[J]. Computers in human behavior, 96.

◎ POUSHNEH A, VASQUEZ-PARRAGA A Z, 2019. Discernible impact of augmented reality on retail customer's experience, satisfaction and willingness to buy[J]. Journal of retailing & consumer services, 34: 229-234.

◎ RADHI M, ZHANG G, 2019. Optimal cross-channel return policy in dual-channel retailing systems[J]. International journal of production economics, 210（4）: 184-198.

◎ RAO S, RABINOVICH E, RAJU D, 2014. The role of physical distribution services as determinants of product returns in Internet retailing[J]. Journal of operations management, 32（6）: 295-312.

◎ RAUCH J E, 1999. Networks versus markets in international trade[J]. Journal of international economics, 48（1）: 7-35.

◎ ROKONUZZAMAN M, IYER P, HARUN A, 2021. Return policy, no joke: an investigation into the impact of a retailer's return policy on consumers' decision making[J]. Journal of retailing and consumer services, 59: 102446.

◎ SAADANY A, JABER M, 2010. A production/remanufacturing inventory model with price and quality dependant return rate[J]. Computers & industrial engineering, 58（3）: 352-362.

◎ SCHIFFERSTEIN H N J, SPENCE C, 2008. Multisensory product experience[M]. Elsevier: Product experience: 133-161.

◎ SCHON C, 2010. On the product line selection problem under attraction choice models of consumer behavior[J]. European journal of operational research, 206（1）: 260-264.

◎ SCHUMANN J H, WANGENHEIM F V, GROENE N, 2014. Targeted online advertising: using reciprocity appeals to increase acceptance among users of free web services[J].

Journal of mrketing, 78(1): 59-75.

◎ SHANG W, LIU L, 2016. Promised delivery time and capacity games in time-based competition[J]. Mathematics of operations research, 57(3): 599-610.

◎ SHIN D H, 2017. The role of affordance in the experience of virtual reality learning: Technological and affective affordances in virtual reality[J]. Telematics and informatics, 34(8): 1826-1836.

◎ SHIN D, 2018. Empathy and embodied experience in virtual environment: to what extent can virtual reality stimulate empathy and embodied experience?[J]. Computers in human behavior, 78: 64-73

◎ SPIELBERGER C, 2004. Encyclopedia of applied psychology[M]. New York: Springer-Verlag: 484-491.

◎ SRIVASTAVA R K, SHERVANI T A, FAHEY L, 1998. Market-based assets and shareholder value: a framework for analysis[J]. Journal of marketing, 62(1): 2-18.

◎ STALK G, 1988. Time-the next source of competition advantage[J]. Harvard business review, 66(4): 41-51.

◎ STALK G, HOUT T M, 1990. Competing against time: how time-based competition is reshaping global markets[M]. New York: Free Press.

◎ STALK G, HOUT T M, 1990. Competing against time[J]. Research-technology management, 33(2): 19-24.

◎ STEFFEN J H, GASKIN J E, MESERVY T O, et al., 2019. Framework of affordances for virtual reality and augmented reality[J]. Journal of management information systems, 36(3): 683-729.

◎ STEUER J, 1992. Defining virtual reality: dimensions determining telepresence[J]. Journal of communication, 42(4): 73-93.

◎ STRAHILEVITZ M, MYERS J G, 1998. Donations to charity as purchase incentives: how well they work may depend on what you are trying to sell[J]. Journal of consumer research, 24(4): 434-446.

◎ SU X, 2009. Consumer returns policies and supply chain performance[J]. Manufacturing & service operations management, 11(4): 595-612.

◎ SZAJNA B, 1996. Empirical evaluation of the revised technology acceptance model[J]. Management science, 42(1): 85-92.

◎ TAKAHASHI K, AOI T, HIROTANI D, et al., 2011. Inventory control in a two-echelon dual-channel supply chain with setup of production and delivery[J]. International journal of production economics, 133(1): 403-415.

◎ TAMMELA I, CANEN A G, HELO P, 2008. Time-based competition and multiculturalism: a comparative approach to the Brazilian, Danish and Finnish furniture industries[J]. Management decision, 46(3): 349-364.

◎ TAO F, FAN T, JIA X, et al., 2019. Optimal production strategy for a manufacturing and remanufacturing system with return policy[J]. Operational research, 10(7): 1-21.

◎ THOMAS T, Nagle, 2018.The strategy and tactics of pricing[M]. 6e. New York: Routledge: 238-243.

◎ TSAO Y C, SHEEN G J, 2008. Dynamic pricing, promotion and replenishment policies for a deteriorating item under permissible delay in payments[J]. Computers & operations research, 35(11): 3562-3580.

◎ TSAY A A, AGRAWAL N, 2010. Channel conflict and coordination in the e-commerce age[J]. Production & operations management, 13(1): 93-110.

◎ TUCKER R B, 1991. Managing the future: ter a driving forces of change for the 90s[M]. New York: Putnam.

◎ TYAGI R K, 2000. Sequential product positioning under differential costs[M]. [s.l.]: INFORMS.

◎ VAN H E, VAN D B E, VAN TRIJP H C, et al., 2016. Can a virtual supermarket bring realism into the lab? Comparing shopping behavior using virtual and pictorial store representations to behavior in a physical store[J]. Appetite, 107:196.

◎ VENKATESH V, LAMES Y L, XIN X, 2012. Consumer acceptance and use of information technology: extending the unified theory of acceptance and use of technology[J]. MIS quarterly, 36(1): 157-178.

◎ VERHOEF P C, KANNAN P K, INMAN J J, 2015. From multi-channel retailing to omni-channel retailing: introduction to the special issue on multi-channel retailing[J]. Journal of retailing, 91(2): 174-181.

◎ WANG H, 2004. Do returns policies intensify retail competition?[J]. Marketing science, 24(4): 611-614.

◎ WANG J, SHIN H, 2015. The impact of contracts and competition on upstream innovation in a supply chain[J]. Production & operations management, 24(1): 134-146.

◎ WEI W, QI R, ZHANG L, 2019. Effects of virtual reality on theme park visitors' experience and behaviors: a presence perspective[J]. Tourism management, 71: 282-293.

◎ WU D, CHEN J, LI P, et al., 2020. Contract coordination of dual channel reverse supply chain considering service level[J]. Journal of cleaner production, 260: 121071.

◎ WU J, LU F, ZHANG J W, et al. Choice on distribution channels of experience products under virtual reality[J]. IEEE Access, 2019(7): 85319-85326.

◎ XU H, ZHANG F, WANG W, 2015. Implicit feature identification in Chinese reviews using explicit topic mining model[J]. Knowledge based systems, 76: 166-175.

◎ XU J, ZHOU X, ZHANG J, et al., 2019. The optimal channel structure with retail costs in a dual-channel supply chain[J]. International journal of production research, 12: 1-29.

◎ XU L, LI Y, GOVINDAN K, et al., 2015. Consumer returns policies with endogenous deadline and supply chain coordination[J]. European journal of operational research, 242(1): 88-99.

◎ XU L, LI Y, GOVINDAN K, et al., 2018. Return policy and supply chain coordination with network-externality effect[J]. International journal of production research, 56(10): 4714-4742.

◎ XU X L, 2006. Optimal decisions in a time-sensitive supply chain with perishable products[D]. Hong Kong: The Chinese University of Hong Kong, 8: 41-82.

◎ YAN R, CAO Z, PEI Z, 2015. Manufacturer's cooperative advertising, demand uncertainty, and information sharing[J]. Journal of business research, 68(12): 1-9.

◎ YAN R, PEI Z, 2009. Retail services and firm profit in a dual-channel market[J]. Journal of retailing and consumer services, 16(4): 306-314.

◎ YAN R, PEI Z, MYERS C, 2016. Do channel members value the multiple-cooperation strategy?[J]. Journal of retailing and consumer services, 30: 84-95.

◎ YAO D Q, LIU J J, 2007. Pricing policies under direct vs. indirect channel competition and national vs. store brand competition[J]. European journal of operational research, 180(1): 262-281.

◎ YE T, SUN H, LI Z, 2016. Coordination of pricing and leadtime quotation under leadtime uncertainty[J]. Computers & industrial engineering, 102: 147-159.

◎ YIN P, WANG H, GUO K, 2013. Feature-opinion pair identification of product reviews i Chinese: a domain ontology modeling method[J]. New review of hypermedia and multimedia, 19(1): 3-24.

◎ YOO W S, LEE E, 2011. Internet channel entry: a strategic analysis of mixed channel structures[J]. Marketing science, 30(1): 29-41.

◎ YU H, ZENG A Z, ZHAO L, 2009. Analyzing the evolutionary stability of the vendor-managed inventory supply chains[M]. [s.l.]: Pergamon Press, Inc.

◎ ZHANG J, XU Q, HE Y, 2018. Omnichannel retail operations with consumer returns and order cancellation[J]. Transportation research part e: logistics and transportation review, 118: 408-424.

◎ ZHANG Z, LIU S, NIU B, 2020. Coordination mechanism of dual-channel closed-loop supply chains considering product quality and return[J]. Journal of cleaner production, 248(1): 1-17.

◎ ZHOU W, LIAN Z, WU J, 2014. When should service firms provide free experience service?[J]. European journal of operational research, 234(3): 830-838.

◎ ZHOU Y W, GUO J, ZHOU W, 2018. Pricing/service strategies for a dual-channel supply chain with free riding and service-cost sharing[J]. International journal of production economics, 196: 198-210.